Noam Chomsky / Heinz Dieterich

GLOBALISIERUNG IM CYBERSPACE

GLOBALE GESELLSCHAFT
Märkte, Demokratie und Erziehung

Aus dem Spanischen von

Bruni Höfer, Bruno Gandlgruber, Heinz Dieterich

Revision: Heinz Dieterich

HORLEMANN

Erstausgabe 1995:
»La Sociedad Global«
Editorial Joaquín Mortiz, S.A., México

Originaltitel des Essays von Noam Chomsky:
»Democracy and Markets in the Mew World Order«

Umschlag: Karl Debus, Bonn

Gedruckt in Deutschland

Horlemann-Verlag
Unkel/Rhein und Bad Honnef
Postfach 1307
53583 Bad Honnef

1 2 3 4 5 / 98 97 96

Inhalt

Einleitung

Wir befinden uns in einer fremden und mysteriösen Welt, notiert Christoph Kolumbus im Bordbuch seiner »Indienreise«, als die Schaluppe der Katholischen Könige »Santa Maria« endlich die westliche Hemisphäre erreicht. Ähnliche Gefühle wie die, denen der genuesische Seefahrer und Sklavenhändler in der für ihn Neuen Welt anheimfällt, charakterisieren das heutige Verhältnis des Normalbürgers zur exotisch-neuen Wirklichkeit der Globalen Gesellschaft.

Mißtrauen, Angst und die zeitlose Utopie einer Zukunft ohne Krieg, materielle Sorgen und voll individuellen Glücks mischen sich zu einer chaotischen Kosmovision des Unbekannten, die von den Propagandisten der neoliberalen Markt-Demokratien zynisch zur Manipulation der Massen benutzt wird.

Der gegenwärtig gelebte Einbruch der traditionellen Lebens- und Reproduktionsformen der Industriegesellschaft ist in der Tat epochenhaft. Die technisch-wissenschaftliche Umwälzung, die der weltweiten Expansion des Kapitals zugrundeliegt, ist die dritte existentielle Revolution in der Geschichte des Menschen. Während die Agrarrevolution den *homo sapiens* an die Scholle band und die industrielle Revolution ihn in den Städten konzentrierte, durchbricht die Informations-Revolution die ihm auferlegten Schranken von Raum und Zeit. Zur herkömmlichen Epochen-Klassifikation menschlicher Entwicklung in Steinzeit, Bronzezeit und Eisenzeit gesellt sich das Zeitalter der Information, das mit der Konstruktion der virtuellen oder parallelen Wirklichkeit den bekannten biblischen Realitäten eine kybernetische Dimension hinzufügt.

In der zeitgenössischen Genesis tritt an die Stelle der stammesgeschichtlich-infantilen Vorstellung des platonischen Weltbaumeisters (Demiurg) oder christlichen Schöpfergotts das neue weltgeschichtliche Subjekt: die Herrschaftseliten des internationalen Großkapitals. Die Architektur der globalen Gesellschaft – wie die des semiotischen Menschen – wird nicht von den Völkern der Welt bestimmt, sondern von transnationalen Konzernen, Banken und politischen Führungsgruppen der Metropolen, deren Entscheidungsprozesse sich hinter dem Rücken der Betroffenen vollziehen.

Mit der typischen Arroganz der Sieger (des internationalen Klassenkampf) verkünden die Apostel der gegenwärtigen Moderne, daß ihre Form der globalen Gesellschaft das letzte Wort in der Gestaltung der Zukunft sei. »Jeder, der denkt, daß die Globalisierung unterbrochen werden könnte, sollte uns sagen, wie er den ökonomischen und technologischen Fortschritt einfrieren will. Das wäre, als versuche man, die Rotation der Erde zu stoppen«, pontifiziert Renato Ruggiero, Chef der Welthandelsorganisation.

Sein Kollege Michel Camdessus, Banker und Direktor des Internationalen Währungsfonds, unterstreicht die erzieherischen Leistungen des Marktes: »Wenn die Wirtschaftspolitik solide ist, werden Investitionen (im Land) bleiben und wachsen. Doch wenn sie nicht richtig konzipiert werden und die ökonomische und zivile Ordnung gefährden, dann geht das Kapital natürlich weg. Diese Tatsache, und das sollte uns nicht überraschen, lastet auf den Regierungen wie ein Gewicht, damit sie sich korrekt verhalten.«

Das ist die Lektion, die die »Kellner des Kapitals« – wie der Spiegel das Verhältnis der Bundesregierung zum deutschen Großkapital kürzlich charakterisierte – lernen müssen und wie die Mobil Oil Corporation mit pädagogischem Nachdruck dem Weißen Haus und Kapitol folgendermaßen vorformuliert: »Einige Märkte sind profitabler als der US-Markt. Globale Investoren gehen dahin, wo die Profitraten höher sind und die Regierungen ein gastfreundliches Geschäftsklima garantieren.«

Der Staat ist in der neuen Religion des Marktes und des Konsumismus nur noch als Servicebetrieb des Großkapitals vorgesehen; die Demokratie ist aus dem Dekalog der Architekten des *global village* ganz verschwunden.

So realisiert sich die Weltgesellschaft jenseits des von Kant aufklärerisch vorausgesetzten Plans der Natur, »der auf die vollkommene bürgerliche Vereinigung in der Menschengattung abzielt«; jenseits auch der hegelschen Idee harmonischer Versöhnung von Menschenrecht und staatlicher Souveränität in der fortgeschrittenen bürgerlichen Sozietät sowie der Marxschen Vision der Überwindung individueller und gesellschaftlicher Entfremdung in der klassenlosen Gesellschaft.

Die lange Odyssee des Subjektes westlicher Modernität, welches seit seiner Geburt aus dem Geist des griechischen Mythos und seines abstrakteren Zwillingsbruders, der griechischen Philosophie, die konkreten Utopien gesellschaftlicher Verbesserung und Demokratie am Leben erhalten hat, droht nun unter dem totalitären Zugriff des globalen Kapitals in jener Endstation instrumenteller Vernunft zu enden, die Adorno und Horkheimer in der Dialektik der Aufklärung beschrieben haben.

In der Kosmovision der klassischen Physik war das Bild des Menschen determiniert durch das Paradigma Newtonscher Mechanik. Auf der Basis mißverstandener wissenschaftlicher Erkenntnistheorie der Arbeiten Galileis und Newtons, konstruierte der gesunde Menschenverstand Weltanschauungen, die auf dem Substrat verdinglicht-abstrahierter Objektbeziehungen ruhten, deren absolute Wahrheiten und eindeutige Kausalitäts- und Zeitrelationen ein Feld solider Orientierungs- und Handlungskoordinaten eröffneten. In diesem »Newtonschen« anthropologischen Paradigma stellte das (verdinglichte) Subjekt das quasi-natürliche Pendant der objektbestimmten Wirklichkeit dar.

Dieses epistemologische Mißverständnis ist in der globalen Gesellschaft nicht mehr möglich: auf dem Gebiet der Informationselite nicht aufgrund der Fortschritte der Mikrophysik und Biologie (inbesondere durch die Arbeiten der Quantenmechanik und der Genetik) und auch nicht auf dem Gebiet allgemeiner Welt-Anschauung aufgrund der kybernetischen Substitution objektbezogener gesellschaftlicher Verhältnisse. Die alten hegelschen Bestimmungen der Wahrheit als verhältnisabhängiger (relationaler) kommen damit endlich zu ihrem Recht: Beziehungen statt Objekte werden zum existentielles Orientierungspunkt des Individuums.

Ein derart existenzumwälzendes Projekt globaler Gesellschaft, wie das der internationalen Großbourgeoisie, welches für den *homo sapiens* lediglich die Rollen des *homo oeconomicus* und des *adaptable worker* (des variablen Kapitals) vorsieht, ruft unvermeidlich Reaktionen der verschiedensten gesellschaftlichen Gruppen hervor, die sich gegenüber der neuen Wirklichkeit positionieren. So zeigt die Diskussion »in diesem unseren Lande« folgerichtig ein weites Spektrum rückschrittlicher, zentristischer und radikaler Positionen.

Zu ersteren gehört die reaktionär-technokratische Utopie des Biologen Hubert Markl, Präsident der Max-Planck-Gesellschaft, die unter dem Titel *Pflicht zur Widernatürlichkeit* im Nachrichtenmagazin Spiegel (48/1995) veröffentlicht wurde. In einem schwer erträglichen Jargon, den der Physiker Hans-Peter Dürr als »die erschreckende Sprache des Unmaßes« bezeichnet und der in der Tat an die dunkelsten Zeiten deutscher Geschichte erinnert, schreibt Markl, der »wichtigste Auftrag des Menschen [sei], seine Reproduktion zu zügeln, das heißt, sie bis zur Ersatzvermehrung (oder gar darunter) zu begrenzen«. Ziel ist, »den Übervölkerungszustand der Erde auf eine unbegrenzt verträgliche Zahl, die vielleicht eher bei einer Milliarde Menschen liegen könnte, zurückzuführen« – zufälligerweise die Anzahl der Bürger, die die Wohlfahrtsinseln der Ersten Welt behausen.

Die Natur »ist weltweit unter die Hände der Massenmenschheit geraten«, schreibt der Professor in einer kleinen Geschichtsklitterung, die wohl davon ablenken soll, daß, seit die Natur unter die Hände des Großkapitals geraten ist, es nicht gelungen ist, sie für die Massenmenschheit [sic] zurückzugewinnen. Und er fährt fort: Wenn wir wollen, daß »auch künftig möglichst viele Spezies ihr Auskommen finden, so kommt es darauf an, daß wir den Auftrag, die Natur in unsere Obhut zu nehmen, aktiv und positiv aufnehmen«. Neben der bereits erwähnten »selbstverantwortlichen Kontrolle unserer Vermehrung« liegt die Lösung im »Management der Biosphäre«. Wer genau Markl den »Auftrag« gegeben hat, die Natur in »unsere Obhut« zu nehmen, sagt er nicht. Ebenso bleibt unklar, wer sich hinter dem Possessivpronomen verbirgt, wer also die Manager der Biosphäre sein werden – wenngleich man vermuten darf, daß der Präsident der einstigen Kaiser Wilhelm-Gesellschaft dabei in erster Linie zunächst mal an sich selbst und seine Standeskollegen gedacht hat und in zweiter Linie an den wissenschaftlich-industriellen Komplex allgemein.

Im gleichen Magazin erschien Joschka Fischers Bestimmung der politischen Funktion der Grünen, also der Sozialdemokratie, in der Informationsgesellschaft des 21. Jahrhunderts. Im Gegensatz zum reaktionär-elitären Szientifizismus Markls, »kratzt« Fischer für seine Gruppierung eine liberale Nische aus dem politischen Raum der Europäischen Union heraus und definiert das Projekt der »demokratischen europäischen Linken« – *whatever that means* – als die Verhinderung des Abbaus des Sozialstaats. Die »erfolgreiche magische Formel« von Marktwirtschaft, Demokratie und Sozialstaat hat verhindert, so Fischer, daß 18 Millionen Arbeitslose in der EU dem latenten europäischen Faschismus neue Virulenz verleihen. Die demokratische Linke muß daher verhindern, daß die Neoliberalen den Sozialstaat zerstören und dem faschistischen Monster neues Leben einhauchen. Ein intelligent-pragmatisches Projekt, das, wie immer in der deutschen Sozialdemokratie, auf das eurozentristische Eigenheim beschränkt bleibt.

Auch im akademischen Bereich ist die Debatte in Gang gekommen. Niklas Luhmanns *Die Realität der Massenmedien* bleibt der Realität der Massenmedien akademisch angemessen fern, etwa nach Maßgabe des Ricardoschen Gesetzes der komparativen Kosten und der ihm zugrundeliegenden Ausplünderung Portugals durch England. Schnöde reale Kategorien wie Profit, Macht und Manipulation verflüchtigen sich in seiner »allgemeinen Theorie operativ geschlossener Sozialsysteme« auf – für die transnationalen Eliten – angenehmste Weise in Variablen des Modellplatonismus. Kein Zweifel, die Akademie ist ihr Geld wert.

Elmar Altvaters Versuch über Umweltplünderung und neue Welt(un)ordnung *(Der Preis des Wohlstands)* realisiert sich über einen erstaunlichen Ausflug in die Terminologie der thermodynamische Physik und endet leider in einem hoffnungsvollen Szientifizismus. Altvater konstatiert, daß »die Ordnung der kohärenten Verhältnisse die Kehrseite der Unordung und des Chaos ist« (S. 230), d.h. daß »im Raum des globalen Fordismus offensichtlich unaufhebbar Entwicklung und Unterentwicklung koexistieren« (S. 241) und »der Ausgleich zwischen Norden und Süden nicht zustandekommt«. Von Ausgleich im globalen System zu reden, ist folglich nur »Ausbund von Zynismus oder Dummheit«.

Die Lösung des Problems liegt in der solaren Revolution. »So wie der Übergang zu fossilen Energieträgern eine neue Gesellschaft möglich gemacht hat, den industriellen Kapitalismus nämlich, so kann der Übergang ins solare Zeitalter nur gelingen, wenn eine solare Produktions- und Lebensweise entsteht«. Jedoch müssen mit den Techniken »zur Ernte der Sonnenenergie ... ein politisches System und Verhaltensnormen einer solaren Gesellschaft entstehen« (S. 245f.). Die Analyse des Sozialwissenschaftlers hört genau am entscheidenden Punkt auf: wie die auf reale Demokratisierung drängenden Kräfte in einem plutokratisch determinierten repressiven Weltsystem hinreichend Macht akkumulieren können, um die Vergesellschaftung der Produktionsmittel durchzusetzen; denn der bloße Übergang von einer technologischen Infrastruktur zu einer anderen garantiert keinesfalls einen gesellschaftlichen Fortschritt in Richtung auf mehr Demokratie und Gerechtigkeit.

Andere deutsche Beiträge kommen vom »radikalen Reformismus« wie Joachim Hirschs *Der nationale Wettbewerbsstaat,* aus der christlichen europäischen NGO *Kairos* (Ulrich Duchrow, *Alternatives to Global Capitalism*) und aus der Debatte Ebermann/Trampert versus Robert Kurz.

Diese Debatten sind Ausdruck der Tatsache, daß die durch die Implosion des osteuropäischen Sozialismus ausgelöste globale Druckwelle intellektueller Stagnation, Trägheit und Opportunismus allmählich an Wirkung verliert. Aus dem verwüsteten Boden der Theorie sprießen neue Keime. Die Renaissance kritischen Denkens ist nicht mehr zu negieren.

Die Auflösung postmoderner und naiv-demokratischer Illusionen der neunziger Jahre durch die neoliberale Realität von Ausbeutung, Intervention und Unterdrückung sowie die rasante Transformation der Bundesrepublik Deutschland aus einer Provinzdemokratie in eine imperiale Demokratie beschleunigen den Prozeß.

»Incipit vita nuova« – ein neues Leben beginnt – ist die von Dante Alighieri übernommene Sentenz der Architekten des *global village,* die die neue Welt nach ihrem Bilde formen: Investoren, Spekulanten, Manager, Kapitaleigner, Banker und transnationale Politiker sind dabei, nach Maßgabe der biblischen Genesis autokratisch und fern jeder demokratischen Kontrolle die Zukunft der Menschheit – Massenmenschheit würde Hubert Markl sagen – zu bestimmen.

Doch diese ist zu wichtig, um sie utilitaristischen Managern, mesquinen Merkantilinteressen, reaktionären Technokraten und politischen Eliten zu überlassen, die ihre globalen Ausbeutungs- und Herrschaftserfolge mit göttlicher Prädestination und das Wertgesetz mit der Essenz menschlichen Daseins verwechseln.

Die zentrale politische Aufgabe des 21. Jahrhunderts liegt darin, ein neues historisches Projekt und eine weltweite Bewegung zu schaffen, die aus der Perspektive des Humanismus und der Solidarität den Kampf gegen das Wertgesetz wieder aufnimmt. Darin liegt die einzige Alternative, die reaktionäre Utopie aus Orwell, Huxley und Bradbury zu stoppen, welche das transnationale Kapital in der globalen Gesellschaft zu verwirklichen sucht.

Heinz Dieterich, Mexiko-Stadt im August 1996

Teil 1

Noam Chomsky

Demokratie und Märkte in der Neuen Weltordnung

Demokratie und Märkte in der Neuen Weltordnung

Es existiert eine konventionelle Vorstellung über das neue Zeitalter, in das wir eintreten, und seine Möglichkeiten. Anthony Lake, der Nationale Sicherheitsberater der US-Regierung, formulierte sie mit aller Klarheit im September 1993, als er die Clinton-Doktrin präsentierte: »Während des Kalten Krieges hielten wir die globale Bedrohung der Marktdemokratien in Schach; heute sollten wir danach streben, ihren Einfluß zu vergrößern.« Die »Neue Welt«, die sich vor uns auftut, »eröffnet enorme Möglichkeiten« auf dem Weg, »den Sieg von Demokratie und offenen Märkten zu konsolidieren«, fügte er ein Jahr später hinzu.

1. Eine dauerhafte Wahrheit

Die Themen sind weitaus tiefgründiger als der Kalte Krieg, argumentierte Lake. Die »dauerhafte Wahrheit« ist, daß unsere Verteidigung von Freiheit und Gerechtigkeit gegen Faschismus und Kommunismus nur eine Phase war in der Geschichte der Schaffung »einer toleranten Gesellschaft, in der Führer und Regierungen nicht dazu da sind, Menschen zu gebrauchen oder zu mißbrauchen, sondern um ihre Freiheit und ihre Chancen zu gewährleisten«. Das ist das »unwandelbare Gesicht« dessen, was die USA in der Welt getan haben, und es ist die »Idee«, die wir heute wieder »verteidigen«. Es ist die »dauerhafte Wahrheit über diese Neue Welt«, in der wir noch effektiver unsere historische Mission verfolgen können, indem wir die übriggebliebenen »Feinde der toleranten Gesellschaft« ... mit dieser konfrontieren, und von der »Kontrolle« dieser Feinde zur »Ausbreitung« (der toleranten Gesellschaft – H.D.) übergehen. Zum Glück für die Welt ist die einzige Supermacht »natürlich« unvergleichbar in der Geschichte, weil »wir nicht versuchen, die Reichweite unseres Einflusses durch Gewalt, Subversion oder Repression zu vergrößern«, sondern uns an Überzeugungskunst, Mitgefühl und friedliche Mittel halten. (1)

Die Kommentatoren waren angemessen beeindruckt von dieser aufgeklärten »Vision auswärtiger Politik«, die den öffentlichen und akademischen Diskurs so sehr dominiert, daß es überflüssig ist, ihre Behauptungen historisch zu dokumentieren. Am bündigsten zusammengefaßt wurde der Grundtenor dieser Position wahrscheinlich von Samuel Huntington, Eaton-Professor für »Science of Government« und Direktor des Olin-Instituts für strategische Studien der Harvard-Universität, im akademischen Journal »International Security«: Die USA müssen ihre »internationale Vormachtstellung« zum Wohlergehen der Welt beibehalten, erklärte Huntington, weil einzig unter allen Staaten »ihre nationale Identität durch eine Reihe universaler politischer und ökonomischer Werte definiert ist«, namentlich »Freiheit, Demokratie, Gleichheit, Privateigentum und Märkte«; »die Förderung von Demokratie, Menschenrechten und Märkten ist [sic] in der amerikanischen Politik zentraler als in der Politik irgendeines anderen Landes.«

Da dies, wie uns die »Science of Government« lehrt, eine Frage der Definition ist, mögen wir auf die langweilige Aufgabe empirischer Bestätigung verzichten. Ein weiser Schritt. Eine Untersuchung würde schnell deutlich machen, daß das von Lake präsentierte konventionelle Bild in jedem entscheidenden Aspekt entweder dubios oder falsch ist – mit einer Ausnahme: Er hat recht, darauf zu drängen, daß wir die Geschichte analysieren, um die »dauerhaften Wahrheiten« zu entdecken, die in einigen der institutionellen Strukturen bewahrt sind. Wir müssen diese Strukturen und ihre »dauerhaften Wahrheiten« ernsthaft in Rechnung stellen, wenn wir wissen wollen, wie sie die Zukunft beeinflussen, falls sie und ihre Handlungsfreiheit nicht irgendwelchen wesentlichen Kontrollen unterworfen werden. Eine ehrliche Überprüfung deutet darauf hin, daß »diese Neue Welt« durchaus von einem Wechsel von »Eindämmung« (containment) zu »Expansion« (enlargement) gekennzeichnet ist; doch nicht in dem Sinn, wie uns Lake und sein applaudierender Chor glaubhaft machen wollen. Ausgedrückt in der nur wenig anderen Rhetorik des Kalten Krieges sehen wir einen Wechsel von der »Eindämmung« der Bedrohung funktionierender Demokratien und Märkte hin zu einer »roll back«-Kampagne gegen all das, was in einem Jahrhundert oft erbitterter Kämpfe erreicht wurde.

Es ist hier nicht der Platz, aufzuzeigen, was das »dauerhafte Gesicht« der US-Macht ist, aber es ist wohl hilfreich, einige wenige typische Fälle zu betrachten, die charakteristische Verhaltensweisen deutlich machen, die relativ allgemeingültig und aufschlußreich für die Zukunft sind.

Zunächst eine methodologische Binsenweisheit. Wenn wir etwas über die Werte und Ziele der sowjetischen Führer lernen wollen, schauen wir auf das, was sie innerhalb ihres Machtbereiches getan haben. Denselben Kurs würde ein rationaler Analytiker verfolgen, der etwas über die Werte und Ziele der US-Führung und der Welt, die sie erschaffen will, lernen möchte. Die Umrisse einer solchen Welt wurden von der US-Botschafterin bei den Vereinten Nationen, Madeleine Albright, just dann skizziert, als Lake unsere historische Verpflichtung auf pazifistische Prinzipien lobte. Sie informierte den Sicherheitsrat – der gerade unschlüssig über eine US-diktierte Resolution über den Irak war –, daß die Vereinigten Staaten fortfahren würden, »multilateral zu handeln, wenn wir können, und unilateral, wenn wir müssen.« Spielt eure Spiele wie ihr wollt, aber in der wirklichen Welt »geschieht, was wir sagen« (What We Say Goes), formulierte Präsident Bush die Grundsatz-Doktrin wesentlich direkter, während Bomben und Raketen auf den Irak herabregneten. Die Vereinigten Staaten sind berechtigt, einseitig zu handeln, unterwies Botschafterin Albright den auf Abwege geratenen Sicherheitsrat, weil »wir [den Mittleren Osten] als lebenswichtig für das nationale US-Interesse betrachten.« Weitere Autorität ist nicht nötig. (2)

Der Irak wäre in der Tat ein gutes Beispiel, um die »dauerhaften Wahrheiten« der wirklichen Welt aufzuzeigen. Aber es ist noch weitaus aufschlußreicher, auf die Regionen zu blicken, in denen die USA so frei handeln konnten, wie sie es wünschten, so daß die Werte und Ziele der politischen Führung und die Version der »nationalen Interessen«, die sie vertreten, mit der größtmöglichsten Klarheit deutlich werden. Wenden wir uns also »unserer kleinen Region hier zu, um die sich noch nie jemand aufgeregt hat«, wie Kriegsminister Henry Stimson die Hemisphäre zu Ende des Zweiten Weltkriegs beschrieb, während er gleichzeitig erklärte, daß alle regionalen Systeme zu zerschlagen seien – mit Ausnahme der unsrigen, die ausgeweitet werden müssen. Ein äußerst sinnvoller Standpunkt, da »was gut für uns ist, auch gut für die Welt ist«, und da alles, was wir tun, »Teil unserer Verpflichtung für die Sicherheit der Welt« ist, ergänzte Stimsons liberaler Kollege Abe Fortas und zerstreute damit Churchills irrationale Verdächtigungen über US-Vormachtsgedanken.

Das Recht der Vereinigten Staaten, unilateral zu handeln und die Regionen zu kontrollieren, die sie sich aussuchen, ist einzigartig – aber angemessen der einzigen Macht, die durch ihre Hingabe an das Gute »definiert« ist. Japans Versuch, die Monroe-Doktrin in seiner »kleinen Region« nachzuahmen, führte zum Zweiten Weltkrieg im Pazifik; und der Golfkrieg war eine Reaktion auf Saddam Husseins Vorschlag, die Angelegenheiten einer anderen Region, die »lebenswichtig für US-Interessen« ist, durch eine regionale Organisation regeln zu lassen. Innerhalb »unserer kleinen Region« darf die von uns beherrschte zonale Organisation agieren – aber im Rahmen bestimmter Grenzen. Falls die Lateinamerikaner »versuchen, in der Organisation Amerikanischer Staaten (OAS) unverantwortlichen Gebrauch von ihrer zahlenmäßigen Stärke zu machen«, erklärte John Dreier in seiner Studie über die Organisation, »falls sie die Doktrin der Nichteinmischung zu weit auslegen oder wenn sie den Vereinigten Staaten keine Alternative lassen, als zu ihrem eigenen Schutz unilateral zu handeln, dann haben sie nicht nur die Grundlage für eine Kooperation zum Fortschritt in dieser Hemisphäre zerstört, sondern auch alle Hoffnung auf eine sichere Zukunft für sich selbst.« Die Vereinigten Staaten werden »einseitig handeln müssen, wenn sie dazu gezwungen werden«. Diese Bedingungen galten selbst zu Zeiten äußerster Toleranz unter F. D. Roosevelts »Politik der guten Nachbarschaft«, die eine »implizite Verpflichtung zur Gegenseitigkeit« in sich trug, wie Robert Woodward, im State Department zuständig für Lateinamerika, betonte. »Würde die Regierung irgendeines amerikanischen Landes eine fremde Ideologie zulassen«, dann wären »die Vereinigten Staaten gezwungen, defensive Maßnahmen zu ergreifen« – und zwar einseitig. Überflüssig zu sagen, daß sonst niemand dieses Recht hat, insbesondere nicht das Recht, sich der USA und ihrer »Ideologie« zu erwehren. Denn die ist nicht »fremd«, sondern verkörpert, in der Tat, nicht mehr als das Eintreten für Ziele, die von jeder vernünftigen Person anzustreben sind.

Unterstützung erhalten die »dauerhaften Wahrheiten« aus dem gesamten Spektrum. Der Historiker Robert Pastor, Lateinamerika-Berater Präsident Carters, schreibt in einer Position extremer Dissidenz, daß die USA wünschen, daß andere Nationen »unabhängig handeln, ausgenommen, wenn das gegen die US-Interessen verstoßen würde«; die USA hätten nie ein Interesse gehabt, sie »zu kontrollieren«, solange sie nicht »außer Kontrolle geraten«. Daher kann niemand die US-Führung anklagen, (in ihrer

Politik) andere Beweggründe zu haben als »das Gute in der Welt« – einschließlich der vollen Freiheit, so zu handeln, wie wir es diktieren. Falls unsere Schützlinge die Freiheit, die wir ihnen geben, nicht weise nutzen, sind wir völlig im Recht, einseitig mit Selbstverteidigung zu antworten, wenn auch die Meinungen über die richtigen Taktiken auseinandergehen und so die Differenzen zwischen »Tauben« und »Falken« produzieren.

Es ist natürlich die zentralamerikanisch-karibische Region, die die »Idee«, der sich die US-Macht am meisten verpflichtet fühlt, am klarsten widerspiegelt; ebenso wie in den osteuropäischen Satellitenstaaten die Ziele und Werte des Kreml deutlich wurden. Diese Region, so reich an Ressourcen und Potentialen und die Quelle eines nicht unbedeutenden Teils des Reichtums der USA, ist eine der schlimmsten »Horrorzonen« der Welt. In den 80er Jahren wurde diese Region aufs neue zum Ort schrecklicher Greueltaten, als die USA und ihre Klientel diese Länder verwüsteten – vielleicht jenseits jeder Rekonstruktionsmöglichkeit – und sie mit hunderttausenden gefolterter und verstümmelter Körper übersäten. Die von Washington geförderten und organisierten Terrorkriege wurden im großen Maßstab gegen die Kirche geführt, die es gewagt hatte, »in erster Linie für die Armen einzutreten«, und der deshalb die üblichen Lektionen für kriminellen Ungehorsam erteilt werden mußten. Es überrascht kaum, daß dieses gräßliche Jahrzehnt mit der Ermordung eines Erzbischofs eröffnet wurde und mit dem Mord an sechs führenden jesuitischen Denkern endete; in beiden Fällen ausgeführt von Kräften, die die USA bewaffnet und ausgebildet hatten. In den Jahren dazwischen marodierten diese Kräfte durch die ganze Region und hinterließen eine schreckliche Bilanz, eingeschlossen Aggression und Terror, die vom Internationalen Gerichtshof in Den Haag verurteilt wurden – eine Entscheidung, die von Washington und der herrschenden intellektuellen Meinung mit einem Achselzucken aus Irritation und Verachtung zurückgewiesen wurde. Dasselbe Schicksal erlitten der Sicherheitsrat und die Generalversammlung der Vereinten Nationen, über deren Aufrufe zur Beachtung des internationalen Rechts nur selten überhaupt berichtet wurde. Nach alledem, eine vernünftige Beurteilung. Warum auch wäre auf Leute zu hören, die die lächerliche Idee vertreten, daß das internationale Recht oder die Menschenrechte im Kalkül einer Macht eine Rolle spielen sollten, die schon immer »Gewalt, Subversion oder Unterdrückung« zurückgewiesen hat und die dem Prinzip anhängt, daß

»Regierungen nicht dazu da sind, Menschen zu gebrauchen oder zu mißbrauchen, sondern um ihnen Freiheit und Chancen zu bieten«? Die »dauerhafte Wahrheit« wurde vor zwei Jahrhunderten von einem berühmten Staatsmann auf ihren Begriff gebracht: »Große Geister scheren sich nicht um kleine Moral.«

Ein Blick auf diese Region belehrt uns ein gutes Stück über uns selbst. Aber es sind die falschen Lektionen und daher vom respektablen Diskurs ausgeschlossen. Eine weitere Lektion, die falsch ist – und deshalb notwendigerweise das gleiche Schicksal teilt –, besteht darin, daß der Kalte Krieg mit all dem wenig zu tun hatte, ausgenommen natürlich, ideologische Vorwände zu liefern. Die politischen Prinzipien waren schon vor der bolschewistischen Revolution die gleichen und sind es ohne Änderung geblieben, auch nach 1989. Ohne eine »sowjetische Bedrohung« besetzte Woodrow Wilson Haiti (und die Dominikanische Republik), schaffte das parlamentarische System ab, weil es sich weigerte, eine »progressive« Verfassung anzunehmen, die den Nordamerikanern erlaubte, den haitianischen Grundbesitz zu übernehmen, tausende von Bauern zu ermorden und de facto die Sklaverei wieder einzurichten, um das Land dann in den Händen einer terroristischen Armee zu hinterlassen – erst als eine US-Plantage, später dann als eine Exportplattform für Montagewerke unter miserablen Bedingungen. Nach dem unglücklichen und schnell beendeten Experiment mit der Demokratie wurde der traditionelle Rahmen mit US-Hilfe just in dem Moment wiederhergestellt, als Lake die Clinton-Doktrin verkündete und Haiti als das beste Beispiel unserer makellosen moralischen Reinheit feilbot. Auch anderswo wurde nach dem Fall der Berliner Mauer die übliche Politik ohne wesentliche Änderungen fortgeführt. Einige Wochen danach fand Bushs Invasion in Panama statt, um eine Clique europäischer Banker und Drogenhändler wieder an die Macht zu bringen – mit vorhersehbaren Konsequenzen für ein Land, das, wie selbst die von den US-Streitkräften eingesetzte Marionettenregierung zugibt, weiterhin militärisch besetzt bleibt.

Es gibt noch eine Menge über solche Dinge zu sagen. Aber wenden wir uns einem vielleicht noch aufschlußreicheren Fall zu, der auch die nur marginale Bedeutung des Kalten Krieges für die traditionelle US-Politik gegenüber Demokratie und Menschenrechten illustriert. Auf die »freien Märkte« werde ich später noch zurückkommen.

Das Beispiel, das ich vorschlage, ist Brasilien, das zu Anfang des Jahrhunderts als »der Koloß des Südens« beschrieben wurde. Ein Land mit enormen Reichtümern und Vorteilen, das eines der reichsten in der Welt sein sollte. »Kein Gebiet dieser Welt ist es mehr wert, ausgebeutet zu werden, als Brasilien«, schrieb das Wall Street Journal vor 70 Jahren. Zu jener Zeit begannen die USA damit, ihre prinzipiellen Feinde Frankreich und Großbritannien zu verdrängen, die sich gleichwohl noch bis zum Zweiten Weltkrieg hinschleppen konnten. Dann waren die USA in der Lage, sie aus der Region zu verjagen und Brasilien als ein »Testgebiet für moderne wissenschaftliche Methoden zur industriellen Entwicklung« zu übernehmen, wie der Diplomatie-Historiker Gerald Haines, der gleichzeitig Chefhistoriker der CIA war, in einer hochgeachteten akademischen Monographie über die US-brasilianischen Beziehungen formulierte. Dies war Teil eines globalen Projekts, dessen sich die Vereinigten Staaten »aus Eigeninteresse in Verantwortung für das Wohlergehen des kapitalistischen Weltsystems« (Haines) angenommen hatten. Von 1945 an wurde dieses »Testgebiet« begünstigt durch eine enge US-Leitung und Vormundschaft. Und wir können stolz auf das Erreichte sein, schrieb Haines 1989. Das Ergebnis ist eine »wahre amerikanische Erfolgsstory«; »Amerikas Brasilienpolitik war überaus erfolgreich«; sie brachte »ein eindrucksvolles wirtschaftliches Wachstum« hervor, »das fest im Kapitalismus wurzelte«; ein Zeugnis unserer Ziele und Werte.

Der Erfolg ist real. US-Investitionen und Profite boomten, und der kleinen Elite ging es wundervoll; ein »ökonomisches Wunder« – im technischen Sinne des Wortes. Bis 1989 übertraf das brasilianische Wachstum das des vielgelobten Chile – jetzt der Meisterschüler – um ein Vielfaches. Dann erlitt Brasilien einen Kollaps und verwandelte sich somit automatisch von einem Triumph der Marktdemokratie zu einem Beispiel des Scheiterns von Staatswirtschaft, wenn nicht gar Marxismus – eine Verwandlung, die innerhalb des Indoktrinierungssystems ohne Aufwand und routinemäßig vollzogen wird, so wie die Umstände es erfordern.

Mittlerweile, auf dem Höhepunkt des ökonomischen Wunders, rangiert die überwältigende Mehrheit der Bevölkerung unter den allerärmsten der Welt. Sie hätte Osteuropa als Paradies angesehen – eine Tatsache, die ebenfalls falsche Lehren vermitteln würde und deshalb zusammen mit anderen unbequemen Wahrheiten mit beeindruckender Disziplin unterdrückt wird.

Die Erfolgsstory für ausländische Investoren und einen kleinen Teil der Bevölkerung spiegelt die Leitwerte ihrer Tutoren und Entwickler wider. Ihr Ziel, wie Haines es beschrieb, lag darin, »jeglichen fremden Wettbewerb« in Lateinamerika »zu eliminieren«, um dieses »Gebiet als einen wichtigen Markt für die US-industrielle Überproduktion und für private Investitionen zu erhalten, um seine gewaltigen Rohstoffreserven auszubeuten und den internationalen Kommunismus abzuwehren.« Der letzte Halbsatz ist reines Ritual. Wie Haines anmerkt, fanden die US-Geheimdienste keine Anzeichen, daß der »internationale Kommunismus« »einzudringen« versuchte, selbst wenn das eine Möglichkeit gewesen wäre.

Wenn auch der »internationale Kommunismus« kein Problem darstellte, so der »Kommunismus« schon, falls wir diesen Begriff im technischen Sinne der Elite-Kultur verstehen. Dieser Sinn wurde von John Foster Dulles in einer privaten Unterredung mit Präsident Eisenhower prägnant beschrieben, nachdem dieser bekümmert beobachtet hatte, daß überall auf der Welt einheimische Kommunisten unfaire Vorteile genossen. Sie seien in der »Lage, sich direkt an die Massen zu wenden«, beklagte sich Eisenhower. Wir haben keine Möglichkeit, diese Art der Ansprache »zu kopieren«, fügte Dulles hinzu und begründete das folgendermaßen: »Sie appellieren an die armen Leute, und diese wollten schon immer die Reichen ausplündern.« Für uns dagegen ist es schwierig, uns »direkt an die Massen zu wenden« mit unserem Prinzip, daß die Reichen die Armen ausplündern müssen – ein Public Relations-Problem, das nach wie vor ungelöst ist.

In diesem operativen Sinne wimmelt es von Kommunisten, und wir müssen die »tolerante Gesellschaft« vor ihrem Mißbrauch und ihren Verbrechen schützen, indem wir Priester ermorden, Gewerkschaftsführer foltern, Bauern abschlachten und noch auf andere Weise unsere gandhianische Gesinnung ausleben.

Das Problem gab es bereits lange bevor die Bezeichnung »Kommunist« für solche Schurken verfügbar wurde. In den Debatten von 1787 über die Bundesverfassung stellte James Madison fest, daß »falls im heutigen England die Wahlen für alle Klassen von Menschen frei wären, das Eigentum von Landbesitzern gefährdet sei. Ein Agrargesetz würde bald erlassen werden.« Um solche Ungerechtigkeit abzuwehren, »sollte unsere Regierung versuchen, die dauerhaften Interessen unseres Landes gegen Erneuerung abzusichern«, indem sie ein Kontrollsystem einführt, um so »die Minderheit der Wohlhabenden gegen die Mehrheit zu schützen.« (3) Es braucht schon einiges Talent, um nicht zu sehen, daß diese »dauerhafte Wahrheit« seither »das nationale Interesse gewesen ist« und daß die »tolerante Gesellschaft« das Recht verficht, dieses Prinzip aufrechtzuerhalten – »einseitig, wenn wir müssen«, mit extremer Gewalt, wenn notwendig.

Dulles Lamento zieht sich wie ein roter Faden durch die internen Dokumente. So im Juli 1945, als Washington »aus Eigeninteresse die Verantwortung für das Wohlergehen des kapitalistischen Weltsystems übernahm«, warnte eine große Studie des Außen- und Kriegsministeriums vor »einer weltweit steigenden Flut, in der die einfachen Leute nach höheren und weiteren Horizonten streben.« Der Kalte Krieg war nicht unwichtig für diese ominöse Zukunftsaussicht. Die Studie warnt auch – obwohl Rußland noch keine Indizien eines solchen Verbrechens zeigte –, daß wir uns nicht sicher sein könnten, ob es »nicht mit dem Gedanken geliebäugelt hätte«, diese Bestrebungen der einfachen Leute zu unterstützen. Wir müssen deswegen offensiv handeln, um die Bedrohung der Marktdemokratien einzudämmen, so wie wir diesen Begriff verstehen. Und in der Tat: Der Kreml verbündete sich fröhlich mit dem obersten Mafia-Boss zur Unterdrückung der Bestrebungen der einfachen Leute, in »unserer kleinen Region« und anderswo. Aber man kann ja niemals sicher sein, und die einfache Tatsache, daß es eine Kraft gibt, die »außer Kontrolle« ist, bietet einen gefährlichen Freiraum für Nichtanpassung und Unabhängigkeit – Teil der wirklichen Bedeutung des Kalten Krieges.

Um es klar zu sagen: Die UdSSR machte sich anderer Verbrechen schuldig. Washington und seine Verbündeten waren tief besorgt, daß ihre traditionellen Satelliten sich von der sowjetischen (und chinesischen) Entwicklung beeindrucken lassen, besonders im Vergleich zu solchen »Erfolgsgeschichten« wie Brasilien. Disziplinierte westliche Intellektuelle mögen nicht in der Lage sein, diesen Punkt zu verstehen, aber Bauern in der Dritten Welt können es. Wirtschaftsunterstützung durch den Sowjetblock wurde ebenfalls – im Wissen um die eigene, westliche Praxis – als eine ernsthafte Gefahr angesehen. Nehmen wir Indien. Unter britischer Herrschaft sank es in Verfall und Elend; erst nachdem die Briten verschwanden, ging es ein wenig aufwärts. Nicht jedoch in der pharmazeutischen Industrie, wo (zumeist britische) multinationale Konzerne mittels Preisüberhöhungen und aufgrund ihres Marktmonopols enorme Gewinne machten. Mit Hilfe der

Weltgesundheitsorganisation und UNICEF konnte sich Indien langsam von diesen Kontrollen befreien, und schließlich wurde die öffentliche Medikamentenproduktion mit sowjetischer Technologie eingeführt. Dies führte zu drastischen Reduzierungen der Medikamentenpreise; einige Antibiotika fielen um 70 Prozent und zwangen so die transnationalen Konzerne, ihre Preise ebenfalls zu senken. Wieder einmal hatte sowjetische Tücke die Marktdemokratie unterhöhlt – indem sie Millionen Menschen in Indien ermöglichte, Krankheiten zu überleben. Zum Glück konnten mit dem Verschwinden des Kriminellen und dem Triumph des Kapitalismus die transnationalen Konzerne die Kontrolle zurückerlangen, kürzlich erst dank der extrem protektionistischen Elemente des letzten GATT-Vertrages. So können wir uns demnächst vielleicht wieder einer steigenden Zahl von Toten und wachsender Profite der »wohlhabenden Minderheit« erfreuen, für deren »dauerhafte Interessen« demokratische Regierungen arbeiten müssen. (4)

Die Parteilinie ist, daß der Westen über den Stalinismus entsetzt war, wegen seiner horrenden Greueltaten. Dieser Anspruch kann nicht einen Moment ernst genommen werden, genausowenig wie ähnliche Behauptungen über den faschistischen Horror. Westliche Moralisten haben wenig Schwierigkeiten gehabt, mit Massenmördern und Folterern zu verkehren – von Mussolini und Hitler bis Suharto und Saddam Hussein. Stalins erschreckende Verbrechen waren nicht von Bedeutung. Präsident Truman mochte und bewunderte den brutalen Tyrannen, bezeichnete ihn als »ehrlich« und »smart as hell«. Sein Tod wäre eine »wirkliche Katastrophe«, fühlte Truman. Er konnte mit Stalin »umgehen« – solange die USA zu 85 Prozent bekamen, was sie wollten; Truman bemerkte: Was innerhalb der UdSSR geschah, sei nicht seine Sache. Andere Führer stimmten dem zu. In den Treffen der Großen Drei pries Winston Churchill Stalin als »einen großen Mann, dessen Ruhm sich nicht nur über das gesamte Rußland, sondern die ganze Welt ausgebreitet hat«, und sprach herzlich über seine »freundschaftlichen und nahen« Beziehungen zu dieser achtenswerten Kreatur: »Meine Hoffnung«, sagte Churchill, »liegt im bedeutenden Präsidenten der Vereinigten Staaten und in Marschall Stalin, in denen wir die ›Champions of peace‹ finden, die uns nach der Niederringung des Widersachers anführen in unserem Kampf gegen Armut, Verwirrung, Chaos und Unterdrückung.« Premier Stalin sei eine Persönlichkeit mit großer Macht, in die er volles Vertrauen habe, teilte Churchill nach Jalta im Februar 1945 seinem Kabinett vertraulich mit – und daß es wichtig sei, daß er im Amt bleibe. Churchill war insbesondere von Stalins Unterstützung für die mörderische britische Unterdrückung des kommunistisch geführten antifaschistischen Widerstands in Griechenland beeindruckt – eine der brutaleren Episoden in der weltweiten Kampagne der Befreier, die grundlegenden Strukturen und Machtbeziehungen der (ehemaligen) faschistischen Feinde wiederherzustellen und gleichzeitig die Widerstandsbewegungen – mit ihrem radikal-demokratischen Makel und ihrer Unfähigkeit, die Rechte und Bedürfnisse der»wohlhabenden Minderheit« zu verstehen – zu zerstreuen oder zu zerstören.

Wenden wir uns wieder Brasilien zu: In den frühen 60er Jahren stand das US-geführte Experiment einem bekannten Problem gegenüber: der parlamentarischen Demokratie. Um dieses Hindernis zu beseitigen, bereitete die Kennedy-Regierung den Boden für einen Militärputsch, der zur Herrschaft von Folterern und Mördern führte, die die »dauerhaften Wahrheiten« verstanden. Brasilien ist eines der wichtigsten Länder, und der Putsch hatte einen bedeutenden Domino-Effekt. Die Plage der Unterdrükkung breitete sich vom Koloß des Südens über fast den ganzen Kontinent aus, immer mit US-Beteiligung und Unterstützung. Das Ziel wurde akkurat vom führenden universitären US-Spezialisten für Menschenrechte und US-Lateinamerikapolitik, Lars Schoultz, beschrieben: »Die dauerhafte Vernichtung einer wahrgenommenen Bedrohung der bestehenden Strukturen sozio-ökonomischer Privilegien durch die Eliminierung der politischen Teilhabe der zahlenmäßigen Mehrheit...« Erneut hatte der Kalte Krieg nichts mit diesem Problem zu tun. Und wie gewöhnlich war die UdSSR mehr als glücklich, mit den heruntergekommensten Killern zusammenarbeiten zu dürfen; obwohl sie manchmal aus vollkommen zynischen Motiven denjenigen Unterstützung anbot, die versuchten, sich gegen den Mafia-Boss (enforcer) der Hemisphäre zu verteidigen, und so als Abschrekkung gegen die unbegrenzte Anwendung der US-Gewalt dienten – einige der wenigen wahren Fälle von Abschreckung, die aus irgendeinem Grunde in den vielen nüchternen Studien der Abschreckungstheoretiker keine Beachtung gefunden haben.

Im Einklang mit der gültigen Doktrin »bewahrten« die Kennedy- und Johnson-Regierungen auf dem Höhepunkt des amerikanischen Liberalismus die »Marktdemokratien vor der globalen Bedrohung«, indem sie parlamentarische Regime in unserem privaten »Testgebiet« stürzten und einen nationalen Sicherheitsstaat installierten, der von Neonazi-Generälen befehligt wurde. Das ist die These, die wir mit angemessenem Pathos zu intonieren haben. Und so wurde die Angelegenheit seinerzeit vorgestellt, ohne größere sichtbare Gewissensbisse hervorzurufen. Der Militärcoup war »ein großer Sieg für die freie Welt«, sagte Kennedys Botschafter Lincoln Gordon, bevor er zum Präsidenten einer großen Universität nicht weit von hier (Boston – H.D.) avancierte. Der Coup wurde unternommen, »um die brasilianische Demokratie zu schützen, nicht um sie zu zerstören.« In der Tat war es »der wichtigste entscheidende Sieg der Freiheit in der Mitte des 20. Jahrhunderts«, der »ein großartig verbessertes Klima für private Investitionen schaffen« sollte; so stoppte der Staatsstreich, in gewissem Sinne, eine Bedrohung für die Marktdemokratie.

Solch eine Konzeption von Demokratie ist weitverbreitet. Zu Hause besteht die Bevölkerung aus »ignoranten und aufdringlichen Außenseitern«, die »Zuschauer« sein mögen, aber nicht »Mitwirkende«, hielt Walter Lippmann in seinen fortschrittlichen Essays über Demokratie fest. Auf der anderen Seite des Spektrums verwehren ihnen die Staats-Reaktionäre des Reagantyps sogar die Rolle des Zuschauers: daher ihre Zuneigung zu beispiellosen Zensurmaßnahmen und Geheimoperationen, die nur ein Geheimnis vor dem heimischen Feind sind. Die »große Bestie«, wie Alexander Hamilton den gefürchteten und verhaßten öffentlichen Feind bezeichnete, muß gezähmt oder in den Käfig gesperrt werden, wenn die Regierung »die permanenten Interessen des Landes« sicherstellen soll.

Dieselben »dauerhaften Wahrheiten« werden auch auf unsere ausländischen Schützlinge angewandt, mit in der Tat noch größerem Nachdruck, da (unsere) Beschränkungen geringer sind. So zeigt es die widerspruchsfreie Praxis mit brutaler Klarheit.

Die traditionelle US-Opposition gegenüber der Demokratie ist verständlich und wird manchmal auch mit einer gewissen Freimütigkeit anerkannt. Nehmen wir die 80er Jahre, in denen die USA sich – im Einklang mit der herrschenden Lehre – in einem »Kreuzzug für die Demokratie« engagierten, insbesondere in Lateinamerika. Einige der besten Studien zu diesem Projekt – ein Buch und einige Artikel – stammen von Thomas Carothers, der die Sichtweisen eines Historikers und eines Insiders in seiner Person vereinigt. Er war im State Department unter Reagan mit den Programmen zur »Unterstützung der Demokratie« in Lateinamerika befaßt. Diese seien »ehrlich« gewesen, aber zum großen Teil ein Fehlschlag – ein eigenartig systematischer Fehlschlag. Wo der US-Einfluß am geringsten war, war der Fortschritt am größten: Im südlichen Kegel Lateinamerikas gab es realen Fortschritt, bekämpft von den Reaganisten, die ihn sich dann, als die Welle nicht mehr aufzuhalten war, als ihren Verdienst anschrieben. Wo der US-Einfluß am größten war – in Zentralamerika – war der Fortschritt am geringsten. Hier suchte Washington »unvermeidlich nur nach begrenzten, von oben nach unten funktionierenden Formen demokratischen Wandels, mit denen man nicht riskierte, die traditionellen Machtstrukturen anzutasten, mit denen die Vereinigten Staaten so lange verbündet gewesen waren«, schreibt Carothers. Die USA versuchten, »die grundsätzliche Ordnung ... ziemlich undemokratischer Gesellschaften« beizubehalten und »an der Bevölkerung orientierte Wechsel« zu vermeiden, welche die »alteingesessenen wirtschaftlichen und politischen Ordnungen« umwerfen und eine »linke Tendenz« hätten eröffnen können.

Das ist genau das, was wir jetzt in Lakes Vorzeigemodell sehen, wenn wir uns bequemen, die Augen zu öffnen. In Haiti wurde es dem gewählten Präsidenten (Aristide – H.D.) erlaubt zurückzukehren, nachdem man die sozialen Bewegungen einer ausreichenden Dosis Terror ausgesetzt hatte. Zuvor mußte er allerdings ein von den USA diktiertes Wirtschaftsprogramm akzeptieren, das vorsah, daß »der wiederhergestellte Staat sich auf eine Strategie konzentrieren muß, die auf der Energie und der Initiative der Gesellschaft basiert, insbesondere des einheimischen und des ausländischen Privatsektors«. Die US-Investoren sind zusammen mit den superreichen Unterstützern des Staatsstreichs das Zentrum der haitianischen Gesellschaft, nicht die haitianischen Bauern und Slumbewohner, die Washington skandalisierten, indem sie eine so lebendige und vibrierende Gesellschaft hervorbrachten, daß sie in der Lage waren, einen Präsidenten zu wählen und die öffentliche Bühne zu betreten. Diese Abweichung von akzeptierbaren Normen wurde auf dem üblichen Weg mit ausreichender US-Mittäterschaft überwunden; zum Beispiel durch die Entscheidung der Bush- und Clinton-Regierung, es TEXACO zu erlauben, in Verletzung der Sanktionsbestimmungen Öl an die Putschisten zu liefern; eine wichtige Tatsache, die von Associated Press einen Tag vor der Landung der US-Truppen in Haiti aufgedeckt wurde, jedoch keinen Eingang in die nationalen Medien fand. Der »wiederhergestellte Staat« ist nun wieder auf dem richtigen Gleis und verfolgt die Politik, die vom Kandidaten Washingtons in den Wahlen von 1990 unterstützt wurde – jenen Wahlen, die (durch Aristides Sieg – H.D.) »außer Kontrolle gerieten« und in denen dieser Kandidat 14 Prozent der Stimmen erhielt.

Dieselben »dauerhaften Wahrheiten« gelten auch für den auf unserem Erdteil schlimmsten Menschenrechtsverletzer, der zur Überraschung für jeden, der sich mit der Geschichte auskennt, auch die Hälfte aller US-Militärhilfe auf diesem Kontinent erhält: Kolumbien. Es wird hier als eine außergewöhnliche Demokratie gepriesen und von den jesuitischen Menschenrechtsgruppen, die trotz des Terrors zu arbeiten versuchen, als eine »Demokra-Diktatur« beschrieben, so Eduardo Galeanos Ausdruck für dieses Amalgam demokratischer Formen und totalitären Terrors, das von der »real existierenden toleranten Gesellschaft« bevorzugt wird, wenn die Demokratie »außer Kontrolle zu geraten droht«.

2. Demokratie, Märkte und Menschenrechte

In der wirklichen Welt sind Demokratie, Märkte und Menschenrechte ernsthaft unter Beschuß – in vielen Weltregionen, einschließlich in den führenden industriellen Demokratien. Die mächtigste unter ihnen – die Vereinigten Staaten – leiten diese Attacke. In der wirklichen Welt haben die USA niemals freie Märkte unterstützt, von ihrer frühesten Geschichte an nicht bis hin zu den Reagan-Jahren, die einen neuen Standard für Protektionismus und staatliche Eingriffe in die Wirtschaft setzten, ganz im Gegensatz zu vielen herrschenden Illusionen.

Der Wirtschaftshistoriker Paul Bairoch führt aus, daß »die moderne Schule des protektionistischen Gedankenguts ... tatsächlich in den Vereinigten Staaten geboren wurde«, welche das »Mutterland und die Bastion des modernen Protektionismus war.« Ebensowenig waren die Vereinigten Staaten allein. Großbritannien verfolgte schon vor uns einen ähnlichen Kurs und wandte sich dem Freihandel erst zu, nachdem ihm 150 Jahre Protektionismus solch große Vorteile verschafft hatten, daß ein »gleiches Spielfeld für alle« eine sichere Angelegenheit zu sein schien; verließ diesen Standpunkt aber wieder, als die Erwartungen nicht länger erfüllt wurden. Es ist nicht einfach, eine Ausnahme zu finden. Die heutige Erste und Dritte

Welt waren sich im 18. Jahrhundert viel ähnlicher. Ein Grund für die enormen Veränderungen seitdem ist, daß die Herrschenden für sich nicht die Marktdisziplin akzeptierten, die sie ihren Abhängigen in die Kehle rammten. Der außergewöhnlichste »Mythos« der ökonomischen Wissenschaften ist, schlußfolgert Bairoch aus der Auswertung geschichtlicher Daten, daß freie Märkte den Weg zur Entwicklung öffnen: »Es ist schwierig, einen anderen Fall zu finden, bei dem die Tatsachen der herrschenden Theorie derart entgegenstehen«, schreibt er, und bemerkenswerterweise untertreibt er die Bedeutung staatlicher Intervention für die Reichen, weil er sich selbst in konventioneller Manier auf eine enge Kategorie von Marktstörungen beschränkt. (5)

Um nur einen Aspekt staatlicher Intervention zu erwähnen, der zumeist von der verengt schauenden Wirtschaftsgeschichte ausgelassen wird: Erinnern wir uns daran, daß die frühe industrielle Revolution auf billiger Baumwolle gründete, so wie das »goldene Zeitalter« nach 1945 vom billigen Öl abhängig war. Baumwolle wurde aber nicht durch Marktmechanismen billig gehalten, sondern vielmehr durch Ausrottung der ursprünglichen Bevölkerung und durch Sklaverei – eine ziemliche ernsthafte Störung des Marktes, die gleichwohl nicht als Gegenstand ökonomischer Analyse angesehen wird, vielmehr als zu einer anderen Disziplin gehörig. Wenn die Naturwissenschaften eine Abteilung hätten, die sich nur auf Protonen konzentriert, eine andere für Elektronen, eine dritte für Licht usw., und jede sich nur auf ihr definiertes Sachgebiet beschränkte, brauchten wir keine Angst zu haben, die Natur zu verstehen.

Die Daten über diese Dinge sind beeindruckend widerspruchsfrei. Die Briten benutzten Gewalt, um die industrielle Entwicklung in Ägypten und Indien zu verhindern, und sie taten das sehr bewußt, um einen möglichen Wettbewerb auszuschließem. Nach der amerikanischen Revolution gingen ihre ehemaligen Kolonisten ihren eigenen Weg und verließen sich auf umfangreichen Protektionismus und Subventionen für ihre industrielle Revolution, zuerst in Textilien und Maschinen, später bei Stahl und in der weiterverarbeitenden Industrie. Und so geht es bis heute: Computer und Elektronik im allgemeinen, Metallurgie, die Raumfahrtindustrie, Agrobusiness, pharmazeutische Industrie – in der Tat, praktisch jeder funktionierende Teil der Wirtschaft. Seit dem Zweiten Weltkrieg wurde das Pentagon-System – eingeschlossen die NASA und das Energieministerium – bevorzugt als Mechanismus benutzt, öffentliche Mittel in die modernen Industriezweige zu schleusen; ein Grund dafür, daß dieses System ohne große Änderung auch nach dem Verschwinden des vorgegebenen Vorwandes (der sowjetischen Bedrohung – H.D.) weiterexistiert. Das gegenwärtige Budget des Pentagon ist in realen Dollars höher als unter Nixon und liegt nur wenig unter dem Durchschnitt des Kalten Krieges; und unter der Politik der staatlichen Reaktionäre, die man fälschlicherweise als »Konservative« bezeichnet, wird es wahrscheinlich noch weiter steigen. Wie immer handelt es sich bei einem Großteil dieser Praktiken um eine Form von Industriepolitik, um eine Subvention der Steuerzahler für private Macht und Profit.

Noch extremere Parteigänger von Staatsmacht und Interventionismus haben diese Wohlfahrtsmechanismen für die Reichen zusätzlich ausgeweitet. Zum größten Teil durch Militärausgaben steigerte die Reagan-Regierung den Staatsanteil am Bruttoinlandsprodukt auf über 35 Prozent im Jahr 1983, ein Anstieg um über ein Drittel innerhalb eines Jahrzehnts. »Star Wars« wurde der Öffentlichkeit als »Verteidigungsmaßnahme« verkauft – und der Wirtschaft als eine öffentliche Subvention für fortgeschrittene Technologie. Wäre es den Marktkräften erlaubt worden zu funktionieren, gäbe es heute keine US-Stahl- oder Automobilindustrie mehr. Die Reaganisten haben die Märkte für den japanischen Wettbewerb einfach blockiert. Der damalige Finanzminister James Baker verkündete stolz vor einem Wirtschaftspublikum, daß Reagan »der US-Industrie mehr Importerleichterungen gewährt hatte, als irgendeiner seiner Vorgänger in über einem halben Jahrhundert.« Er ist zu bescheiden: Es war tatsächlich mehr, als alle seine Vorgänger zusammen, wie die Verdoppelung der Importrestriktionen auf 23 Prozent zeigt. Der Direktor des *Institute for International Economics*, der internationale Ökonom Fred Bergsten (der sich tatsächlich für den freien Handel einsetzt), fügt hinzu, daß sich die Reagan-Regierung auf die Art des »gemanagten Handels« spezialisiert hatte, der am stärksten »den Handel behindert und Märkte schließt«, nämlich die freiwilligen Exportbeschränkungsabkommen. Das ist »die heimtückischste Art von Protektionismus«, führt er aus, »die die Preise steigen läßt, den Wettbewerb reduziert und Kartellverhalten bestärkt«. Der Wirtschaftsbericht von 1994 an den Kongreß schätzt, daß die reaganistischen Protektionismusmaßnahmen die US-Handelseinfuhren um ein Fünftel reduzierten.

Während die meisten Industriegesellschaften in den letzten Jahrzehnten protektionistischer wurden, führten die Reaganisten oft die Bande an. Die Auswirkungen auf den Süden waren verheerend. Die protektionistischen Maßnahmen der Reichen waren ein entscheidender Faktor für die Verdopplung der ohnehin schon tiefen Kluft zwischen den ärmsten und reichsten Ländern seit 1960. Der UN-Entwicklungsbericht von 1992 schätzt, daß die Maßnahmen den Süden um jährlich eine halbe Billion US-Dollar beraubt hat, das ist zwölfmal soviel wie die gesamte »Hilfe« – wovon der größte Teil auch noch de facto-Exportförderung unter den verschiedensten Deckmänteln ist. Dieses Verhalten ist »wirklich kriminell«, bemerkte kürzlich der renommierte irische Diplomat und Schriftsteller Erskine Childer. Als Beispiel dafür könnte man einen kurzen Blick werfen auf den »stillen Genozid«, wie ihn die Weltgesundheitsorganisation WHO verdammt – elf Millionen Kinder sterben jedes Jahr, weil die reichen Länder ihnen Pfennigbeträge an Hilfe verweigern; die Vereinigten Staaten sind die miserabelsten von allen, selbst wenn wir eine der größten »Hilfe«-Komponenten miteinrechnen, die an ein reiches Land geht, an Washingtons Schützling Israel. Dem US-Propagandasystem ist dafür Tribut zu zollen, daß die meisten US-Bürger die Ausgaben für Auslandshilfen heillos überschätzen, wie sie es auch mit den Ausgaben für das Sozialsystem tun, die nach internationalen Standards genauso armselig sind, wenn wir mal die Wohltaten für die Reichen ausklammern.

Die Reaganisten bauten ebenfalls die US-Chipindustrie durch protektionistische Maßnahmen und mittels eines Regierungs-Industrie-Konsortiums wieder auf, um eine japanische Übernahme dieses Marktes zu verhindern. Reagans Pentagon unterstützte auch die Hochleistungscomputerindustrie, die zu »einer entscheidenden Marktmacht« wurde, wie das Magazin »Science« berichtete, »indem sie durch massive Unterstützung die Parallelcomputer aus den Labors in eine entstehende Industrie brachten« und so halfen, viele »junge Supercomputer-Firmen« zu schaffen.

Und Geschichten dieser Art gibt es noch und noch – für praktisch jeden funktionierenden Teilbereich der Wirtschaft.

Die globale soziale und ökonomische Krise wird im allgemeinen unerbittlichen Marktkräften zugeschrieben. Die Analytiker unterscheiden dann zwischen der Bedeutung verschiedener Faktoren, insbesondere dem internationalen Handel und der Automatisierung. Darin liegt ein gutes Stück

Irreführung. Große staatliche Subventionen und Interventionen wurden – und werden nach wie vor – benötigt, um den Handel effizient erscheinen zu lassen, ganz zu schweigen von den ökologischen Kosten, die zukünftigen Generationen aufgebürdet werden, die im Markt nicht »wählen«, und andere »externe Faktoren«, die in die Fußnoten verbannt werden. Um nur eine kleine Marktverzerrung zu erwähnen: Ein bedeutender Teil des Pentagon-Budgets ist dazu benutzt worden, »den sicheren Öltransport zu vernünftigen Preisen« aus dem Mittleren Osten zu garantieren – »zum überwiegenden Teil das Reservat der USA« –, stellt Phebe Marr von der *National Defence University* nebenbei in einer akademischen Zeitschrift fest – ein Beitrag zur »Effizienz des Handels«, dem selten Aufmerksamkeit gewidmet wird.

Nehmen wir den zweiten Faktor, die Automatisierung. Bestimmt trug sie an einem gewissen Punkt zur Profitsteigerung bei, aber dieser Punkt wurde durch jahrzehntelangen Protektionismus im staatlichen Sektor – der Militärindustrie – erreicht, wie David Noble in seiner wichtigen Arbeit dokumentiert hat. Er zeigt weiterhin, daß die spezifische Form der gewählten Automatisierung häufig eher von Macht als von Profit oder Effizienzsteigerung bestimmt war; sie wurde dazu benutzt, Arbeiter zu dequalifizieren und dem Management unterzuordnen, nicht wegen irgendwelcher Marktprinzipien oder der Natur dieser Technologien, sondern aus Gründen von Herrschaft und Kontrolle.

Dasselbe gilt auch genereller. Vorstände informieren die Wirtschaftspresse, daß ein Hauptgrund für die Verlagerung von Arbeitsplätzen in Länder mit sogar noch höheren Arbeitskosten darin liege, das Austragen von Klassenkämpfen zu begünstigen. »Wir sind sehr darüber besorgt, nur einen Ort zu haben, wo ein Produkt hergestellt wird«, erklärte ein Vorstandsmitglied von Gillette, hauptsächlich wegen »Arbeitsproblemen«. Wenn die Arbeiter in Boston streiken, führte er aus, könnte Gillette sowohl die europäischen wie auch die US-Märkte von seiner Berliner Fabrik aus versorgen und so den Streik brechen. So ist es nur vernünftig, daß Gillette im Ausland mehr als dreimal soviel Arbeiter beschäftigt als in den USA, unabhängig von den Kosten und nicht aus Gründen wirtschaftlicher Effizienz. Ähnlich der Caterpillar-Konzern, der versucht, die letzten Überreste der Industriegewerkschaftsbewegung zu zerstören. Sie verfolgen »eine Geschäftsstrategie, die die amerikanischen Arbeiter sanft von Widerstand zu

Willfährigkeit schubst«, berichtet der Wirtschaftskorrespondent James Tyson. Diese Strategie beinhaltet »die Billigproduktion im Ausland« und »verläßt sich auf Importe aus Fabrikationsstätten in Brasilien, Japan und Europa.« Sie wird begünstigt durch die Profite, die in den Himmel schießen, während die Sozialpolitik so entworfen wird, daß sie die Wohlhabenden bereichert; durch das Anheuern von »Zeitarbeitern« und »Permanent Replacement Workers« in Verletzung internationaler Arbeitstandards; und durch die Komplizenschaft mit einem kriminellen Staat, der sich weigert, die Arbeitsgesetzgebung zu praktizieren, ein Standpunkt, der von den Reaganisten zum Prinzip erhoben wurde, wie Business Week in einer wichtigen Untersuchung dokumentierte. (6)

Die wahre Bedeutung des »Konservatismus der freien Märkte« wird illustriert durch einen näheren Blick auf die eifrigsten Verfechter der Politik »die Regierung außen vorzulassen« und die Herrschaft des Marktes nicht zu stören. Der Sprecher des Repräsentantenhauses, Newt Gingrich, ist vielleicht das herausragendste Beispiel. Er vertritt Cobb County im US-Bundesstaat Georgia, das die New York Times für eine Titelgeschichte auswählte, um die ansteigende Welle des »Konservatismus« und die Verachtung für einen »Ammen-Staat« (»nanny state«) zu beschreiben. Die Schlagzeile lautet: »Der Konservatismus blüht zwischen den Supermärkten« dieser reichen Vorstadt von Atlanta, die gewissenhaft abgeschirmt ist von jeglicher städtischen Infektion, so daß die Einwohner die Früchte ihrer »unternehmerischen Werte« und ihres Marktenthusiasmus genießen können, im Kongreß verteidigt durch ihren führenden Konservativen Newt Gingrich, in einer »Norman Rockwell-Welt mit Glasfasercomputern und Jets«, wie Gingrich seinen Wahlbezirk stolz beschrieb. (7)

Dazu gibt es aber noch eine kleine Anmerkung zu machen. Cobb County erhält mehr Bundessubventionen als jede andere vorstädtische Gemeinde in den USA – mit zwei bemerkenswerten Ausnahmen: Die eine ist Arlington, Virginia, das praktisch Teil der Bundesregierung ist, und die zweite ist das Kennedy Space Center in Florida, eine weitere Komponente des Systems von öffentlichen Subventionen und privatem Profit. Wenn wir das eigentliche Bundessystem verlassen, ist Cobb County führend bei der Abpressung von Mitteln des Steuerzahlers – der auch dafür zuständig ist, die »Jets und Glasfasercomputer« in dieser Norman Rockwell-Welt zu finanzieren. Die meisten Jobs in Cobb County, ordnungsgemäß hochbezahlt, hängen an den öffentlichen Trögen. Allgemein kann der Reichtum der Region Atlanta in bedeutendem Ausmaß zu diesen gleichen Quellen zurückverfolgt werden. Mittlerweile erreichen die Lobeshymnen der Markt-Wunder die Himmel, in denen »der Konservatismus blüht«.

Gingrichs »Kontrakt mit Amerika« verdeutlicht treffend die Ideologie des doppelgesichtigen »freien Marktes«: Staatsprotektionismus und öffentliche Subventionen für die Reichen, Marktdisziplin für die Armen. Diese Ideologie ruft nach »Kürzungen bei den Sozialausgaben« und Gesundheitskosten für die Armen und Älteren, verweigert Hilfen für Kinder und kürzt die Wohlfahrtsprogramme – für die Armen. Sie verlangt ebenfalls steigenden Wohlstand für die Reichen, auf die klassische Weise: zurückhaltende fiskalische Maßnahmen und vorbehaltlose Subventionen. Das erste meint steuerliche Ausnahmen für Unternehmen und die Wohlhabenden, Abschaffung von Kapitalertragssteuern usw., das zweite meint Zuschüsse aus Steuermitteln für Investitionen in Fabriken und Betriebsanlagen, bessere Abschreibungsmöglichkeiten, Zerschlagung des Regulationsapparates, der sowieso nur Menschen und zukünftige Generationen beschützt, und »Stärkung unserer nationalen Verteidigung«, so daß wir besser »unsere Glaubwürdigkeit überall auf der Welt aufrechterhalten können« – damit jeder, der auf komische Gedanken kommt, wie Priester und Bauernführer in Lateinamerika, versteht, daß »geschieht, was wir sagen!«

Die Phrase von der »nationalen Verteidigung« ist kaum mehr als ein schlechter Scherz, der unter Menschen mit ein wenig Selbstachtung eigentlich nur Spott auslösen kann. Die USA werden nicht bedroht, trotzdem geben sie fast soviel für »Verteidigung« aus wie der Rest der Welt zusammen. Militärausgaben sind natürlich kein Scherz. Abgesehen von der Sicherstellung einer gewissen Form von »Stabilität« im »dauerhaften Interesse« derjenigen, auf die es ankommt, braucht man das Pentagon, um Gingrich und seine reichen Mitläufer zu versorgen, so daß sie gegen den Ammen-Staat wettern können, der ihre Taschen mit öffentlichen Mitteln füllt.

Gingrichs »Kontrakt« ist bemerkenswert dreist. So stehen die Vorschläge für Wirtschaftsförderung, Kapitalertragssteuerkürzungen und andere Wohlfahrtsmaßnahmen für die Reichen unter der Überschrift »Das Arbeitsbeschaffungs- und Lohnverbesserungsgesetz«. Dieser Abschnitt beinhaltet tatsächlich auch ein Maßnahmenpaket »zur Arbeitsplatzschaffung und Erhöhung von Arbeiterlöhnen« – mit dem Hinweis: »nicht subventioniert«. Aber das macht nichts. Im heutigen »Neusprech« muß man das Wort »Arbeitsplatz« als »Profit« verstehen; so wird das ganze in der Tat ein Vorschlag zur »Schaffung von Arbeitsplätzen«, der weiter dazu beiträgt, die Löhne nach unten zu »verbessern«.

Dieses rhetorische Muster ist ebenfalls nahezu absolut. Im November 1994 bereitete sich Clinton darauf vor, den asiatisch-pazifischen Wirtschaftsgipfel in Jakarta zu besuchen, wo er wenig zu sagen hatte über die Besetzung Ost-Timors, die mit üppiger US-Militärhilfe fast genozidhafte Ausmaße angenommen hat, oder über die Tatsache, daß die Löhne in Indonesien nur halb so hoch sind wie in China, während Arbeiter, die sich gewerkschaftlich organisieren wollen, ermordet oder eingesperrt werden. Aber er sprach über die Themen, die er auch während des letzten APEC-Treffens in Seattle betonte, als er seine »große Vision von den freien Märkten der Zukunft« präsentierte, die mit Ehrfurcht und großem Beifall aufgenommen wurde. Er beschloß, dies im Hangar des Boeing-Konzerns zu tun, und stellte dessen Triumph unternehmerischer Werte als Paradebeispiel für die große Vision der freien Märkte heraus. Die Ortswahl machte Sinn: Boeing ist der führende Exporteur des Landes, die zivile Luftfahrt führt in den USA den Export von Industriegütern an, und die Tourismusindustrie, die auf Flugzeugen basiert, trägt zu über einem Drittel zu den US-Handelsüberschüssen im Bereich der Dienstleistungen bei.

In diesem enthusiastischen Chorus wurden nur einige wenige Fakten ausgelassen. Vor dem Zweiten Weltkrieg machte Boeing keinerlei Gewinne. Die Firma wurde während des Kriegs reich, mit einem hohen Anstieg der Investitionen, die zu über 90 Prozent von der Bundesregierung kamen. Auch die Gewinne boomten: Boeing erhöhte seinen Nettowert um mehr als das Fünffache, während es seiner patriotischen Pflicht nachkam. Es handelt sich um eine »phänomenale Finanzgeschichte« auf Kosten der Steuerzahler, die »es den Eigentümern der Flugzeugfirmen ermöglichte, phantastische Gewinne mit eigenen Minimal-Investitionen zu machen«, führt Frank Kofsky in einer Studie über das frühe Nachkriegs-Pentagonsystem aus.

Nach dem Krieg erkannten die Wirtschaftskreise an, daß »die Flugzeugindustrie heutzutage in einer reinen, unsubventionierten Wirtschaft des ›freien Unternehmertums‹ nicht zufriedenstellend existieren kann« und daß »die Regierung der einzig mögliche Retter« sei (Fortune, Business

Week). Das Pentagonsystem wurde als der »Retter« wiederbelebt, der diese Industrie zusammen mit dem Rest der industriellen Wirtschaft erhielt und weiter ausbaute. Der Kalte Krieg lieferte den Vorwand. Der erste Air Force Minister, Stuart Symington, stellte im Januar 1948 die Angelegenheit klar: »Wir müssen nicht über ›Subventionen‹ sprechen, sondern über ›Sicherheit‹.« Als Industrielobbyist in Washington verlangte Symington regelmäßig genügend Beschaffungsmittel im Militärhaushalt, um »die Bedürfnisse der Flugzeugindustrie zu befriedigen«, wie er es nannte, wobei Boeing den Löwenanteil ergatterte.

Und so geht die Geschichte weiter. In den frühen 80er Jahren war Boeing für »den größten Teil seiner Gewinne« vom Militärgeschäft abhängig, und nach einem Rückgang von 1989 bis 1991 erfuhr die Verteidigungs- und Raumfahrtsparte »eine gewaltige Trendwende«, wie das Wall Street Journal berichtete. Ein Grund ist die Flut von Rüstungsverkäufen ins Ausland, weil die US-Rüstungsindustrie zum weltgrößten Waffenhändler wurde, der fast drei Viertel des Marktes in der Dritten Welt beherrscht und sich mittels umfangreicher Regierungsinterventionen und Subventionen seinen Weg bahnt. Was die Gewinne aus dem zivilen Markt betrifft, so würde eine angemessene Schätzung ihres Anteils den Beitrag der »dual-use«-Technologien und anderer Beiträge des öffentlichen Sektors ausgliedern, die nicht leicht genau zu quantifizieren, aber ohne Zweifel sehr bedeutsam sind.

Die Erkenntnis, daß eine Industrie nicht in einer »Wirtschaft des ›freien Unternehmertums‹« überleben kann, ging über den Flugzeugbau weit hinaus. Die operative Frage nach dem Krieg war, welche Form die öffentlichen Subventionen haben sollten. Die Wirtschaftsführer wußten, daß Ausgaben im sozialen Bereich die Wirtschaft stimulieren können, aber sie bevorzugten die militärische Alternative – aus Gründen, die mit Privilegien und Macht zu tun haben, nicht mit »ökonomischer Rationalität«. 1948 betrachtete die Wirtschaftspresse Trumans »Ausgaben für den Kalten Krieg« als eine »magische Formel für nahezu immerwährende gute Zeiten« (Steel). Solche öffentlichen Subventionen könnten »einen generellen Aufwärtstrend unterstützen«, kommentierte Business Week, wenn nur die Russen mit einer genügend drohenden Haltung mitmachten. 1949 notierten die Herausgeber mit Erleichterung, daß Washington »Stalins Friedensfühler bisher einfach zur Seite gefegt hatte«, aber sie blieben besorgt, daß dessen »Friedensoffensive« gleichwohl »die Aussicht auf immerfort steigende Militärausgaben« stören könnte. Das Magazine of Wall Street sah Militärausgaben als einen Weg an, »neue Stärke in die gesamte Wirtschaft zu injizieren«, und einige Jahre später befanden sie es als »offensichtlich, daß ausländische Wirtschaften genauso wie unsere nun hauptsächlich abhängig sind von der Größe kontinuierlicher Rüstungsausgaben in diesem Land« und bezogen sich damit auf den internationalen Militär-Keynesianismus, dem schließlich die Wiederherstellung staatskapitalistischer Industriegesellschaften im Ausland gelang.

Das Pentagonsystem hat zahlreiche Vorteile gegenüber anderen Formen staatlicher Eingriffe in die Wirtschaft. Es lädt der Öffentlichkeit eine große Kostenlast auf und stellt gleichzeitig einen garantierten Markt für Überschußproduktion sicher. Nicht weniger wichtig ist, daß es nicht die unerwünschten Nebeneffekte hat wie soziale Ausgaben für die Bedürfnisse der Menschen. Abgesehen von ungeliebten Umverteilungseffekten haben solche Ausgaben die Tendenz, die Prärogativen der Manager zu stören; eine Produktion nützlicher Güter könnte den privaten Profit unterhöhlen, wohingegen staatlich subventionierte »Verschwendungs«-Produktion (Waffen, »Mensch auf dem Mond«-Extravaganzen, usw.), ein Geschenk für Eigentümer und Manager darstellt, an die auch jedes marktfähige »Spin-off«-Produkt sofort ausgeliefert wird. Ausgaben für Soziales könnten ebenfalls öffentliches Interesse und Teilhabe auslösen und so die Bedrohung der Demokratie erhöhen. Aus diesen Gründen erklärte Business Week 1949: »Es besteht ein enormer ökonomischer und sozialer Unterschied zwischen der Ankurbelung der Wirtschaft durch Wohlfahrtsgelder und Ankurbelung der Wirtschaft durch Rüstungsgelder«; letzteres ist bei weitem vorzuziehen. Und dabei ist es geblieben, besonders in Cobb County und anderen ähnlichen Bollwerken libertärer Doktrin und unternehmerischer Werte.

Freie Märkte sind gut für die Dritte Welt und ihre wachsenden Pendants bei uns. Müttern mit abhängigen Kindern kann unnachgiebig die Notwendigkeit, auf sich selbst zu vertrauen, vorgehalten werden, aber bitte nicht abhängigen Managern und Investoren. Für sie muß der Wohlfahrtsstaat florieren. »Tough love« (brutale Liebe) ist genau der richtige Slogan für staatliche Politik, solange wir ihn richtig verstehen: Liebe für die Reichen, Brutalität für alle anderen.

Es ist überflüssig zu betonen, daß eine Konzentration auf reiche Länder wie unseres höchst irreführend ist. Der doppelgesichtige »Neoliberalismus« hat seine tödlichsten Auswirkungen in den traditionellen Kolonial-Gebieten, die – abgesehen von der japanisch beeinflußten Region – weitgehend eine Katastrophe sind und wo Verbesserungen nur durch ideologische ökonomische Maßnahmen geschehen, deren Auswirkungen auf die Menschen nicht interessieren. Mit hoffnungslos unzureichenden Entschuldigungen an die Opfer werde ich diese schreckliche Geschichte von großen Verbrechen gegen die Menschheit – für die wir fortdauernde Verantwortung tragen – jetzt beiseite lassen.

3. Die globale ökonomische Krise

Die Hauptfaktoren, die in die gegenwärtige globale ökonomische Krise führten, sind verhältnismäßig gut zu verstehen. Der eine ist die Globalisierung der Produktion, die der Wirtschaft die aufreizende Möglichkeit bietet, die Errungenschaften der arbeitenden Menschen wieder zurückzudrehen. Die Wirtschaftspresse warnt die »verwöhnten Arbeiter im Westen« rundheraus, daß sie ihre »luxuriösen Lebensstile« und »Markt-Rigiditäten (Unverträglichkeiten)« wie Arbeitsplatzsicherheit, Renten, Gesundheit, Sicherheit am Arbeitsplatz und anderen veralteten Quatsch aufgeben müssen. Ökonomen betonen zwar, daß Arbeitsplatz-Unsicherheit und -Verluste schwer einzuschätzen sind, aber das ist nur ein Nebenaspekt. Die Drohung ist ausreichend, die arbeitende Bevölkerung dahin zu bringen, niedrigere Löhne, längere Arbeitszeiten, gekürzte Sozialleistungen und andere »Inflexibilitäten« dieser Art zu akzeptieren. Das Ende des Kalten Krieges, das den größten Teil Osteuropas wieder in seine traditionelle Rolle als Dienstleistenden zurückführte, gab den Herren neue Waffen in die Hand, wie die Wirtschaftspresse mit hemmungsloser Freude berichtet. General Motors und Volkswagen können ihre Produktion in die wiederhergestellte Dritte Welt des Ostens verlagern, wo sie Arbeitskräfte zu einem Bruchteil der Kosten für »verwöhnte westliche Arbeiter« finden, und sie profitieren dabei noch von hohen Schutzzöllen und den anderen Annehmlichkeiten, die die »real existierenden freien Märkte« für die Reichen bereithalten. Die USA und Großbritannien sind führend in der Zermürbung der Armen und arbeitenden Bevölkerung, aber andere werden bald nachziehen – dank der globalen Integration.

Und während das durchschnittliche Familieneinkommen seinen Fall sogar während der mühseligen wirtschaftlichen Wiederbelebung fortsetzt, freut sich das Magazin Fortune hämisch über die »blendenden« Profite der ›Fortune 500‹-Unternehmen, die diese trotz »stagnierender« Absatzzahlen erzielten. Die Realität des »Gesundschrumpfens« (»lean and mean era«) ist, daß das Land im Kapital schwimmt – aber in den richtigen Händen. Die Ungleichheit ist wieder auf dem Stand wie vor dem Zweiten Weltkrieg, wenn auch Lateinamerika auf diesem Gebiet – dank unserer freundlichen Vormundschaft – die schlechtesten Ergebnisse in der Welt hat. Wie die Weltbank und andere anerkennen, sind eine relative Gleichheit und Ausgaben für Gesundheit und Erziehung signifikante Faktoren für ein wirtschaftliches Wachstum (um gar nicht zu sprechen von Lebensqualität). Doch auch sie fährt fort, im Dienste unserer »dauerhaften Interessen« Ungleichheit zu vergrößern und Sozialausgaben zu unterminieren.

Ein zweiter Faktor in der derzeitigen Katastrophe des Staatskapitalimus, die ungefähr ein Drittel der Weltbevölkerung praktisch ohne Existenzmittel gelassen hat, ist die enorme Explosion des unregulierten Finanzkapitals seit der Demontierung des Bretton Woods-Systems vor 20 Jahren, das ungefähr eine Billion Dollar täglich bewegt. Auch hat sich seine Zusammensetzung radikal verändert. Bevor das System von Richard Nixon demontiert wurde, waren ungefähr 90 Prozent des international ausgetauschten Kapitals für Investition und Handel bestimmt, und 10 Prozent für Spekulationen. 1990 waren diese Zahlen umgekehrt, und ein UNCTAD-Bericht von 1994 schätzt, daß jetzt 95,5 Prozent für Spekulationszwecke eingesetzt werden. 1978, als die Auswirkungen schon klar waren, schlug der Wirtschaftsnobelpreisträger James Tobin in einer Grußadresse an die American Economics Association vor, Steuern zu erheben, um diese spekulativen Geldflüsse zu verlangsamen, die die Welt in eine Wirtschaft mit niedrigem Wachstum, niedrigen Löhnen und hohen Profiten trieben. Heute ist dieser Standpunkt weithin anerkannt; eine vom früheren Chef der US-Notenbank, Paul Volcker, koordinierte Studie schreibt über die Hälfte des Wachstumsrückgangs seit den frühen siebziger Jahren dem Ansteigen der Spekulation zu.

Generell wird die Welt mittels einer kalkulierten, staatlich-großunternehmerischen Politik zu einer Art Dritte Welt-Modell hingelenkt, mit Sektoren großen Wohlstands, einer grossen Masse Elends und einer enormen überflüssigen Bevölkerung, der es an jeglichen Rechten fehlt, weil sie nichts zum Profitmachen beiträgt, dem einzigen menschlichen Wert.

Die Überschußbevölkerung muß ignorant gehalten werden, aber auch kontrolliert sein. Dieses Problem wird direkt angegangen in den abhängigen Gebieten der Dritten Welt, die schon lange unter westlicher Kontrolle stehen und deshalb die leitenden Werte am klarsten offenbaren: bevorzugte Mittel beinhalten umfangreichen Terror, Todesschwadrone, »soziale Säuberungen« und andere Methoden erprobter Effektivität. Zuhause bestand die bevorzugte Methode darin, überflüssige Leute in städtischen Slums einzupferchen, die Konzentrationslagern immer ähnlicher werden. Oder, falls das versagt, in Gefängnissen, die in der reicheren Gesellschaft das Gegenstück zu den Todesschwadronen bilden, die wir in unseren Herrschaftsbereichen ausbilden und unterstützen. Unter der reaganistischen Begeisterung für die Staatsgewalt hat sich die Zahl der Häftlinge in den USA fast verdreifacht, womit wir unsere Hauptkonkurrenten Südafrika und Rußland weit hinter uns gelassen haben – obwohl Rußland gerade wieder aufholt, nachdem es begonnen hat, die Werte seiner amerikanischen Tutoren zu verstehen.

Der weitgehend betrügerische »Krieg gegen die Drogen« diente als Hauptmittel, die unerwünschte Bevölkerung einzusperren. Neue Kriminalitätsgesetze mit ihren strengeren Verurteilungsregeln sollten den Prozeß erleichtern. Die gewaltigen neuen Ausgaben für Gefängnisse sind ebenfalls als ein weiterer keynesianischer Stimulus für die Wirtschaft willkommen. »Die Wirtschaft zockt ab«, berichtete das Wall Street Journal, als es den neuen Weg, die Öffentlichkeit in dieser »konservativen« Ära melken zu können, erkannte. Unter den Empfängern dieser Wohltaten befinden sich die Bauindustrie, Anwaltsfirmen, der boomende und profitable Sektor der Privatgefängnisse, »die vornehmsten Namen der Finanzwelt« wie Goldmann-Sachs, Prudential und andere, die darum »wetteifern, private, steuerfreie Bonds für Gefängnisneubauten auf den Markt zu bringen«; und nicht zu vergessen ist auch das »Verteidigungs-Establishment« (Westinghouse und andere), das »einen neuen Geschäftszweig wittert« in High-Tech-Überwachung und fortgeschrittenen Kontrollsystemen, die selbst Big Brother bewundert hätte. (8)

Es überrascht nicht, daß Gingrichs Kontrakt dazu aufruft, diesen Krieg gegen die Armen auszuweiten. Der Krieg zielt an erster Stelle auf Schwarze; die enge Korrelation von Klasse und Rasse läßt diese Vorgehensweise nur umso natürlicher erscheinen. Männliche Schwarze werden als eine kriminelle Bevölkerung angesehen, schließt der Kriminologe William Chambliss aus vielen Studien, einschließlich direkter Beobachtungen durch Studenten und Professoren in einem gemeinsamen Projekt mit der Washingtoner Polizei. Das ist nicht ganz richtig; man geht davon aus, daß Kriminelle auch verfassungsmäßige Rechte haben, aber wie seine und andere Studien zeigen, gilt das nicht für die zum Ziel gewordenen Gruppen, die behandelt werden wie eine militärisch besetzte Bevölkerung.

Schwarze sind ein besonders willkommenes Ziel, weil sie sich nicht verteidigen können. Und das Hervorrufen von Angst und Haß ist bekanntermaßen eine Standardmethode bei der Kontrolle der Bevölkerung, ob es sich nun um Schwarze, Juden, Homosexuelle, Sozialhilfe»schmarotzer« oder irgendeinen anderen ernannten Teufel handelt. Dies, so scheint es, sind die prinzipiellen Gründe für das Wachstum dessen, was Chambliss als »Industrie der Kriminalitätskontrolle« bezeichnet. Nicht, daß Kriminalität keine wirkliche Bedrohung für Sicherheit und Leben wäre – sie ist es, und das schon seit langer Zeit. Aber es wird nicht auf die Ursachen eingegangen, sondern sie wird vielmehr auf verschiedene Weise als Methode der Bevölkerungskontrolle ausgenutzt.

Generell sind es die verwundbarsten Bereiche, die angegriffen werden. Kinder sind eine weitere natürliche Zielgruppe. Diese Angelegenheit wurde in einigen wichtigen Studien angesprochen, unter anderem in einer 1993 von der bekannten US-Wirtschaftswissenschaftlerin Sylvia Ann Hewlett verfaßten UNICEF Studie mit dem Titel »Vernachlässigung von Kindern in reichen Gesellschaften«. Durch das Studium der letzten 15 Jahre fand Hewlett einen starken Unterschied zwischen anglo-amerikanischen und kontinentaleuropäisch-japanischen Gesellschaften. Das anglo-amerikanische Modell ist ein »Desaster« für Kinder und Familien, schreibt Hewlett; das europäisch-japanische Modell hat im Gegensatz dazu deren Situation erheblich verbessert. Wie andere schreibt auch Hewlett das anglo-amerikanische »Desaster« der ideologischen Bevorzugung »freier Märkte« zu. Aber wie ich schon erwähnte, ist das nur die halbe Wahrheit. Wie immer man auch die herrschende Ideologie bezeichnen will, es ist unfair, den guten Begriff »konservativ« mit dieser Form gewalttätiger, gesetzloser und reaktionärer Staatlichkeit und ihrer Verachtung für Demokratie, Menschenrechte und auch Märkte, zu beschmutzen.

Sehen wir mal von den Ursachen ab, gibt es wenig Zweifel an den

Auswirkungen dessen, was Hewlett als »den kinderfeindlichen Geist« bezeichnet, der »in diesen Ländern losgelassen ist«, besonders in den USA und in Großbritannien. Das mit »Vernachlässigung gesättigte anglo-amerikanische Modell« hat die Kindererziehung weitgehend privatisiert und somit außer Reichweite der Mehrheit der Bevölkerung gestellt. Das Ergebnis ist eine Katastrophe für Kinder und Familien, wohingegen in dem »weitaus stärker unterstützenden europäischen Modell« die Sozialpolitik die entsprechenden Hilfssysteme für sie gestärkt hat.

Eine hohe Kommission der State Boards of Education und der AMA hat darauf hingewiesen, daß »niemals zuvor eine Generation von Kindern weniger gesund, weniger umsorgt oder weniger auf das Leben vorbereitet war als ihre Eltern, als diese im gleichen Alter waren« – so aber nur in den anglo-amerikanischen Gesellschaften, in denen ein »kinder- und familienfeindlicher Geist« seit 15 Jahren unter dem Deckmantel von »Konservatismus« und »Familienwerten« herrscht; ein doktrinärer Triumph, den jeder Diktator bewundern würde.

Zum Teil ist die Katastrophe einfach nur ein Ergebnis sinkender Löhne. In weiten Teilen der Bevölkerung müssen beide Elternteile Überstunden leisten, nur um das Lebensnotwendigste zu verdienen. Und die Eliminierung von »Marktunverträglichkeiten« bedeutet, daß du mehr Stunden für weniger Lohn arbeiten mußt – wehe, wenn nicht... Die Konsequenzen sind vorhersehbar. Die Zeit für Kontakte zwischen Eltern und Kindern geht radikal zurück. Dafür verläßt man sich vermehrt aufs Fernsehen als Kinderbetreuer. Es gibt einen Anstieg von »Schlüsselkindern«, Alkoholismus und Drogengebrauch bei Kindern, Kriminalität, Gewalt von Kindern und gegen Kinder und andere offensichtliche Auswirkungen auf Gesundheit, Erziehung und die Fähigkeit, in einer demokratischen Gesellschaft mitzuwirken – oder gar zu überleben.

Das sind, erneut, keine Naturgesetze, sondern es handelt sich um bewußt entworfene gesellschaftliche Politik mit einem spezifischen Ziel: die »Fortune 500« weiter zu zu bereichern – genau das was passiert ist, während Gingrich und seinesgleichen »Familienwerte« predigen und ihnen geglaubt wird; mit Unterstützung von Leuten, die die Arbeiterpresse des 19. Jahrhunderts als »die gekaufte Priesterschaft« bezeichnete.

Einige der Konsequenzen dieses Krieges gegen Kinder und Familien ziehen großes Interesse auf sich – auf höchst aufschlußreiche Art und Weise. In den vergangenen Wochen verschwendeten führende Zeitungen ihre Aufmerksamkeit auf Bücher, die sich mit dem Fallen des Intelligenzquotienten und sinkenden Schulleistungen befassen. Die New York Times Book Review widmete diesem Thema einen ungewöhnlich langen Leitartikel ihres Wissenschaftsautors Malcolm Browne, der mit der Warnung beginnt, daß Regierungen und Gesellschaften, die die Themen dieser Bücher ignorieren, »dies auf eigene Gefahr tun«. Die UNICEF-Studie wird von ihm nicht erwähnt. Ich habe auch sonst nirgendwo eine Besprechung darüber gesehen – in der Tat, ich habe überhaupt noch keine Besprechung auch nur irgendeiner Studie gesehen, die sich mit dem Krieg gegen Kinder und Familien in den anglo-amerikanischen Gesellschaften befaßt.

Was ist also die Frage, die wir auf eigene Gefahr ignorieren? Sie entpuppt sich als recht begrenzt: vielleicht ist der IQ doch teilweise vererblich und, ominöser noch, mit der Rasse verbunden; mit Schwarzen, die sich wie Kaninchen fortpflanzen und den Genpool verseuchen. Und vielleicht stillen schwarze Mütter ihre Kinder nicht, weil sie sich in der warmen, aber äußerst unberechenbaren Umwelt Afrikas entwickelten, wie einer der Autoren der besprochenen Bücher vorschlägt. Das ist harte Wissenschaft, die wirda auf eigene Gefahr ignorieren. Aber wir sollten, müssen sogar, die Sozialpolitik ignorieren, die auf freien Märkten für die Armen und staatlichem Protektionismus für die Reichen basiert; zum Beispiel die Tatsache, daß in der Stadt, in der solches Material erscheint und die die reichste der Welt ist, 40 Prozent aller Kinder unterhalb der Armutsgrenze leben, ohne jede Hoffnung darauf, der Not und Misere entfliehen zu können. Könnte das etwas mit der Lage der Kinder und ihren Leistungen zu tun haben? Solche Fragen können wir anstandslos ignorieren – eine naturgegebene Entscheidung der Reichen und Mächtigen, die sich nur an sich selbst wenden und Rechtfertigungen suchen für den Klassenkrieg, den sie führen, und für seine Auswirkungen auf die Menschen. Ich werde ihre Intelligenz nicht damit beleidigen, die wissenschaftlichen Verdienste solcher Beiträge zu diskutieren – das habe ich und haben viele andere an anderer Stelle getan.

Dies sind einige der häßlicheren Formen von Bevölkerungskontrolle. In der gutmütigeren Variante muß der Pöbel in harmlosere Tätigkeiten abgelenkt werden durch die riesigen Propagandaeinrichtungen, die von der Wirtschaft organisiert und betrieben werden, welche enormes Kapital und viel Energie darauf verwendet, Menschen in atomisierte Konsumenten und gehorsame Werkzeuge der Produktion (wenn sie denn so glücklich sind, überhaupt Arbeit zu finden) zu verwandeln; voneinander isoliert und sogar ohne jede Vorstellung davon, was ein annehmbares menschliches Leben sein könnte. Das ist wichtig. Normale menschliche Empfindungen müssen zerstört werden; sie passen nicht zusammen mit einer Ideologie, die auf die Bedürfnisse von Privilegien und Macht abgestellt ist, die den privaten Profit als höchsten menschlichen Wert feiert und die Menschenrechte negiert, die nicht auf dem Arbeitsmarkt gerettet werden können – abgesehen von den Wohlhabenden, die ausgedehnten staatlichen Schutz erhalten müssen.

Mit der Demokratie geraten auch die Märkte unter Beschuß. Selbst wenn wir den massiven Staatsinterventionismus im Inland und in der Weltwirtschaft beiseite lassen, eröffnen die wachsende Konzentration in der Wirtschaft und die Kontrolle des Marktes vielfältige Möglichkeiten, der Marktdisziplin auszuweichen und sie zu unterminieren – eine lange Geschichte, die wir hier aus Platzgründen nicht erörtern können. Um nur einen Aspekt zu nennen: über 40 Prozent des »Welthandels« sind nicht wirklich Handel; sie bestehen aus unternehmensinternen Operationen, zentral gemanagt von einer höchst sichtbaren Hand, die mit allen Mechanismen ausgestattet ist, um Märkte im Interesse von Profit und Macht zu unterlaufen. Das quasi-merkantilistische System des transnationalen Korporations-Kapitalismus ist voll von der Art von Herrschaftsverschwörungen *(conspiracies of masters)*, vor denen Adam Smith so ausdrücklich gewarnt hat, ganz zu schweigen von der traditionellen Unterstützung durch staatliche Gewalt und öffentliche Mittel. 1992 stellte eine OECD-Studie fest, daß »oligopolistischer Wettbewerb und strategische Interaktion zwischen Unternehmen und Regierungen stärker die heutigen Wettbewerbsvorteile und die internationale Arbeitsteilung in der High-tech-Industrie bestimmen als die unsichtbare Hand der Marktkräfte«, so in der Landwirtschaft, der pharmazeutischen Industrie, den Dienstleistungen und generell in allen wirtschaftlichen Hauptbetätigungsfeldern. Die überwiegende Mehrheit der Weltbevölkerung, die auf Marktdisziplin verpflichtet ist und mit Oden auf deren Wunder erfreut wird, soll solche Worte nicht hören – und hört sie auch selten.

Ich fürchte, daß dies alles kaum die Oberfläche berührt. Eine Stimmung von Verzweiflung, Beklemmung, Hoffnungslosigkeit, Wut und Angst herrscht auf der Welt außerhalb der wohlhabenden und privilegierten Sektoren und der »gekauften Priesterschaft«, die Loblieder auf unsere Herrlichkeit intoniert – übrigens ein bemerkenswertes Charakteristikum unserer »Gegenwartskultur«, wenn jemand diesen Begriff gebrauchen kann, ohne rot zu werden.

Vor 170 Jahren traf Thomas Jefferson, tief bewegt vom zukünftigen Schicksal des demokratischen Experiments, eine nützliche Unterscheidung zwischen »Aristokraten« und »Demokraten«. »Aristokraten« sind »diejenigen, die die Menschen fürchten und ihnen mißtrauen und die ihnen alle Macht entziehen und sie in die Hände der höheren Klassen legen wollen.« Im Gegensatz dazu »identifizieren« sich die Demokraten »mit den Menschen, haben Vertrauen in sie, sehen in ihnen ehrliche und zuverlässige ... Bewahrer des öffentlichen Interesses«, wenn sie auch nicht immer »die Weisesten« sind. Die Aristokraten seiner Tage waren die Anwälte des entstehenden kapitalistischen Staates, den Jefferson mit großem Unbehagen betrachtete, weil er die Gegensätzlichkeit von Demokratie und Kapitalismus erkannte. Diese ist heutzutage viel offensichtlicher, weil private Tyranneien, die niemandem rechenschaftspflichtig sind, außerordentliche Macht über jeden Lebensaspekt gewinnen.

Wie immer in der Vergangenheit kann man wählen, entweder Demokrat im Jefferson'schen Sinne oder Aristokrat zu sein. Der zweite Weg bietet eine reiche Belohnung an, verheißt einen Platz im Wohlstand, mit Privilegien und Macht. Der andere Weg ist ein Weg des Kampfes, oftmals der Niederlage, aber auch mit Gratifikationen, die sich diejenigen nicht vorstellen können, die vor dem kapitulieren, was die Arbeiterpresse vor 150 Jahren öffentlich als »den Neuen Geist des Zeitalters« angeprangert hat: »Erlange Reichtum, vergiß alles außer dich selbst.«

Die heutige Welt ist weit entfernt von Thomas Jefferson oder den Arbeitern der Mitte des 19. Jahrhunderts. Aber die Möglichkeiten, zwischen ihren Alternativen zu wählen, haben sich nicht wesentlich geändert.

Teil II

Heinz Dieterich

Globalisierung, Erziehung und Demokratie in Lateinamerika

1. Globalisierung, Nationalstaat und Weltstaat

Politik ist der Schatten, den das Großkapital über die Gesellschaft wirft, schrieb der Philosoph der »industriellen Grenze«, John Dewey, und führte aus, daß, solange dies der Fall sei, die »Abschwächung des Schattens nichts Substantielles verändern würde«. (1) Heute ist dieser Schatten gigantischer als je zuvor, denn die transnationalen Konzerne (TNK) sind zum *spiritus rector* des globalen Dorfes geworden, in den sie den Planeten Erde verwandeln.

Aus den rund 7.000 TNK, die es in den sechziger Jahren gab, sind inzwischen 37.000 geworden. Ihre Gesamtverkäufe haben ein größeres Volumen als alle Welthandelsexporte zusammen: etwa 5,2 Billionen Dollar im Jahre 1992. Achtzig Prozent der in Dollar fakturierten Waren der USA, die im Ausland verkauft werden, repräsentieren keine Exporte, sondern Transaktionen zwischen TNK, sei es über Tochterfirmen, konzerninternen Handel (intrafirm trade), Lizenzen oder Konzessionen (franchising). (2) Experten schätzen, daß etwa vierzig Prozent des Welthandels nicht über den Markt, sondern als konzerninterne Transaktionen realisiert werden. (3) Die Anzahl der Länder, in denen Aktien der zehn wichtigsten TNK gehandelt werden, ist in der letzten Dekade von 58 auf 70 angestiegen. (4)

Wie die angeführten Daten zeigen, sind die transnationalen Konzerne nicht mehr nur Exporteure von Waren und Dienstleistungen, sondern Agenten einer weltweiten Produktions- und Distributions-Infrastruktur, deren Wert auf über 2,1 Billionen Dollar geschätzt wird, d.h. das zweifache des Bruttoinlandsproduktes aller lateinamerikanischen Länder zusammen. Früher existierte eine »oberflächliche Integration von Handelsströmen«, kommentiert ein UNO-Experte das Phänomen; heute entwickelt sich »ein internationales Produktionssystem, das von den transnationalen Konzernen organisiert wird«.

Ein kurzes Profil der fünfhundert bedeutendsten TNK vermittelt eine Idee des politisch-ökonomischen Kalibans, der sich hinter dem Rücken der entstehenden Weltgesellschaft konstituiert.

Die kombinierten Einkünfte der fünfhundert Giganten erreichten 1994 eine Summe von 10.245,3 Billionen Dollar, d.h. 50 Prozent mehr als das Bruttoinlandsprodukt (BIP) der Vereinigten Staaten; 10 mal mehr als das BIP der lateinamerikanischen und karibischen Länder im Jahre 1990; 25 mal mehr als das BIP der größten lateinamerikanischen Volkswirtschaft (Brasilien: 414 Milliarden Dollar, 1990); 43 mal mehr als das mexikanische BIP (237 Mrd. Dollar) und 230 mal mehr als das venezolanische (48 Mrd. Dollar). (6)

Die Gesamtgewinne dieser Unternehmen betrugen im Bezugsjahr (1994) 281.8 Mrd. Dollar, ein Vielfaches der Bruttoinlandsprodukte Ecuadors (10,8 Mrd. $), El Salvadors (5,4 Mrd. $), Chiles (27,8 Mrd. $) oder Costa Ricas (5,7 Mrd. $), im Jahre 1990.

Die Vermögen (assets) dieser fünfhundert TNK repräsentieren einen Wert von 30.848,2 Billionen Dollar und die Gesamtzahl der Beschäftigten beträgt circa 34,5 Millionen Personen. Das größte Unternehmen der Welt, die japanische Mitsubishi, arbeitet mit einem Warensortiment von 100.000 Produkten und verzeichnete 1994 Einkünfte von rund 176 Mrd. Dollar. General Motors verfügte im gleichen Zeitraum über eine Beschäftigtenzahl von 692.900 Angestellten und Arbeitern und Gewinne von fast 5 Mrd. Dollar, etwas niedriger als die Fords (5,3), Exxons (5,0) und der Royal Dutch/Shell Gruppe; letztere erfüllte die Erwartungen ihrer Aktionäre mit einem Jahresgewinn von 6,2 Milliarden Dollar.

Interessant ist die Länderzugehörigkeit der zehn größten Weltkonzerne: sechs gehören zum »Reich der aufgehenden Sonne« (Japan), drei sind aus den Vereinigten Staaten und eine ist holländisch-britisch. Die geopolitische Verteilung der Korporationen spiegelt die gewöhnlichen Machtstrukturen der globalen Gesellschaft wider: 435 oder 87 Prozent der 500 bedeutendsten TNK gehören den Ländern der G-7 Gruppe an. Von diesen sind 151 aus den USA, 149 aus Japan, 44 aus der BRD, 40 aus Frankreich, 33 aus Großbritannien, 11 aus Italien und 5 aus Kanada.

Aus Lateinamerika befinden sich fünf Unternehmen in der Liste der Weltmarktelite: zwei brasilianische, zwei mexikanische und ein venezolanisches. Doch ist von Bedeutung, daß alle fünf dem primären oder tertiären Sektor angehören: drei sind Ölgesellschaften, die anderen agieren im Telefon- und Bankensektor. Darin wird die praktische Inexistenz eines lateinamerikanischen Industriepotentials auf dem Weltmarkt deutlich.

Die Hierarchie der wichtigsten Kapitalexportländer für die Staaten der Dritten Welt wird angeführt von den Vereinigten Staaten: die Summe der privaten US-Drittweltinvestitionen stieg von 423,2 Mrd. Dollar im Jahre 1990 auf 548,7 Mrd. Dollar im Jahre 1993. Darauf folgt Japan mit 310,8 Mrd. zu $ 422,6 Mrd.; Großbritannien mit $ 77,2 Mrd. zu $ 243,2 Mrd.; Deutschland mit $ 143,1 Mrd. zu $ 178,7 Mrd. und Frankreich mit $ 67,9 Mrd. zu $ 140,6 Milliarden. Während der private Kapitalfluß in die Dritte Welt im besagten Zeitraum dramatisch anstieg, blieb die Expansion der öffentlichen sogenannten Entwicklungshilfe bescheiden. In den USA reduzierte sie sich von $ 11,4 Mrd. auf $ 9,7 Mrd.; in Japan stieg sie von $ 9,1 Mrd. auf $ 11,3 Mrd.; für Deutschland sind die Ziffern $ 6,3. Mrd. und $ 7,0 Mrd.; für Frankreich $ 7,2 Mrd. und $ 7,9 Mrd. und für Großbritannien $ 2,6 Mrd. und $ 2,9 Milliarden. (7)

Die letzten verfügbaren Daten über private internationale Kapitalflüsse, veröffentlicht von der UNCTAD (United Nations Conference on Trade and Development) in ihrem Jahresbericht 1996, zeigen einen erneuten Anstieg der direkten weltweiten Investitionen. Während die direkten Auslandsinvestitionen im Jahre 1994 rund 204 Milliarden Dollar erreichten – wovon $ 80 Mrd. (39%) in Entwicklungsländer flossen –, erhöhte sich diese Summe im Jahre 1995 auf 325 Milliarden Dollar; der Anteil der Entwicklungsländer stieg in absoluten Größen auf $ 97 Mrd., doch reduzierte sich ihr prozentualer Anteil auf circa 30 Prozent. Die Vereinigten Staaten waren Zielort von $ 75 Mrd. und exportierten $ 97 Milliarden. (8)

Die außerordentlich instabilen Portefeuille-Investitionen erreichen ebenfalls von Jahr zu Jahr größere Dimensionen. Im Jahre 1993 betrug das im Ausland investierte US-Portefeuille-Kapital rund 437 Milliarden Dollar. Als die US-Zentralbank die Zinsen anhob, um Inflationstendenzen zu bremsen, flossen enorme Kapitalsummen zurück in die USA. Nach Angaben des Wirtschaftsmagazins *Business Week* (4.9.1995) werden die Zinserhöhung und die mexikanische Krise als Ursachen dafür angesehen, daß 1994 »nur« 233 Milliarden Dollar in Portefeuille-Investitionen ins Ausland flossen. Die Gewinne und Verluste dieser, in bedeutendem Ausmaß, Spekulationskapitale, sind beträchtlich. Der Quantum Fund des US-Finanziers George Soros, beispielsweise, machte im Jahre 1992 in einer Woche Gewinne von 1 Milliarde Dollar, indem er (gegen die Bank von England) darauf spekulierte, daß das Pfund abgewertet werden und aus der europäischen

Währungsschlange ausscheiden müsse. In anderen Spekulationsgeschäften gegen den japanischen Yen verlor er Anfang 1994 600 Millionen Dollar, konnte diesen Verlust jedoch bis Jahresende wieder ausgleichen (Time, 10.7.1995).

Eines der wichtigsten Daten zum Verständnis der Dynamik und relativen Stärke der ökonomischen Subjekte auf dem Weltmarkt ist der sogenannte *average return on revenues*, d.h. der Durchschnittsgewinn im Verhältnis zum Einkommen. Und in dieser Dimension, die über die Investitionskapazität der Unternehmen entscheidet, liegen die Vorteile der US-Konzerne klar auf der Hand. Obgleich unter den 500 größten TNK die USA lediglich zwei mehr verzeichnen als Japan – 151 gegenüber 149 –, waren die aggregierten Gewinne der TNK aus den Vereinigten Staaten fünfmal höher als die ihrer japanischen Konkurrenten; acht der zehn TNK mit den höchsten Profiten waren US-Firmen, und die durchschnittliche Profitrate der US-Konzerne lag bei 4,8 Prozent (zum Einkommen), verglichen mit 0,7 Prozent der japanischen. (9)

Last but not least ist von Bedeutung, die Rolle der transnationalen Konzerne für die herrschenden Nationalökonomien der globalen Gesellschaft zu verstehen. Nach Angaben des US-Ölkonzerns Mobil Corporation hatte der Waren- und Dienstleistungsexport der USA in den letzten dreißig Jahren im Durchschnitt eine doppelt so hohe Wachstumsrate zu verzeichnen wie das nationale gesamtwirtschaftliche Wachstum. In diesem Jahr wird sein Wert über eine Billion Dollar betragen, also fast ein Siebtel des Bruttosozialprodukts. Die mit dem Außenhandel verbundenen Arbeitsstellen weisen überdurchschnittliche Lohneinkommen aus und werden sogar besser bezahlt als Industriearbeiter. Ungefähr 90 Prozent des Wirtschaftswachstums der US-Ökonomie zwischen 1989 und 1991 sind auf Exporte zurückzuführen und 66 Prozent dieser Exporte wurden von TNK getätigt. Trotz des großen Handelsbilanzdefizits der Vereinigten Staaten gelang es den US-TNK, in ihrer Zahlungsbilanz – eine Kombination rückgeführter Gewinne und Exporte, abzüglich Importe – einen Überschuß von 130 Milliarden Dollar zu erzielen. Die transnationalen Konzerne, die am stärksten im Ausland investieren, exportieren ebenfalls am meisten, denn wo die Investitionen hinführen, folgt der Handel. Mehr als 90 Prozent der Verkäufe von US-Industrieunternehmen im Ausland – ausgenommen Kanada – werden außerhalb des US-Marktes realisiert. Die Transaktionen dieser Konzerne werden weitgehend aus ihren eigenen Profiten finanziert, nicht aus den Einnahmen der Muttergesellschaften. Was in diesen Auslandsfilialen nicht investiert wird, fließt im wesentlichen zurück in die Vereinigten Staaten. Der Netto-Kapitalrückfluß in die USA im Jahre 1992 betrug beispielsweise 48 Milliarden Dollar, die zusätzliche Investitionsfonds darstellen und Arbeitsplätze schaffen können. Jede Milliarde Dollar in industriellen Exportprodukten schafft mehr als 14.000 industrielle Arbeitsplätze in den USA. Daher die Schlußfolgerung der Mobil Corporation: »Globalization is the ticket to the future«, Globalisierung ist »die Eintrittskarte in die Zukunft«. (10)

Die Umwelt, in der die transnationalen Konzerne operieren, wird vom Direktor der größten Elektronikfirma der Welt, der japanischen Matsushita Electric Industrial (Panasonic, National, usw.), bildhaft beschrieben als die des *Hungry Spirit. Hungry Spirit* bezieht sich nicht auf einen hungrigen Magen oder ein leeres Portemonnaie, erklärt Masaharu Matsushita, sondern auf jemanden »dessen Verstand und Wille hungrig ist«; auf die Notwendigkeit, die eigene Intelligenz und Weisheit bis zum letzten auszuschöpfen, denn auf dem hoch-konkurrenten Markt, auf dem wir operieren, »müssen wir uns bemühen, an die Spitze zu gelangen. Wenn es uns gelungen ist, Nummer eins in Japan zu sein, dann müssen wir die Nummer eins auf dem Weltmarkt werden. Und selbst wenn wir das geschafft haben, dürfen wir nicht ausruhen. Wir müssen arbeiten, um noch besser zu werden.« Als Industrielle müssen wir »stets danach streben, Produkte hoher Qualität zu niedrigen Kosten zu erzeugen. Wenn es uns dann gelingt, den größten Weltmarktanteil zu erobern, dann erfüllen wir unsere Mission.« (11)

Die Atmosphäre eines unbarmherzigen Wirtschaftskrieges mit der Konkurrenz, die das Wertgesetz den transnationalen Marktstrategen aufzwingt, spiegelt sich – in weniger poetischer Form als bei Matsushita – in vielfältigen Diskursen der herrschenden politischen und ökonomischen Eliten wider. Tatsache ist, schreibt Albert Narath, Präsident der US-Firma *Sandia National Laboratories*, deren Hauptprodukt Atomwaffen sind, daß wir uns in einem »wirklichen Krieg, einem globalen Wirtschaftskrieg befinden und daß unsere nationale Sicherheit nach wie vor bedroht ist«. (12) Konrad Seitz, Leiter des Planungsstabes im Auswärtigen Amt, manifestiert in einem enthüllenden Interview in der *Wirtschaftswoche* über »die japanische Herausforderung und die wachsende Bedrohung des Wohlstands in Deutschland«, daß Krieg »in der Tat eine häufig gebrauchte Metapher« ist, wenn heute »die Strategen der globalen Unternehmen vom Wettbewerb in den Hochtechnologien sprechen. Früher wurden Kriege geführt um Territorien, heute um Märkte. Wer Schlüsseltechnologien monopolisieren kann, braucht keine kolonialen Eroberungen (sic). Es ist sozusagen eine moderne Art des ›Kriegs‹, die sich im Norden abspielt, in der Hochtechnologie-Triade: Nordamerika, Europa, Japan.« Im Süden herrschen dagegen noch »die Vorstellungen des 19. Jahrhunderts. Saddam Hussein wollte Territorien und Ölquellen erobern«.

Wir erleben zur Zeit die dritte industrielle Revolution, die nach Seitz, von fünf Schlüsseltechnologien vorangetrieben wird: Informatik, Biotechnologie, neue Werkstofftechnik, neue Energien und Raumfahrttechnologien. Nur wer eine oder mehrere dieser Schlüsseltechnologien beherrscht, kann der Bevölkerung einen hohen Lebensstandard gewährleisten, denn »die dicken Gewinne macht man mit den neuesten Produkten. Nehmen Sie Speicherchips. Geld verdienen Sie nur am Anfang der jeweils neuesten Generation, dann fallen die Preise rapide. Nur die Firmen, die zuerst auf den Markt kommen, verdienen Geld – und können sich hohe Löhne leisten«. Wer auf die Herstellung von Gütern der dritten industriellen Revolution verzichtet, verliert die Produktion mit der höchsten Wertschöpfung. »Wir können unsere Zukunft nicht sichern, indem wir bei den Gütern der zweiten industriellen Revolution stehenbleiben; es sei denn, wir wollen uns mit den Löhnen zufriedengeben, die in Mexiko und Korea gezahlt werden. Spitzenlöhne kann sich nur der leisten, der an der Spitze steht, und das heißt: wenig oder keine Konkurrenz hat. Wir müssen deshalb, jedenfalls in einem Teil der neuen Technologie, auf den Weltmärkten vorne sein.«

Der entscheidende Punkt der Problematik ist »das Gleichgewicht der Kräfte. Solange wir Dinge haben, die der andere von uns braucht und nur von uns bekommen kann, wird er seinerseits auch uns die neuesten Dinge geben. Die Kernfrage ist: einseitige oder gegenseitige Abhängigkeit? Es ist ja klar, daß wir nicht in allen Hochtechnologien an der Spitze sein können. Aber wir müssen es in einigen Bereichen sein, dann ist die Welt in Ordnung, dann sind wir fähig zu gleichberechtigter Kooperation.« Europa ist weit hinter Japan und die USA zurückgefallen, aufgrund eines Bewußtseinsrückstandes über die Informationsgesellschaft der Zukunft. Insbesondere die Deutschen sind technikfeindlich und ihr Management ist eurozentristisch, im Gegensatz zu den »visionären und globalstrategisch denkenden japanischen Unternehmern und Managern«. Während in unserem Bewußtsein »nur mehr Deutschland und allenfalls noch Europa und der Golf existieren, monopolisieren die Japaner in einer lautlosen Schlacht auf den Weltmärkten die Schlüsseltechnologien des 21. Jahrhunderts«. 77 Prozent der deutschen Exporte gehen nach Europa, »und hier erzielen wir auch unsere Handelsbilanzüberschüsse. Wir glauben, eine globale Exportmacht zu sein, in Wirklichkeit aber sind wir nur in Europa stark.«

Die Lösung des Problems liegt für Deutschland und die Europäer in der Imitation des japanischen Staatskapitalismus. Die japanische Elite-Bürokratie »lebt in der Tradition des Entwicklungsstaats, in dem der Staat die Ziele der Entwicklung setzt... Die Miti-Beamten (japanisches Entwicklungsministerium – H.D.) und die japanischen Wirtschaftsmanager leben fast in Symbiose«. Das Grundlegende ist, »ein öffentliches Bewußtsein der neuen Zeit zu schaffen... Hier sind vor allem unsere politischen Eliten gefordert«. Falls die Herausforderungen dieser »modernen Art des Krieges« von der deutschen Elite nicht gemeistert werden, würde Deutschland aufhören, eine Nation »ersten Ranges« zu sein. In der Welt gibt es Nationen unterschiedlichen Ranges, führt Seitz aus. Deutschland und Westeuropa gehören zu denen ersten Ranges, welche das Privileg hoher Löhne, interessanter Arbeitsplätze, entwickelter Kultur, internationaler Bedeutung und politischer Stabilität genießen. (13)

Dies ist die strategische Perspektive des deutsch-europäischen Imperialismus für das 21. Jahrhundert. Offensichtlich handelt es sich nicht um ein Novum. Politisch drückt sich in ihr das Bemühen jeder imperialen Macht aus, nicht als eine Nation zweiten oder dritten Ranges zu fungieren. Ökonomisch ist es die gleiche Logik, welche die globalen Ausbeutungsprojekte des »republikanischen« Imperialismus der USA, des deutschen Nationalsozialismus und des japanischen Expansionismus in ihren jeweiligen Überwindungsversuchen der Weltwirtschaftskrise der dreißiger Jahre bestimmten und die schließlich zum Zweiten Weltkrieg führten. (14)

Es ist also *business as usual* in der globalen Gesellschaft, die am 12. Oktober 1992 ihren fünfhundertsten Jahrestag feierte. Die Nationen ersten Ranges regieren und beuten aus, die Völker zweiten und dritten Ranges dienen und übergeben. Und die Intellektuellen des Systems schmücken die Ketten mit Rosen: *Brave New World.*

Doch die deutsche und japanische Bourgeoisie haben eine Lektion von ihren historischen Vorgängern der dreißiger Jahre gelernt: daß im zwanzigsten Jahrhundert die Ausbeutung der Dritten Welt nicht mittels territorialer Eroberungen durchgeführt werden kann und schon gar nicht gegen die Hegemonieinteressen der USA. Die Niederlage Hitlers in seinem anachronistischen Versuch, imperialistische Ausbeutungs- und Herrschaftsformen des 19. Jahrhunderts unzeitgemäß anzuwenden – Panzer statt Reichsmark als Vehikel der Durchdringung und Enteignung zu benutzen –, ebenso wie die Politik des großserbischen Chauvinismus und Saddam Husseins sind deutliche Exempel der Problematik. In diesem Sinne ist der historische Wunsch George Kennans über die Nachkriegsrolle der deutschen (und japanischen) Bourgeoisie in Erfüllung gegangen. In der alliierten Debatte über die Zukunft des post-nationalsozialistischen Deutschlands hatte er sich dagegen gewandt, die Nazi-Elite juristisch und politisch zur Verantwortung zu ziehen. Anstatt die »gegenwärtige herrschende Klasse Deutschlands« (ruling class) von der Macht zu entfernen, schrieb der große Stratege der US-Nachkriegspolitik und Containment-Doktrin, wäre es besser »sie strikt an ihre Aufgabe zu binden und ihr die Lektion zu erteilen, die sie, nach unseren Wünschen, lernen soll«. (15) Und so geschah es. Die alte imperiale Doktrin des *Roma locuta est, causa finita est* (Rom hat gesprochen, die Sache ist erledigt.) ist über ein halbes Jahrhundert lang Leitmotiv der Außenpolitik beider Sub-Imperialismen gewesen.

Im metaphorischen Kriegsszenarium Seitz' bewegt sich der Neokolonialismus auf den Flügeln der Stealth-Technologie. Doch hinter der Metapher steht die reale Drohung, sie Wirklichkeit werden zu lassen, wenn der Schutz des Erstweltlebensstandards und die Interessen der Besitzer des *global village* dies erfordern. Eine Drohung, die Saddam Hussein offensichtlich in ihrer vollen Tragweite nicht einzuschätzen wußte.

Die Expansion des Kapitals auf Weltniveau, heute als Globalisierung konzeptualisiert, erhielt verschiedene starke Bewegungsimpulse seit den sechziger Jahren. Einer der bedeutendsten lag darin, daß die Rekonstruktionsphase des Nachkriegskapitalismus in jener Dekade wesentlich zum Abschluß kam. Die große Wirtschaftskonjunktur des Zweiten Weltkrieges mit seiner enormen Vernichtung materieller Werte – und natürlich auch menschlicher Ressourcen, was für das Kapital jedoch keine größere Signifikanz besitzt – war durch den Koreakrieg (1950-1953) und den Indochinakrieg (1946-1973) erheblich verlängert worden, was zu vorteilhaften Bedingungen der Kapitalakkumulation und der Vollbeschäftigung in den industriellen Zentren des Weltsystems führte und zugleich wesentlich zur wirtschaftlichen Dynamisierung der späteren asiatischen Tiger beitrug.

»Die Nachkriegsära eines ungewöhnlich raschen wirtschaftlichen Wachstums ist vermutlich beendet«, schrieb die Unternehmensberatungsfirma Business International Corporation am 7. Januar 1977 in einem ihrer Reports und warnte, daß »das Ende dieser Ära ... das Konzernmanagement möglicherweise zur Revision seiner Pläne und Strategien zwingen (könnte), der radikalsten und schmerzhaftesten seit Menschengedenken... Wachstum, umgesetzt in verbesserte Lebensbedingungen, ist zu einer Grunderwartung aller Menschen auf der Welt geworden... Solche Erwartungen müssen heute offensichtlich enttäuscht werden. Zwar hofft man, die jüngste weltweite Rezession werde sich lediglich als eine besonders ernste Rezession erweisen; aber ebensogut könnte das Jahr 1977 an den Tag bringen, daß die Rezession eine außergewöhnliche Periode der Weltwirtschaftsgeschichte beendet hat.« (16)

Die OECD, Beratungs- und Führungsinstitution (Think Tank) der 24 wichtigsten westlichen Industrieländer, stimmte mit dieser pessimistischen Einschätzung der Wachstumschancen des westlichen Kapitalismus weitgehend überein. »Ein heute veröffentlichtes Modell einer neuen Wirtschaftsära benennt tiefgreifende Änderungen der Lebensgewohnheiten, die in den nächsten fünf Jahren erforderlich sein könnten, um kapitalistische Gesellschaften wieder auf den Weg eines anhaltenden Wachstums zurückzubringen. Die bedeutendste Änderung ist ein Übergang vom konsumorientierten Wachstum der Nachkriegszeit zu einem Modell, das eher den Ländern des kommunistischen Blocks entspricht, mit Schwergewicht auf der Verbesserung und Erweiterung der ökonomischen Basis... Zu einem Teil würde dieser Übergang durch verringerte Reallöhne und begrenztes Wachstum des Lebensstandards erreicht werden. Eine Arbeitslosenrate, die deutlich über den Nachkriegsnormen liegt, wenn auch unter den Spitzenwerten der jüngsten Rezession, wäre eines der Hauptwerkzeuge, um diese Änderungen herbeizuführen...« (17)

Die Rückkehr zur Normalität kapitalistischer Akkumulation erforderte, so geht aus beiden Texten hervor, eine Veränderung der Produktionsbedingungen im Sinne besserer Ausbeutungsszenarien für die wirtschaftlichen Eliten. Die Aufgabe keynesianischer Entwicklungsstrategien und ihre Ersetzung durch reaktionäre staatskapitalistische Entwicklungspolitik, zentriert in neoklassischen Wirtschaftsprämissen und der sozialen Barbarei Malthusscher Doktrin, war die Antwort der herrschenden Klassen auf oben genanntes Erfordernis. *In nuce,* das Ende der außergewöhnlichen Wachstumsperiode des Nachkriegskapitalismus und die Veränderung der gesamtgesellschaftlichen Produktionsbedingungen mittels der Substitution des keynesianischen Wohlfahrtsstaates durch den reaktionären Staatskapitalismus (Neoliberalismus) repräsentieren zwei der bedeutendsten Variablen im Globalisierungsprozeß des Kapitals.

Diese Veränderung der Produktionsverhältnisse führte das Kapital ebenfalls auf weltweiter Ebene durch, und zwar in zwei wesentlichen Dimensionen: die Liberalisierung der Investitionsströme über nationale Grenzen hinweg und, in geringerem Ausmaß, der Handelsströme sowie der Privatisierung öffentlicher Vermögen und Unternehmen. Die Konstituierung eines weltweiten Kapitalmarktes und die weitgehende Zerstörung nationaler Zollbereiche durch die verschiedenen Verhandlungsrunden des General Agreement on Tariffs and Trade (GATT), insbesondere die »Uruguay-Runde« (1986-1994), die Konstituierung des 18-Staaten Pakts der Asia Pacific Economic Corporation (APEC, 1989) der Abschluß der Maastricht-Verträge (1992), die Unterzeichnung des North American Free Trade Agreement (NAFTA) zwischen den Vereinigten Staaten, Kanada und Mexiko (am 1.1.1994) sowie die von 117 Nationen konstituierte Nachfolgeorganisation des GATT (die Welthandelsorganisation (WTO) am 15.4.1994): All diese überstaatlichen Vereinbarungen haben die Märkte der Drittweltländer den transnationalen Konzernen bedingungslos ausgeliefert, mit der vorhersehbaren Konsequenz weitgehender Zerstörung nationaler Industrien und nicht-TNK-konformer Lebensweisen und Konsumformen.

Die Privatisierung des Nationalreichtums vermittelte dem Großkapital einen zusätzlichen enormen Investitionsschub; nicht nur, weil viele der privatisierten Unternehmen zu symbolischen Preisen veräußert wurden, sondern ebenfalls, weil riesige neue Märkte »vor ihrer Nase« – wie Telekommunikationen, Transportdienste usw. – plötzlich verfügbar wurden. Die neue Form großbürgerlicher Bereicherung auf Kosten des Gemeinwohls – nicht unähnlich den historischen Bereicherungsschüben, die den bourgeoisen Günstlingen der Staatsapparate in den Amortisationen der Kirchengüter und Gemeindeländereien der ursprünglichen Akkumulation und der liberalen Revolutionen zuteil wurden – rollte mit wahrhaft planetarischer Dynamik um den Erdball. Nach Angaben der Weltbank sind in über 80 Ländern Privatisierungsprogramme duchgeführt worden, und seit 1980 wurden 6.832 öffentliche Unternehmen weltweit in Privatbesitz überführt, davon 2.000 in der Dritten Welt. (18)

Lästige Hindernisse auf der Rollbahn des zivilisatorischen Fortschritts, wie die öffentliche Meinung, der Widerstand der zunächst privatisierten und dann entlassenen Beschäftigten, gewerkschaftliche Organisation und juristische Schutzbestimmungen, wurden im Eiltempo zur Seite gefegt. In den Neokolonien der Ersten Welt geschah dies ohne viel Federlesens oder, wie Marx in ähnlichem Zusammenhang sagte, »sans phrase«; in den Zentren des Systems wahrte man die Form und setzte das Interesse der Großkonzerne mittels einer systematischen Public Relations-Kampagne und geheimen Kabalen zwischen Wirtschaftsmagnaten und Staatsfunktionären durch.

Carlos Salinas de Gortari, mexikanischer Präsident von 1988 bis 1994 und bis zum Crash im Dezember 1994 vielgelobtes Wunderkind des neoliberalen Fortschritts, war vorbildhaft im Prozeß der Privatisierung. Unter seiner Regierung wurden riesige nationale Unternehmen in 25 Minuten liquidiert. Die Mine »Cananea«, die als Geburtsort der mexikanischen Revolution (1910) angesehen wird, wurde eines Sonntagmorgens im August 1989 von der Armee besetzt und um vier Uhr früh als bankrott erklärt, wodurch automatisch alle Arbeiter entlassen und ihre Gewerkschaft aufgelöst waren. Die Luftfahrtgesellschaft »Aeronaves de México« (Aeroméxico), die 12.000 Angestellte beschäftigte, wurde von einem Konkursrichter – ohne daß das Urteil öffentlich bekanntgegeben wurde – von einem Tag auf den anderen als bankrott deklariert und privatisiert. In vielen anderen Fällen, schreibt die Wirtschaftszeitung El Financiero, »studierten, urteilten, publizierten und notifizierten die Richter in weniger als 25 Minuten« die angeblichen Konkursfälle: »ohne Zweifel, ein Rekord«. (19) Ebenfalls einen

Rekord – neoliberalen Zynismus' – etablierte der argentinische Präsident Carlos Saúl Menem. Die »Privatisierung« der bankrotten staatlichen Luftlinie »Aerolíneas Argentinas« erfolgte, indem sie an eine andere bankrotte staatliche Luftlinie verkauft wurde: an die spanische »Iberia«.

In den Demokratien der Ersten Welt wurde der Transfer staatlichen Reichtums in private Hände, wie schon gesagt, in enger Kollaboration zwischen Großkapitalisten, Marketing, d.h. Manipulations-Strategen, und den politischen Vertretern der herrschenden Plutokratie generalstabsmäßig durchgesetzt, wie die folgenden Beispiele zeigen. Im Jahre 1981 übergab Edwin J. Feulner, Direktor der Heritage Foundation in den USA, einen Tag nach der Wahl Ronald Reagans zum Präsidenten, ein fast tausendseitiges Dokument ans Weiße Haus. Unter dem Titel »Mandate for Leadership« insistierten die Autoren darauf, daß die US-Regierung ihre »Entwicklungshilfe« und außenpolitische Macht dazu benutzen sollte, die neokolonialen Länder zu massiven Privatisierungen zu zwingen, was in der Tat der Fall wurde. 1985 publizierte das Adam Smith Institut in Großbritannien den sogenannten »Omega Report«, der später zu einem wesentlichen Bestandteil des Neoliberalismus Margaret Thatchers wurde. Die nun weitgehend abgeschlossene Privatisierung der europäischen Telekommunikationen ist ein weiteres Exempel der erfolgreichen Durchsetzung der TNK-Interessen.

Die Privatisierungsaktion dieses Zukunftssektors begann am 15.1.1979 in einem luxuriösen Brüsseler Restaurant, wo die wichtigsten Industriekapitäne der europäischen Kommunikationsindustrie mit dem zuständigen europäischen Kommissar, Etienne Davignon, speisten. Die Tafelrunde eröffnete dem Funktionär, daß sie der japanischen und US-Konkurrenz nur widerstehen könnte, wenn ihr die staatlichen Medien geöffnet würden. Um den Prozeß zu beschleunigen, hätten ihre besten Rechtsanwälte bereits eine Strategie ausgearbeitet, um die staatlichen Monopole zu brechen. Nur ein und ein halbes Jahr später, am 20.6.1980, offizialisierte die Europäische Kommission die Interessen ihrer privaten Vordenker mittels einer Direktive an die nationalen Regierungen über »die Transparenz der Finanzbeziehungen zwischen den Mitgliedsstaaten und den öffentlichen Unternehmen«. Im April 1983 gründeten 40 der mächtigsten Industriellen Europas die Organisation »Round Table Europe« in Paris, welche kurz darauf ihr Programm der Deregulierung der hochtechnisierten öffentlichen Dienstleistungen und des »großen freien Marktes für Europa« bekannt machte.

Im Dezember 1984 trafen sich die Magnaten des runden Tischs mit dem designierten Präsidenten der Europäischen Kommission, Jaques Delors und forderten die rasche Realisierung des »großen Marktes«, andernfalls würden sie ihre Investitionen im Ausland tätigen. Die Warnung wirkte. Am 5. Juni 1986 übergab die Europäische Kommission das Dokument »Kommunikation an den Europarat über die Unionspolitik der Telekommunikationen«, welches das Räderwerk der Privatisierung einen Schritt weiter vorantrieb. Vier Jahre später, am 28. Juni 1990, erließ die Europäische Kommission die Direktive 90/388, welche die Liberalisierung der europäischen Telekommunikationen erzwang. Der definitive Triumph des Großkapitals wurde schließlich mit den Maastricht-Verträgen vom 7. Februar 1992 besiegelt, deren Artikel 129-B der Europäischen Kommission alle Vollmachten zur Privatisierung der Telekommunikationen erteilte. (20)

Obgleich diese weitgehenden Veränderungen der weltweiten Produktionsverhältnisse von enormer Bedeutung für die Dynamisierung der Globalisierung waren, ist gleichwohl die ihr zugrunde liegende Revolution der Produktivkräfte als der entscheidende, transzendentale Faktor des Prozesses anzusehen. Die Entwicklung der Produktions-, Kommunikations- und Transporttechnologien verlieh den betriebswirtschaftlichen Planungs-, Produktions- und Distributionsprozessen eine bisher unbekannte geographische Mobilität und Flexibilität. Zum erstenmal in der Geschichte des *homo sapiens* konnte dieser den »blauen Planeten« als einen einzigen, integrierten und transnationalen Wirtschaftsstandort begreifen und für sich nützlich machen. Da dieser Prozeß in der sozialwissenschaftlichen Literatur umfangreiche Würdigung gefunden hat, werden wir ihn in dieser Arbeit nicht weiter ausführen.

Die Auflösung der verschiedenen europäischen Sozialismen vermittelte dem großen Kapital einen zusätzlichen Wachstumsimpuls, indem sie ihm bisher verschlossene Rohstoffräume, Absatzmärkte und billige Arbeitskräfte praktisch zu Kapitulationsbedingungen zur Verfügung stellte. In der Vergangenheit, schwärmt der Direktor der transnationalen Hitachi Metals, Koji Matsuno, wenn er von dem freudigen Ereignis spricht, »hatten die japanischen Firmen lediglich eine Milliarde Personen in den demokratischen Ländern als Ziel. Aber nachdem Gorbatschow 1985 auf der Bühne erschien, erweiterte sich der Weltmarkt auf etwa 5 Milliarden Menschen«. (21)

Doch die Ära Gorbatschow, die es dem *hungry spirit* erlaubte, nun in großem Maßstab ans Werk zu gehen, erhöhte nicht nur in dramatischer Weise die Zahl potentieller Konsumenten, sondern brachte ebenfalls die wertvollen Erdölreserven und Holzreichtümer Sibiriens und Zentralasiens in den Aneignungsbereich der transnationalen Konzerne und westlichen Staatsapparate; und als zusätzlichen Bonus gab es noch den großen Fonds wissenschaftlicher und technologischer Errungenschaften, die die UdSSR in 70 Jahren autonomer Entwicklung hervorgebracht hatte. Daher die nur zu verständliche »Gorbi-Manie« der westlichen Eliten, angeführt von Ronald Reagan und Maggy Thatcher, die schon frühzeitig zu der Schlußfolgerung gekommen waren, daß »Gorbi« es ernst meinte – mit dem Ausverkauf der Sowjetunion.

In Hinsicht auf das Erdöl genügt ein Beispiel, um die enorme Bedeutung der nun für das Kapital freigewordenen Ressourcen zu illustrieren. Eine einzige der russischen Holdings, Lukoil, verfügt über Ölreserven in Höhe von 16 Milliarden barrels (Faß), das ist weitaus mehr, »als westliche Ölgesellschaften wie Royal Dutch/Shell oder Exxon« besitzen, kommentiert die New York Times (31.8.1995). Der Kommentar wird verständlich angesichts der Tatsache, daß Exxon und Royal Dutch/Shell weltweit die Unternehmen mit den größten Raffineriekapazitäten sind und den achten beziehungsweise zehnten Platz auf der Liste der 500 größten TNK einnehmen. (22) Allein die Reserven der vier zentralasiatischen Staaten werden gleich oder größer als die Alaskas angesehen, so daß, konstatiert die westliche Presse mit Genugtuung, wenn die Lagerstätten Alaskas und der Nordsee im Jahre 2015 erschöpft sein werden, das Öl und Erdgas Zentralasiens den Energieverbrauch der Ersten Welt sichern kann. (23)

Ein weiterer Vorteil liegt darin, daß im Gegensatz zu Rußland der nationale Verbrauch der zentralasiatischen Länder gering ist und wahrscheinlich auch in der Zukunft nicht nennenswert ansteigen wird. Die Region hat das Potential, sagt der frühere Sicherheitsberater von US-Präsident Carter, Zbigniew Brzezinski, die »zukünftige Erschöpfung der Energiereserven einiger der gegenwärtigen Exportländer auszugleichen. In einer Zeit wachsender Weltnachfrage nach Energie – wo allein der Ölkonsum jährlich um eine Million barrels steigt und Chinas, Japans und Koreas Bedarf an Öl und Erdgas sich wahrscheinlich stark erhöhen wird – werden der Energiepreis und eine sichere Energieversorgung der Konsumenten direkt davon betroffen sein, in welchem Ausmaß Zentralasien in die globale Ökonomie integriert wird.« (24)

Was die Aneignung der wissenschaftlichen Errungenschaften der UdSSR zu virtuell symbolischen Preisen betrifft, so handelt es sich um die zweite große Kriegsbeute der Vereinigten Staaten in know how und Spitzentechnologien in diesem Jahrhundert. Der Sieg im Zweiten Weltkrieg ermöglichte der US-Elite, sich das wissenschaftlich-technische Potential Nazi-Deutschlands kostenlos anzueignen und der Triumph im »Kalten Krieg« bescherte dem Imperium eine ähnliche Konjunktur, die seine Konkurrenzposition gegenüber Japan und Europa wesentlich verbesserte; innerhalb der Logik, die der Geheimdienstchef (intelligence: G-2) des US-Hauptquartiers in Europa am 2. Juni 1945 in einem Memorandum folgendermaßen beschrieb: Eines der US-Interessen besteht darin, sich die größte und vielleicht einzige Kompensation des Sieges zu sichern, »den Fortschritt der Wissenschaft und die Verbesserung der Produktions- und Lebensstandards in den Siegermächten« mittels »der angemessenen Ausbeutung der deutschen Methoden auf diesen Gebieten«.

Die Aneignungsinteressen der US-Funktionäre erstreckten sich auf technische Produkte (wie Maschinen, Werkzeuge und ganze Produktionsanlagen), Software (wie Lizenzen, Patente, Erfindungen usw.) und menschliche Ressourcen (wie wissenschaftliche, technische, militärische und Geheimdienstspezialisten).

Der Wettlauf um die Aneignung der deutschen Kriegsbeute verlief im Rahmen der Marktgesetze, also der Gesetze des Dschungels. Als zum Beispiel eine Einheit der US-Armee die Konstruktionsdokumente der ballistischen V-2 Rakete in der britischen Besatzungszone entdeckten, wurden diese in einer improvisierten Kommandooperation den Briten vor der Nase weggeschnappt. »Am 26. Mai (1945) erfuhr (der US-Offizier) Staver, daß am folgenden Tag britische Truppen einrücken würden. Es gelang ihm … 14 Tonnen Dokumente in die US-Besatzungszone zu verschaffen, bevor die Briten Zeit hatten, Straßensperren zu organisieren.« Der Wert dieser Dokumente wurde von deutschen Wissenschaftlern auf 400 bis 500 Millionen Dollar geschätzt. Staver schlug ebenfalls vor, daß man innerhalb von dreißig Tagen circa 100 deutsche Raketenspezialisten in die USA bringen sollte, um die weltweite Vorherrschaft des Landes auf diesem Gebiet zu sichern. Dies ist eine »einzigartige Gelegenheit in der Geschichte einer Nation, von der wissenschaftlichen Exzellenz der Experten zu profitieren, die einer anderen Weltmacht angehören«, konstatierte der Offizier. (25)

Die US-Besatzungstruppen hatten zwei Monate Zeit, die ältesten Industriegebiete Deutschlands (Sachsen und Thüringen) auszuplündern, bevor sie der Sowjetunion übergeben werden mußten. In diesen zwei Monaten wurden ganze Laboratorien, Produktionsanlagen, Dokumente und wissenschaftliche Arbeitsteams evakuiert und in die Vereinigten Staaten gebracht. Als die sowjetischen Truppen schließlich in ihre Besatzungszone eintraten, fanden sie die »fruchtbare Landschaft Sachsens und Thüringens voll mit Ackerbauprodukten und Vieh, doch die Mehrheit ihrer universitären und industriellen Führungskader war verschwunden«. (26)

Die von den Siegermächten umkämpften Werte waren immens, wie unter anderem ein vertrauliches Telegramm des US-Unterstaatssekretärs Lovett vom September 1947 dokumentiert, in dem erwähnt wird, daß es bei Kriegsausbruch etwa 33.000 deutsche Patente in Großbritannien gab, circa 26.000 in den Vereinigten Staaten und in Frankreich ungefähr 80.000. (27) Über 70.000 Tonnen Uranerz und Radiumprodukte wurden in die USA verschifft und in das Nuklearprogramm des Landes integriert. (28) Was die Überführung deutscher Wissenschaftler betrifft, wurden allein mittels des 1946 von Präsident Truman autorisierten Projekts Overcast/Paperclip über 1500 Spezialisten in die Vereinigten Staaten gebracht. (29) Nach offiziellen Angaben endeten diese Programme des freiwilligen und nicht-so-freiwilligen *brain drains* erst im Jahre 1957, als sich die westdeutsche Bourgeoisie stark genug fühlte, bei der US-Regierung dagegen zu protestieren, daß diese die Bundesrepublik »ihrer wissenschaftlichen Talente beraube«. (30)

Die im vorhergehenden genannten dynamisierenden Faktoren der Globalisierung sind Teil der aus dem Profitmotiv und Wertgesetz erwachsenden ökonomischen Expansionstendenz der bürgerlichen Gesellschaft, ihr *plus ultra,* die bereits frühzeitig von den großen Denkern des 18. und 19. Jahrhunderts erkannt worden war. In der großen hegelianischen Reflexion über die bürgerliche Gesellschaft, die in seiner Rechtsphilosophie unter dem Titel »Das System der Bedürfnisse« analysiert wird, kommt Hegel zu der Überzeugung, daß das System unvermeidlich eine gesellschaftliche Polarisierung zwischen Arbeit und Kapital hervorrufen muß. Die Anhäufung der

Reichtümer auf der einen Seite und die Pauperisierung auf der anderen sind parallele Prozesse: »Das Herabsinken einer großen Masse unter das Maß einer gewissen Subsistenzweise … bringt die Erzeugung des Pöbels hervor.« Und weiter: »Die wichtige Frage, wie der Armut abzuhelfen sei, ist eine vorzüglich die modernen Gesellschaften bewegende und quälende«; es kommt »hierin zum Vorschein, daß bei dem Übermaße des Reichtums die bürgerliche Gesellschaft nicht reich genug ist, … dem Übermaße der Armut und der Erzeugung des Pöbels zu steuern.« Der Klassenantagonismus der bürgerlichen Gesellschaft, den sie mittels ihrer eigenen Entwicklungsmechanismen nicht überwinden kann, erklärt die Hegelsche Konzeption des Staates als »sittliches« Element. Wie der griechische *deus ex machina* erscheint der Staat als moralisches Korrektiv des Bürgertums, dessen Ökonomie Kategorien wie Gerechtigkeit und Gleichheit fremd sind. »Durch diese ihre Dialektik wird die bürgerliche Gesellschaft über sich hinausgetrieben«, schreibt Hegel, aber nicht, kommentiert Alfred Schmidt, »wie Adorno suggerierte, wenn er den Satz zitierte, in den Sozialismus, nein, sie wird geographisch über sich hinausgetrieben«; genötigt »außer ihr in anderen Völkern, die ihr an Mitteln, woran sie Überfluß hat, oder überhaupt an Kunst, Fleiß usf. nachstehen, Konsumenten und damit die nötigen Subsistenzmittel zu suchen«. (31) Hegel hat hier mit enormer intellektueller Sensibilität die innere Gesetzmäßigkeit dessen erfaßt, was Matsushita 170 Jahre später mit der Metapher des *hungry spirit* bezeichnet.

Die expansionistische Notwendigkeit der bürgerlichen Gesellschaft, die in ihrem *curriculum vitae* zunächst als Kolonialismus, dann als Imperialismus und schließlich als Globalisierung begrifflich erfaßt worden ist, verließ das Feld großartiger philosophischer Intuition Hegels und verwandelte sich in einen Gegenstand wissenschaftlicher Forschung in Marx' politischer Ökonomie. Mit der begrifflichen Erfassung des Mehrwerts und des Wertgesetzes ent-deckte Marx die strategischen Variablen, die den Prozeß der Kapitalakkumulation bestimmen und konstruierte auf der Basis dieser Erkenntnis die erste Theorie notwendiger gesellschaftlicher Veränderung für die Mehrheiten der Industriegesellschaft des 19. Jahrhundert. Dieser wissenschaftlich-politischen Großtat ist es zu verdanken, daß die drohende geschichtliche Eindimensionalität des historischen Projekts der Bourgeoisie aufgebrochen wurde und eine konkurriende konkrete Utopie der westlichen Moderne entstehen konnte, die in ihren revolutionären und reformistischen Auswirkungen die Evolution der Gattung in positiver Weise entscheidend beeinflußte.

Marx differenzierte im Globalisierungsprozeß des Kapitals zwischen zwei Expansionsphasen, die er als formale und reale Subsumtion des Planeten unter das Kapital bezeichnete. Erstere bezog sich auf die Globalisierung der Zirkulationssphäre, d.h. der Konstituierung und Ausbreitung des Weltmarktes seit dem 16. Jahrhundert. In dieser Phase erfolgte die Aneignung des Weltmehrprodukts durch die dominierenden Staaten in erster Linie über den Handel, der begleitet wurde von extremer direkter Gewalt des Kolonialismus.

Die reale Unterordnung des Planeten unter das Kapital erfolgte, als dieses seine produktiven Interessen (zunächst extraktiver und dann industrieller Natur) über den gesamten Erdball ausbreitete und im Rahmen einer asymmetrischen internationalen Arbeitsteilung menschliche Arbeit und natürliche Reichtümer im Prozeß der Profiterzeugung zwanghaft vereinigte. Diese reale Subsumtion des Planeten unter das Kapital führt uns in Richtung einer auf Information und Multimedia basierenden globalen Gesellschaft, die in ihren Inhalten, Formen und Lebensstilen von der gegenwärtigen Industriegesellschaft so weit entfernt sein wird wie diese von den vorkapitalistischen Agrarsozietäten.

Angesichts einer derart radikalen Umwälzung aller Lebensverhältnisse ist es angemessen, von einem weltanschaulichen Bruch oder einer neuen erkenntnistheoretischen kopernikanischen Revolution des 20. Jahrhunderts zu sprechen. Während die Agrarrevolution den Menschen an die Scholle band und die industrielle Revolution ihn in den Städten konzentrierte, so wird die Revolution der Informatik voraussehbar zu einer substantiellen physischen Dekonzentration der urbanen und industriellen Zusammenballungen führen.

Wie üblich in Zeiten tiefgehender Veränderungen, kommen auch gegenwärtig epistemologisch extreme oder sogar unvernünftige Interpretationen des Laufs der Dinge an die Oberfläche, unter anderem über: die Beziehung zwischen Nationalstaat und transnationalen Institutionen oder Nationalstaat und Weltmarktautonomie; die Auswirkungen der wachsenden Desproportionalität zwischen produktivem und spekulativem Kapital; die immer noch nebulösen Konsequenzen der neuen Multimedia-Systeme, also der Konvergenz (des Zusammenwachsens) der Technologien des Fernsehens, Telefons, Films und Computers zu einem einzigen, integrierten technologischen System; die Bedeutung einer weltweiten Arbeitslosigkeit von 20 bis 30 Prozent der ökonomisch aktiven Bevölkerung. Dies alles sind frühe Erscheinungen oder Parameter der entstehenden Weltgesellschaft, die bisher nicht in angemessener Weise theoretisch erfaßt und in eine konsistente Kosmovision integriert worden sind, die soziale Bewegungen und Individuen gleichermaßen rational orientieren könnte.

Für die Zwecke dieses Essays beschränken wir uns darauf, eine der bezeichneten Strukturbeziehungen, die für Lateinamerika von besonderer Bedeutung ist, zu konkretisieren: die Beziehung zwischen Nationalstaat, wachsender Macht der transnationalen Konzerne und dem Weltsystem.

Jedes soziale Klassensystem basiert auf vier Grundformen der Macht: ökonomischer, politischer, militärischer und kultureller. Zwei dieser Machtformen sind, in letzter Instanz, entscheidend: die ökonomische und die militärische. Erstere, weil sie das Niveau physischer Reproduktion der Bevölkerung determiniert und damit das Ausmaß ihrer Loyalität gegenüber den herrschenden Eliten; die zweite deshalb, weil sie die *ultima ratio* des Zusammenhalts (Kohäsion) einer Klassengesellschaft ist, dies sowohl nach innen als auch gegenüber anderen Staaten.

Innerhalb dieser Diskussion schließen wir in die Grundform ökonomischer Macht die großen Kommunikations- und Propagandaapparate des Kapitals – insbesondere das Fernsehen – mit ein, welche zentrale Funktionen für die Indoktrinierung der Massen erfüllen und somit für die Stabilität der liberalen Demokratie. Trotz dieser Funktion sind die Propagandaapparate in erster Linie transnationale kapitalistische Unternehmen, deren Daseinsgrund die Erwirtschaftung von Gewinnen und immer stärker der sogenannte »shareholder-oriented journalism« ist. Arthur Ochs Sulzberger, Eigentümer der liberalen New York Times, hat diese Priorität in einem enthüllenden Dialog mit einem Reporter in aller Klarheit dargelegt. Auf die Frage, welches die »Mission seiner Zeitung sei«, sagte er: »In erster Linie, Gewinne zu machen. Ist es nicht schrecklich, das auf diese Weise zu formulieren? Doch wenn wir keine Profite machen, können wir auch keine andere Mission erfüllen.« (32)

Unter das Militärische ordnen wir hier das Politische unter, gemäß der durchaus angemessenen Definitionen von Clausewitz'und Mao Tse Tungs, daß der Krieg die Fortsetzung der Politik mit anderen Mitteln sei, beziehungsweise, daß die politische Macht aus den Läufen der Gewehre kommt. Natürlich spielen politische und kulturelle Macht eine wichtige Rolle in der Aufrechterhaltung eines etablierten sozialen Systems, doch sind in Zeiten ernsthafter gesellschaftlicher Krisen im allgemeinen die ökonomische und militärische Macht von ausschlaggebender Bedeutung.

Beide Formen von Macht ergänzen sich in vitaler Weise. Die ökonomische Effizienz ist die entscheidende strategische Variable für die Stabilität des Systems. Es ist offensichtlich, daß Gesellschaften wie die mitteleuropäischen und nordamerikanischen mit einem Pro-Kopf-Einkommen von 22.000 Dollar politisch virtuell immun sind gegenüber Subversion, Umsturzversuchen, militärischen coup d'états oder revolutionären Prozessen. Andererseits ist es der Staat in seinem militärisch-polizeilichen Aspekt, der den Mitgliedern der herrschenden Klasse die Sicherheit ihrer Privilegien und akkumulierten Reichtümer gegenüber realen oder imaginierten Bedrohungen aus dem In- und Ausland garantiert. Es handelt sich also um eine perfekte Symbiose zweier gesellschaftlicher Subsysteme: transnationale Konzerne tauschen Inputs von Stabilität gegen Inputs von Sicherheit/Repression der bewaffneten Apparate aus mit dem Ziel der Erhaltung des Gesamtsystems.

Trotz der wachsenden Internationalisierung des Kapitals ist der Staat weiterhin, vor allem in Krisenzeiten, das wichtigste Herrschaftskonglomerat des Systems und daher das Zentrum des Kampfes um die Macht zwischen den verschiedenen gesellschaftlichen Klassen und Nationalstaaten. In seiner Funktion des Leviathans repräsentiert er für die herrschenden Eliten die unverzichtbare Garantie zwanghafter Kontrolle oppositioneller Minderheiten und Mehrheiten; für die sozialen Kräfte, die die Gesellschaft friedlich oder gewalttätig verändern wollen, ist seine Eroberung die unverzichtbare Prämisse gesellschaftlichen Wandels.

Die Formen des Kampfes um die Kontrolle des Staates sind weiterhin vorwiegend national – wenn auch die Intervention der Hegemonialstaaten in die nationalen Wahlprozesse und sozialen Bewegungen ständig steigt, wie die unverhüllte bundesdeutsch-europäische und US-Intervention zur Wiederwahl Jelzins idealtypisch demonstriert –, während ihre Inhalte mehr und mehr durch die Interessen und Strukturen der globalen Gesellschaft bestimmt werden.

Die nationale Notwendigkeit einer übergeordneten Instanz der Machtkonzentration der herrschenden Klassen wiederholt sich auf internationalem Gebiet. Der Sicherheitsrat der Vereinten Nationen, die Gruppe der G-7, die NATO, die Welthandelsorganisation, der Internationale Währungsfonds, die Weltbank usw. sind konstituierende Elemente des weltkapitalistischen Protostaats, der begonnen hat, normative und repressive Funktionen im Interesse der transnationalen Konzerne weltweit zu erledigen, bis der definitive globale Staat der Weltbourgeoisie installiert werden kann.

In den Beziehungen zwischen Nationalstaat und transnationalen Konzernen scheint unbezweifelbar, daß letztere aufgrund ihrer enormen absoluten Größe (33) und erweiterten Reproduktion des Kapitals außerhalb ihrer Binnenmärkte – für fast alle TNK mehr als 50 Prozent – sowohl gegenüber der nationalen Arbeiterschaft als auch dem Nationalstaat an ökonomischer Unabhängigkeit gewonnen haben. Die neue ökonomisch-politische Kräftekorrelation spiegelt sich wider in einem Kommentar des schwedischen Botschafters bei der Europäischen Union, Lars Anell, über die Drohung der Firmen Volvo und Ericsson, in den nächsten fünf Jahren 50 Milliarden Kronen außerhalb Schwedens zu investieren, falls das Land sich nicht in die Union integriere. »Was können wir tun«, beklagte sich Anell: »Schweden braucht Ericsson. Ericsson benötigt Schweden nicht.« (34)

Der Unterschied zum produktiven nationalen Kapitalismus der zwanziger Jahre wird unmittelbar deutlich in der berühmten Deklaration Henry Fords vom 6. Januar 1914, in der der Erfinder des »Fordismus« (Massenproduktion mittels Fließband) die dramatische Erklärung abgab, daß er an Stelle des bisherigen Mindestlohns von 2,34 Dollar für 9 Stunden Arbeit nunmehr ein Minimum von 5 Dollar für einen achtstündigen Arbeitstag zahlen würde – mit dem korrekten Kalkül, daß eine Kaufkraftstärkung des inneren Marktes zu seinem Nutzen ausschlagen würde. (35) Eine derartige Position wäre für einen heutigen transnationalen Konzern undenkbar.

Wenn wir uns also vor einer relativen Schwächung der Staatsmacht gegenüber den TNK sehen, so werden die daraus resultierenden Konsequenzen für die nationale Souveränität gleichwohl durch zwei gegenläufige Tendenzen abgeschwächt. Die Beziehungen zwischen den Staatsapparaten der Ersten Welt und ihren transnationalen Konzernen sind im wesentlichen nicht konfliktiv, sondern symbiotisch, im Sinne des alten Slogans »What's good for General Motors, is good for the USA«. Die TNK verfügen über eine strategische Dimension kreativen Planens und Handelns, die den Nationalstaaten weitgehend fremd ist. Die Kombination kreativer Gestaltungskapazität, außerordentlicher ökonomischer Macht und vertikaler Kommandostrukturen ist es, welche die TNK in die wirklichen Demiurgen des *global village* verwandelt, während der Staat generell Bereitschafts- (stand by) oder Unterstützungsfunktionen (back up) erfüllt.

Ein gutes Beispiel dafür ist die Rede des US-Präsidenten Bill Clinton auf dem »Forum für hemisphärischen Handel«, welches die Organisierung der grundlegenden Wirtschaftsbeziehungen auf dem amerikanischen Kontinent zum Gegenstand hatte. »Wir verstehen völlig«, sagte Clinton vor 1.200 Wirtschaftsführern und Regierungsfunktionären, »daß der private Sektor das wirkliche Subjekt der hemisphärischen Integration ist«. Und sein Repräsentant, Thomas McLarty, identifizierte den Freihandel und die Integration der Kapitalmärkte als »die wichtigste Komponente« nicht nur für die Förderung des wirtschaftlichen Wachstums, sondern ebenfalls für die Konsolidierung der Demokratien gegenüber der staatlichen Korruption und der Bekämpfung des Drogenhandels. US-Handelssekretär Ron Brown erklärte seinerseits: »Wir haben hunderte Führungspersönlichkeiten des Privatsektors der gesamten Hemisphäre zu diesem Treffen mit den Handelsministern und anderen Regierungsfunktionären eingeladen, mit dem ausdrücklichen Ziel von Ihnen zu lernen, welches die beste Form ist, die Schaffung einer Freihandelszone in Amerika zu beschleunigen. Wenn die Minister und Regierungen einen Weg zum Freihandel und zur Integration benutzen sollen, dann sind Sie es, die die Landkarten verfassen müssen.« (36)

Resümierend: die drei entscheidenden Funktionselemente der TNK (kreative strategische Kapazität, ökonomische Macht und undemokratische hierarchische Herrschaftsstrukturen) haben ihnen erlaubt, eine fast »evangelische Rolle zu spielen, mit einem universalen Einfluß, für den möglicherweise seit dem Höhepunkt der christlichen Missionare nichts Vergleichbares mehr bestanden hat«. (37)

Die zweite erwähnte Tendenz besteht darin, daß es juristische und politische Funktionen gibt, die im globalen System den Nationalstaaten vorbehalten sind. Die Normen des internationalen Rechts postulieren beispielsweise, daß etwaige Konflikte über die Nationalisierung von Eigentum staatsfremder Wirtschaftssubjekte zwischen den betreffenden Regierungen verhandelt werden. Eventuelle Entschädigungen werden ebenfalls von Regierung zu Regierung bezahlt. Nach Liquidierung der Entschädigung verteilt die Empfängerregierung dann die entsprechenden Gelder unter den reklamierenden Unternehmen und Privatpersonen.

Ähnlich ist die Sachlage auf nationalem Gebiet. Die Durchsetzung der ökonomischen Interessen des internationalen wie nationalen Großkapitals erfordert häufig den Einsatz der Macht oder Staatsgewalt, beispielsweise in Privatisierungen, Lohnauseinandersetzungen, Streikbrechung, Subventionen unterschiedlichster Art, Zoll- und Steuergesetzgebung und so fort.

Drittens spielen die dominierenden Staaten der Ersten Welt eine dynamische Rolle in der Entwicklung regionaler und globaler Staatsstrukturen. Angesichts der fehlenden Synchronisation zwischen der Entwicklung der Produktionsstruktur der globalen Gesellschaft und der Anpassung ihrer Überbaustrukturen an diese bestimmenden sozioökonomischen Faktoren versuchen die hegemonischen Sektoren der Weltbourgeoisie die Integration der fragmentarischen Strukturen des Weltstaates voranzutreiben, wobei sie darauf bedacht sind, ihre jeweiligen Machtquoten innerhalb des entstehenden Leviathans zu bewahren. Die aktive Rolle wurde erneut deutlich in der letzten G-7 Runde, in der die Gruppe sich für eine »engere Zusammenarbeit zwischen den Führungsstäben und vor Ort« mit der UNO, dem IWF, der Weltbank, der Welthandelsorganisation und der OECD aussprach. »Das Wachstum und die Integration der globalen Kapitalmärkte hat enorme Möglichkeiten und große Risiken geschaffen«, erklärte das Abschlußprotokoll und versicherte, daß ein »gemeinsames Interesse daran besteht, daß die internationale Gemeinschaft weiterhin befähigt bleibt, die Risiken zu kontrollieren«. Dafür sei es nötig, daß die hegemonischen Staaten für die »emergierenden Märkte« – auf gut deutsch: die neokolonialen Länder – ein weltweites Frühwarnsystem installierten. (34)

Innerhalb der gleichen Tendenz, die aus den Interessen des Großkapitals resultierenden realen gesellschaftlichen Entwicklungen in allgemeinverbindliche juristische Normen zu verwandeln, befinden sich die Ergebnisse der sogenannten Uruguay-Runde des GATT; die Schaffung der Entscheidungsstrukturen der WHO; die Abkoppelung von Handel und Menschenrechten durch US-Präsident Clinton, dessen Außenminister Warren Christopher erklärte, daß er sich »nicht dafür entschuldige, wirtschaftliche Interessen an die erste Stelle der US-Außenpolitik zu setzen« (40); sowie, im politischen, die forcierte unbegrenzte Verlängerung des Vertrages zur Nicht-Weiterverbreitung von Nuklearwaffen (Nuclear Non-Proliferation Treaty, NPT) in den Vereinten Nationen.

Der schwächende Effekt, den die Expansion des transnationalen Kapitals über die Kapazitäten nationaler Selbstbestimmung ausübt, ist natürlich am deutlichsten sichtbar in den Ländern der Dritten Welt, die das schwächste Glied in der Kette weltweiter Exploitation und internationaler Machthierarchie darstellen. Für viele dieser Länder ist die Erosion ihrer Souveränität bereits so weit fortgeschritten, daß es gerechtfertigt ist, von der Enteignung und Deponierung ihrer nationalen Regierungsfähigkeit in den internationalen Machtzentren zu sprechen.

Kaum jemand hat die desolate Situation der neokolonialen Staaten besser zum Ausdruck gebracht als der gemäßigte argentinische Staatspräsident Raúl Alfonsín (1983-89). »Um was es wirklich geht«, schrieb er im September 1995, »ist die Ersetzung, die Zerstörung des Staates. Aber nicht als Utopie, um die Entfremdung zu beenden, sondern um der ökonomischen Macht größere Handlungsfreiheit zu gewähren. (Die ökonomisch Mächtigen) sind nicht mehr bereit, in der neuen mediatisierten Gesellschaft die Verzögerungen formaler demokratischer Prozeduren, Verwaltungsverfahren und parlamentarischer Debatten hinzunehmen. Was verlangt wird, ist der Unternehmerstaat, ohne eigene Ziele und folglich ohne Politik; lediglich Übermittler und Vollstrecker der Entscheidungen einer Elite, von der weder Mosca noch Pareto je geträumt haben.«

Diese Zusammenhänge sind sehr klar in den Entwicklungsländern, für die es »natürlich ein Euphemismus wäre, von einer weltweiten wechselseitigen Abhängigkeit (Interdependenz) zu sprechen. Und sie sind ebenfalls deutlich in Hinsicht auf die äußere Abhängigkeit, die die Freiheit der Wahl zwischen verschiedenen wirtschaftlichen Entwicklungsalternativen auf unwahrscheinliche Weise begrenzt hat. Doch die Situation ist nicht anders im Verhältnis zur internen ökonomischen Macht, die mit der äußeren im Rahmen der finanziellen Globalisierung eng verflochten und fähig ist, in jedem Moment und gegenüber jeder für sie ungünstigen Situation, der Regierung eine Lektion zu erteilen, falls diese auf die exotische Idee käme, den Staat für die Wohlfahrt der Bevölkerung zurückzugewinnen. Aber ich vermute mal, daß diese Bedingungen sich nicht zu sehr von denen in den entwikkelten Ländern unterscheiden. Nicht einmal von denen des reichsten Landes der Erde.« (41)

Untersucht man den gegenwärtigen Zustand des Weltsystems und des globalen Protostaats, dann ist die Erkenntnis unabweisbar, daß alle wesentlichen Reproduktionssphären des Menschen und des Systems auf hierarchische, antidemokratische und ausbeuterische Weise organisiert sind. Die gegenwärtige Weltordnung, nach dem Bild der Sieger von 1492 geschaffen und wissenschaftlich adäquat als Fünfhundertjähriges Reich zu begreifen, konstituiert ein internationales Regime, dessen politische, ökonomische, kulturelle und militärische Macht in den Händen einer internationalen Oligarchie oder, besser gesagt, Plutokratie konzentriert ist.

In der Diskussion der ökonomischen Reproduktionssphäre zentriert sich das Interesse der Kritiker vor allem auf die Politik von Institutionen wie Weltbank, Internationaler Währungsfonds usw. Diese Perspektive ist notwendig, aber nicht ausreichend. Besagte Organisationen spielen eine wichtige Rolle in der Regulierung der kapitalistischen Weltökonomie. Gleichwohl ist nicht zu übersehen, daß es sich um Exekutivorgane des Kapitals handelt, während die reale Führungsinstitution und Entscheidungsinstanz die Gruppe G-7 darstellt. Ihre Mitglieder, die USA, Deutschland, Japan, England, Italien, Frankreich und Kanada, koordinieren über die regulären Treffen ihrer Finanzminister und Zentralbankpräsidenten sowie die Gipfeltreffen der Staatschefs die wichtigsten regulierbaren Parameter weltweiter Wirtschaftspolitik, wie Zinssätze, Währungskurse, Zoll- und Handelsbedingungen, Fonds der Weltbank, des IWF usw. Doch hat die G-7 längst ihren nur ökonomischen Regulationscharakter verloren und tendiert dazu, wie Präsident Reagans Botschafter in der Bundesrepublik Deutschland, Richard Burt, bereits im Jahre 1993 postulierte, sich in ein »reales Steuerungskomitee« zu verwandeln, welches sich der Nicht-Verbreitung von Nuklearwaffen, der Kontrolle der aufstrebenden Supermacht China, der Zunahme des religiösen Fundamentalismus und des Kollaps der Drittweltländer annimmt (New York Times, 14.5.1993).

Trotz der enormen Folgen, die die Entscheidungen dieses Gremiums weltweit haben und trotz seiner außerordentlichen Machtakkumulation ist die G-7 keiner wie auch immer gearteten Form demokratischer Kontrolle der

Weltgesellschaft unterworfen. Der Eintritt in die G-7 geschieht nicht mittels allgemeiner Wahlprinzipien, sondern durch Kooptierung, d.h. per Einladung durch die Mitglieder. Diese sind ausnahmslos Staatschefs der wichtigsten westlichen Demokratien – westlich nicht im Sinne einer geographischen Zone, sondern einer spezifischen politisch-ökonomischen Konfiguration –, die ständig die Tugenden der liberalen Demokratie predigen, sich in der Praxis jedoch das Recht vorbehalten, die überwältigende Mehrheit der UN-Mitgliedsstaaten – 185 gegenüber 50 im Jahre 1945 – aus allen Entscheidungen herauszuhalten, die die Weltökonomie betreffen. In anderen Worten: Die Interessen von 96 Prozent aller Nationalstaaten haben keine Bedeutung gegenüber den Interessen der herrschenden vier Prozent und sollen sie auch nicht haben, wie die Blockierung aller Demokratisierungsversuche der Institution zeigt.

Ähnlich ist die Situation in den übrigen Führungsorganen der Weltgesellschaft. Die Verfahrensweisen der Teilnahme und Entscheidungsfindung bestimmen sich nicht nach den Prinzipien der formalen Demokratie, sondern nach dem Machtpotential der Beteiligten. Die Generalversammlung der Vereinten Nationen ist die einzige universale politische Repräsentanz der Gattung, und in der Tat besitzt sie eine formaldemokratische Struktur in dem Sinne, daß jede Nation über ein Votum verfügt. Gleichwohl wird der Effekt dieser formaldemokratischen Struktur dadurch annulliert, daß die Vollversammlung zu einem Forum öffentlicher Debatte degradiert ist, welches lediglich Resolutionen produziert und ratifiziert – und sonst nichts. Die Rhetorik der Gründerzeit, beispielsweise US-Außenministers Cordell Hulls, daß nun »nicht länger mehr die Notwendigkeit von Interessensphären, Bündnissen, Machtbalancen und anderen speziellen Arrangements bestehe, mittels derer in der unglücklichen Vergangenheit die Nationen versuchten, ihre Sicherheit zu garantieren und ihre Interessen voranzutreiben«, hat sich, wie vorherzusehen, als geschichtsloses Wunschdenken entpuppt.

Die wirkliche Politik wird im Sicherheitsrat gemacht. Und in diesem Honoratioren-Zirkel hat die Demokratie keinen Platz. Die fünf ständigen Mitglieder des Rates – Großbritannien, Frankreich, die Vereinigten Staaten, Rußland und China – haben ein Vetorecht über fast alle Initiativen und Aktivitäten der Mehrheitsstaaten der Weltgesellschaft. Für dieses exklusive Vetorecht gibt es keine weitere Legitimation als seinen historischen Ursprung. Die Präsenz der privilegierten ständigen Mitglieder des Sicherheitsrates ist das Resultat des Kräfteverhältnisses zwischen den Siegern der antifaschistischen Koalition des Zweiten Weltkriegs, die die Macht zu 40 Prozent auf die sozialistischen Länder verteilte und zu 60 Prozent auf die imperialistischen.

Andere UN-Institutionen mit formaldemokratischen Strukturen werden von den hegemonischen Staaten des Weltsystems über politische oder ökonomische Macht in ihren Wirkungsmöglichkeiten behindert, wenn ihre Politik nicht den herrschenden Interessen entspricht. Der Internationale Gerichtshof in Den Haag ist ein gutes Beispiel dafür. Die Kandidaten für die 15 Richterpositionen dieses wichtigsten juristischen Organs der Vereinten Nationen werden von Gruppen nationaler Rechtsexperten in den einzelnen Ländern vorgeschlagen, die ihrerseits von ihren Regierungen ernannt werden. Die endgültige Nominierung erfolgt dann durch Abstimmungen im Sicherheitsrat und der UN-Vollversammlung. Im Mai 1984 entschied der Gerichtshof einstimmig (15 zu 0), daß die Vereinigten Staaten sofort alle Versuche einstellen sollten, Nicaraguas Häfen zu blockieren oder zu verminen und ebenso, daß die USA die nicaraguanische Unabhängigkeit »voll zu respektieren hätten und nicht durch militärische oder paramilitärische Aktivitäten gefährden sollten« (14 zu 1). (42) Zwei Jahre später wurde die US-Organisierung und -Finanzierung der Contra-Söldner vom Internationalen Gerichtshof als Verletzung »internationaler Rechtsnormen« qualifiziert und die USA verurteilt, Schadenersatz an die nicaraguanische Regierung zu zahlen. Keines dieser Urteile fand auch nur die geringste Beachtung in der US-Regierung, den US-Medien oder der Weltöffentlichkeit allgemein.

Ein anderes Beispiel ist der Versuch der blockfreien Länder der siebziger und achtziger Jahren, eine Neue Internationale Wirtschaftsordnung (New International Economic Order) sowie eine Neue Internationale Informationsordnung (NIIO) zu schaffen, um die ungleichgewichtige Struktur der internationalen Wirtschafts- und Informationsströme demokratischer zu gestalten. Die Forderung nach einer NIIO war zum erstenmal 1973 auf der Tagung der Staats- und Regierungschefs der blockfreien Länder in Algier erhoben worden, welche die seinerzeitigen Kommunikationsflüsse als »Erbe der kolonialen Vergangenheit« bezeichneten. 1976 entschied die Bewegung die Gründung eines Pools blockfreier Nachrichtenagenturen, und vier Jahre später gelang es ihr, mit Hilfe der sozialistischen Länder eine UNESCO-Resolution über die Notwendigkeit der Neuen Internationalen Informations Ordnung zu verabschieden. Doch der Versuch, die Weltkommunikation aus der Kontrolle der imperialen Zentren zu befreien, scheiterte an deren konsequenter Gegenstrategie, die den »free flow of information« mittels Korruption, Einstellung der Beitragszahlungen der USA und Großbritanniens, Substitution von UNESCO-Funktionären und anderer Formen »demokratischer Willensbildung« verteidigte. 1984 zogen sich die Vereinigten Staaten unter Präsident Ronald Reagan »aus Protest gegen die Politisierung« der Organisation zurück, und ein Jahr später folgten Großbritanniens eiserne Lady Maggy Thatcher und Singapurs Diktator Lee Kuan Yew dem Führer der Freien Welt. Es ist überflüssig zu erwähnen, daß die Bundesregierung und alle wesentlichen BRD-Parteien auf der »richtigen« Seite des Konfliktes standen: der der herrschenden Eliten des Fünfhundertjährigen Reiches. (44)

Vor die Alternative gestellt, die Forderungen der Drittweltländer über einen demokratischeren und gerechteren Informationsfluß aufzugeben oder den Konkurs der Institution zu akzeptieren, verschwanden die Essentials der NIIO aus der UNESCO und der öffentlichen Diskussion. Das gleiche Schicksal erlitten die Debatte über die Neue Weltwirtschaftsordnung, der Versuch der Palästinensischen Befreiungsorganisation (PLO) die Mitgliedschaft in der Weltgesundheitsorganisation (WHO) zu erlangen, der am Widerstand Israels und der USA scheiterte, die UNO-Resolution 242 über den Rückzug Israels aus den illegal besetzten arabischen Gebieten, und so fort *ad nauseam*.

In der gegenwärtigen Auseinandersetzung um die Nachfolge des UN-Generalsekretärs Boutros-Ghali gibt es ein *replay* der historischen Erfahrungen, indem die US-Regierung ihr chronisches UN-Beitragsdefizit – gegenwärtig 1,5 Milliarden Dollar – dazu benutzt, den Abtritt ihres ausgedienten Lakaien aus wahltaktischen innenpolitischen Gründen zu erpressen.

Mit der Auflösung der Sowjetunion hat sich die Vorherrschaft der USA in der internationalen Organisation verfestigt, ein Faktum, welches schamlos offen von ihrem eigenen Generalsekretär Boutros-Ghali zugegeben wird. In seinem Redeentwurf zum fünfzigsten Jahrestag der Vereinten Nationen hatte der Ägypter vermerkt, »die USA sei führend in der Welt, wenn es um die Förderung der Demokratie ginge«, und hinzugefügt, daß das »Engagement der USA für die Weltdemokratisierung die Tür der Freiheit für Millionen geöffnet hatte. Viele Organisationen der Vereinigten Staaten hatten daran Anteil: die Agency for International Development, die US-Information Agency, die CIA und die National Endowment for Democracy«. Boutros-Ghali, der an der Spitze einer Organisation mit 30.000 Beschäftigten steht, lobte die US-Führung der Weltgeschäfte und bezeichnete die UNO als ein Instrument mit »unbezahlbarem« Wert für Washington. (43) *Quod erat demonstrandum.*

Auf kulturellem Gebiet ist die Dominanz der atlantischen Eliten nicht weniger ausgeprägt. In vielen Drittweltländern, deren Fernsehsender aus wirtschaftlichen Gründen weder über Korrespondenten noch eigene Nachrichtenprogramme verfügen, werden letztere häufig direkt von den großen Erstweltsendern und staatlichen Propagandaapparaten übernommen. Überlassen wir es der Diskussion der Experten, ob die staatlichen spanischen tve-Programme, die Deutsche Welle-Sendungen, die der US-Informations Agentur (USIA) oder die der privaten Oligopole weniger verfälschend sind. Fest steht, daß keine dieser Institutionen die Interessen und Notwendigkeiten der Bevölkerung der Dritten Welt repräsentiert, sondern die Weltanschauung und das Indoktrinierungssystem der Erstwelteliten.

Das gleiche gilt für die gedruckten Kommunikationsmedien. Als Paradigma für objektiven Journalismus gelten in Lateinamerika die New York Times oder auch Le Monde. Noam Chomsky, der bedeutendste Linguist der Gegenwart, hat diese Presse der freien Welt untersucht und kommt zu dem Ergebnis, daß sie nach den Gesetzmäßigkeiten und Funktionsprinzipien »staatlicher Indoktrinations- und Propagandasysteme« operiert. »Eine kürzlich durchgeführte Studie«, schrieb Chomsky 1987, schätzt, daß »die Samisdats (Untergrundzeitungen) in der Sowjetunion fast die Hälfte der höheren Berufsstände und sogar ein Siebtel der Arbeiter erreichen. Wenn ein US-Dissident auch nur einen Bruchteil dieser Audienz erreichen könnte, wäre das schon ein bemerkenswertes Ereignis«. (45) Andere Studien dieser Art, u.a. eine vor wenigen Jahren in Holland durchgeführte komparative Analyse der bedeutendsten liberalen Zeitungen in den Vereinigten Staaten und Europa, kommen zum gleichen Ergebnis.

Niemand, der je die »freien Medien« genossen hat, kann durch solche

Resultate überrascht sein. Das Bedenkliche ist jedoch, daß diese Indoktrinierungssysteme des Fünfhundertjährigen Reichs in den neokolonialen Ländern als objektive Informationsträger angesehen und in serviler Weise imitiert werden. Meldungen der großen europäischen und US-Nachrichtenagenturen werden z.B. häufig ohne kritische Revision wörtlich veröffentlich, was bedeutet, daß die Redakteure getreu den Diskurs der herrschenden globalen Eliten multiplizieren – wie Fotokopierautomaten. Ob eine Meldung aus Jerusalem jedoch über einen palästinensischen Widerstandskämpfer berichtet oder über einen palästinensischen Terroristen, hat weitgehende Auswirkungen in der Formierung der öffentlichen Meinung, die ihrerseits ein wesentlicher Machtfaktor des Weltgeschehens ist. Dergestalt werden in den neokolonialen Ländern hunderte kleiner »New York Times« herausgegeben, die bewirken, daß die Bewohner dieser Nationen die Welt mit den Augen ihrer Herren sehen; ein Ausmaß an Gedankenkontrolle, das der literarischen Realität von Orwells »1984« wenig nachsteht.

Das bisher Gesagte gilt ebenfalls für die Filmproduktion, das Fernsehen, die Mode, Musik, Kunst und so fort. Die gesellschaftlichen Beziehungen in der Dritten Welt »tanzen« nach der Melodie, die die transnationalen Konzerne der Massenkommunikation und die staatlichen Propagandainstitutionen der Ersten Welt spielen.

Auch im Bereich der Wissenschaft, der dynamischsten und wichtigsten Produktivkraft, wird der Fortschritt auf Weltniveau immer mehr zum Privileg der Ersten Welt. In den Forschungszentren und Eliteuniversitäten der Metropolen werden die Technologien der Zukunft entwickelt und mittels des Patent- und Urheberrechts monopolisiert. Der Abgrund zwischen Nord und Süd ist inzwischen schon »so tief wie der der ökonomischen Entwicklung und Lebensqualität«, schreibt der pakistanische Nobelpreisträger in theoretischer Physik, Abdus Salam, im ersten »Weltreport der Wissenschaft«, der im Februar 1994 veröffentlicht wurde. Im Jahre 1990 gab es 3.600 Wissenschaftler und Ingenieure auf eine Million Bürger in den industrialisierten Ländern; in den Entwicklungsländern war das Verhältnis 200 zu einer Million. Während Japan und die Vereinigten Staaten 3,1 bzw 2,8 Prozent ihres Bruttoinlandsproduktes für Forschung und Entwicklung ausgaben, lag der lateinamerikanische Durchschnitt bei 0,5 Prozent. (46)

Die systematische Anwerbung der talentiertesten Wissenschaftler aus der Dritten Welt (»Brain Drain«), die einerseits aus den strukturell weitaus besseren Einkommens- und Arbeitsmöglichkeiten in den Metropolen resultiert und andererseits bewußt über Stipendienprogramme gefördert wird, garantiert die Kontrolle des Weltmarktes für die Zukunft und den privilegierten Zugang zum globalen gesellschaftlichen Überschuß (surplus oder Mehrprodukt). (47)

Ein letzter wesentlicher Aspekt der Weltgesellschaft ist die Dimension, die von Clausewitz als die Fortsetzung der Politik mit anderen Mitteln bezeichnet hat: die militärischen Beziehungen. Für jeden halbwegs rationalen Beobachter des Weltgeschehens ist offensichtlich, daß das Ende des bipolaren Systems (Kapitalismus-Sozialismus) die von den USA kontrollierte NATO in den Rang der einzig real existierenden militärischen Supermacht erhoben hat. Diese Militärstruktur, die gemäß ihrer Charta lediglich eine defensive Aufgabe für die Mitglieder des atlantischen Raums erfüllen sollte, hatte sich bereits ein Jahrzehnt vorher in eine aggressive militärische Potenz verwandelt, wie jenseits jeden Zweifels der Wechsel ihrer strategischen und taktischen Konzeptionen zum sogenannten Air Land Battle 2000-Szenarium, welches eine den Bedingungen des elektronischen Kampffeldes angepaßte modernisierte Version der Guderian-Hitlerschen Blitzkrieg-Strategie darstellt, deutlich macht.

Nachdem das Korrektiv sowjetischer Militärmacht mit der Auflösung der UdSSR verlorenging, wurde dieser offensive Charakter der Allianz ständig offenbarer und manifestierte sich schließlich in dramatischer Weise in der Intervention in Irak, die einmal mehr bestätigte, daß der wesentliche Daseinsgrund der NATO seit ihrer Konstituierung die Kontrolle der Bevölkerung und der Ressourcen der Dritten Welt ist. Die Rolle der Sowjetunion als möglicher militärischer Antagonist des Westens – seit 1917 und in stärkerem Ausmaß seit 1945 – beruhte darauf, daß sie nicht nur Teil der Dritten Welt war, sondern zugleich ihr wesentlicher potentieller Beschützer. Die UdSSR war deshalb das prinzipielle Ziel militärischer imperialistischer Bedrohung des Westens, weil sie die einzig effektive Macht darstellte, die einen nicht-kapitalistischen Entwicklungsweg der Menschheit gegenüber dem Kapitalismus verteidigen konnte. Sie war in der Tat, selbst in ihrer deformierten sozialistischen Gestalt, der Fuß in der Tür des kapitalistisch bestimmten Geschichtsprozesses und mußte deshalb zerstört werden. In der staatssozialistischen Entwicklung der UdSSR entwickelte der Antagonismus zwischen den Eliten des internationalen Ausbeutungs- und Herrschaftssystems und dem jahrhundertelangen Emanzipationskampf der kolonialen und neokolonialen Massen des Fünfhundertjährigen Reiches seine prononcierteste Form. Mit der Zerstörung der Sowjetunion und der Rückkehr ihrer Bestandteile zu ihrem historischen (vorsozialistischen) Status deutsch-mitteleuropäischer Halbkolonien ist es nur logisch, daß der militärische Repressionsapparat der herrschenden Eliten zu seiner ursprünglichen *raison d'être* zurückkehrt.

Mit dem Verschwinden der militärischen Abschreckungs-Kapazität der Sowjetunion und ihrer Verwandlung von einem mächtigen Drittweltfokus in viele militärische Drittweltpotenzen zweiter und dritter Ordnung verändern sich erneut die Kriegstechnologien und Strategien des Imperiums. Die zukünftigen Kriege werden gegen Staaten der Dritten Welt geführt, nach dem – verbesserten – Paradigma des Golfkrieges. Die psychologische Vorbereitung der Bewohner der Metropolen für diese Kriege und die Rechtfertigungsideologien für die westliche Militärherrschaft bleiben im wesentlichen dieselben.

Unter den pseudo-wissenschaftlichen akademischen Varianten dieser Ideologien hat Samuel P. Huntingtons »Kollision der Zivilisationen« (clash of civilizations) relativ viel Staub aufgewirbelt. »Ein Westen auf der Höhe seiner Macht ist mit nicht-westlichen Ländern konfrontiert, die in immer stärkerem Maß den Wunsch, den Willen und die Mittel haben, um die Welt auf nicht-westliche Art zu formen«, schreibt der Harvard-Professor und warnt davor, daß die Konflikte der Zukunft zwischen »dem Westen und dem Rest« stattfinden werden, also: dem Westen und den Moslems, dem Westen und einer Islamisch-Konfuzianischen Allianz oder dem Westen und einer Kollektion anderer Zivilisationen, einschließlich der Hindus, Japaner, Lateinamerikaner und orthodoxen Slawen. Diese Zukunftskonflikte werden nicht über Ressourcen geführt werden, bei denen es immer möglich ist, Lösungen auszuhandeln, sondern über fundamentale und oft unvereinbare Werte. Dabei ist der Westen im Nachteil, weil die für ihn »wichtigsten Werte am wenigsten Bedeutung in der Welt haben« und er sich folglich verteidigen muß.

Diese narzistisch-aggressive Litanei, die seit der spanischen *reconquista* –

welche den tausendjährigen gewalttätigen Expansionsprozeß des christlichen Abendlandes einleitete – zum herrschaftsideologischen Standardrepertoire des Westens zählt, bedarf keiner ernsthaften wissenschaftlichen Diskussion; wenn diese ideologischen Konstrukte dann doch in die öffentliche Diskussion eintreten, so ist das Zeugnis dafür, daß Huntingtons Mythos seine ideologische Funktion erfüllt: einerseits werden sie weltweit nachgeplappert und verbreitet von den sekundären Promotoren des Herrschaftssystems in Presse, Funk und Fernsehen, wie beispielsweise dem Korrespondenten der Süddeutschen Zeitung, Gerd Behrens, der in Time vom 25. Oktober 1993 schreibt: »Solange wie es im globalen Konflikt um konkurriende Ideologien ging, stand der Westen auf festem Boden. Nun, da der Konflikt zum kulturellen geworden ist, steht er auf Treibsand.« Andererseits bewegen derartige Schimären Erst- und Drittweltintellektuelle dazu, die Arbeits- und Forschungsenergien ihrer Studenten und Leser in sinnlosen Debatten über Pseudoprobleme zu vergeuden.

Um die reale Welt zu verstehen, ist es notwendig, auf jene Leute zu rekurrieren, die an den Schalthebeln der Macht sitzen. »Wir können militärische Macht nicht ignorieren«, schreibt der Herausgeber des Wall Street Journal, Robert L. Bartley. »Nichts könnte uns eine größere Handlungsfreiheit im 21. Jahrhundert geben als eine ballistische Raketenabwehr, gleich ob wir diese Star Wars nennen oder nicht. Und obgleich wir auch eine Menschenrechtspolitik brauchen, wäre ihre Praktizierung – nur weil wir Einflußmöglichkeiten und Macht haben – ein Risiko für die Stabilität, sagen wir Ägyptens oder der Türkei; beides Bollwerke gegen den islamischen Fundamentalismus, der gefährlicher ist für die Freiheit und dem Westen weniger Einflußmöglichkeiten bietet.« (48)

Die neuen Feinde, die »eingedämmt« werden müssen, sind China und die »Banditen«-Staaten der Dritten Welt, wie der Irak und Iran. Eine Bonner Feder, Michael Jochum, beschreibt im Wochenblatt Zeit das Problem, welches sie in deutsch-liberal angemessenem Chauvinismus als das der »gefährlichen Habenichtse« bezeichnet: »In den Köpfen vieler Deutscher hat sich ein gefährlicher Irrtum festgesetzt: der Irrtum, militärische Stärke verliere an Bedeutung. Zwar ist im Prinzip richtig, daß das weltpolitische Gewicht eines Staates immer stärker von seinen ökonomischen und technologischen Leistungen abhängt. Gerade deswegen aber könnte die Gefahr militärischer Konflikte wachsen. Die Habenichtse werden nämlich versuchen, den drohenden Machtverlust durch besondere Anstrengungen bei der Aufrüstung wettzumachen... Wieviel geringer wäre unsere Sorge um die Zukunft Kasachstans, Tadschikistans oder der Ukraine, wenn wir dort keine Atomwaffen vermuteten! ... Chancenlos, auch nur zum Sprung in die Industriegesellschaft anzusetzen, verlieren (die Habenichtse) durch die sinkende Rohstoffabhängigkeit der Wirtschaftsgiganten ihre letzten Devisenbringer... Kein Wunder also, wenn einige Länder der Dritten Welt am Ende glauben, nur Atomwaffen verschafften ihnen weltweites Gehör.« (49)

Nicht nur »gefährliche Habenichtse« glauben, daß ihnen Atomwaffen weltweites Gehör verschaffen, sondern ebenfalls so dezente Stützen des christlichen Abendlandes und der westlichen Demokratie wie die französische Republik. »Damit die Stimme Frankreichs weiterhin Gewicht in der internationalen Gemeinschaft hat«, erklärte der gallische Verteidigungsminister Charles Millon die Notwendigkeit französischer Atomwaffenversuche im Pazifik, »muß seine nukleare Macht wirklich abschreckend sein.« Wenn Frankreich einen Sitz im Sicherheitsrat der Vereinten Nationen besitzt, »obgleich seine territoriale Ausdehnung und sein nationales Volumen relativ sind, dann deshalb, weil es eine große Nuklearmacht ist«. (50) Voilà, Monsieur Jochum.

Um die Gefahr der Banditenstaaten und gefährlichen Habenichtse im Zaum zu halten, setzten die Herren des Weltsystems einerseits auf eine unbegrenzte Verlängerung des Nuclear Non Proliferation Treaty (NPT) und andererseits auf die rapide Entwicklung fortgeschrittener Waffensysteme. Die Durchsetzung des NPT ist ein ungeheurer Erfolg für die herrschenden Kräfte des Systems, da sie das nukleare Monopol der fünf entscheidenden Mitglieder des Sicherheitsrates (Großbritannien, USA, China, Frankreich und Rußland) legitimiert und für unbegrenzte Zeit festschreibt. So wie in der Verfassungstheorie des Nationalstaates der Staat das Monopol legitimer Gewaltanwendung besitzt, so ist dem Proto-Weltstaat des Kapitals nunmehr ein Attribut legitimer nuklearer Gewalt konzediert worden, welches einen enormen Rückschritt für alle Demokratisierungsversuche der Gattungsorganisation bedeutet. Wie üblich, bediente sich die US-Regierung auch bei diesem neuen Erfolg der ökonomischen Erpressung wichtiger Drittweltstaaten. Die New York Times berichtete, daß Clinton vor der UNO-Abstimmung »persönlich eine Kampagne für die unbegrenzte Verlängerung realisierte« und »rüde Botschaften« an die mexikanische und ägyptische Regierung schickte, in denen er »die Bedeutung des Themas für die USA« unterstrich.

Auch der militärisch-industrielle Komplex des Westens erfreut sich trotz des Endes des »kalten Krieges« bester Gesundheit und zeigt die gleiche Dynamik und unternehmerische Frische wie in der Nachkriegszeit: Neue Waffensysteme im Nuklearbereich, mit Strahlungsenergien (Laser), in der Informatik, in der Star Wars-Raketenabwehr und im konventionellen Bereich verwandeln den Traum der Friedensdividende immer mehr in eine Schimäre. Die reale Friedensdividende erreichte nach Angaben des *Human Development Report 1994* des Entwicklungsprogramms der Vereinten Nationen (UNDP) zwischen 1987 und 1994 eine Höhe von 935 Milliarden Dollar. »Unglücklicherweise«, konstatiert die UN-Unterorganisation, wurde »diese Friedensdividende nicht dazu benutzt, Sozialprogramme in der Welt zu finanzieren.« (51) Es ist voraussehbar, daß der potentiellen Friedensdividende 1995-2000, die auf weitere 460 Milliarden Dollar geschätzt wird, ein ähnliches Schicksal zuteil sein wird.

Die Vereinigten Staaten haben seit 1945 über vier Billionen Dollar in Nuklearwaffen investiert, mehr als ihre gesamte Nationalverschuldung gegenwärtig ausmacht; sie haben radioaktive Versuche an Soldaten, schwangeren Frauen, behinderten Kindern und geistig Behinderten ausgeführt; das Territorium der Nation mit radioaktivem Müll verseucht, dessen Beseitigung 350 Milliarden Dollar und hundert Jahre in Anspruch nehmen wird. Und diese Politik geht weiter. 1995 wurden über 20 Milliarden Dollar für Atomwaffen ausgegeben, davon 65 Prozent für die Vorbereitung eines Nuklearkrieges und lediglich 5 Prozent für die Zerstörung nuklearer Waffensysteme: ein Verhältnis von 13 zu 1. Der Kongreß hat für die Haushaltsjahre 1996 und 1997 zusätzliche Gelder für neue Angriffswaffen wie die Atomrakete Trident II und nukleare Angriffs-Unterseeboote bewilligt; gleichfalls wurden Gelder für Abwehrsysteme taktischer Raketen genehmigt, und Ronald Reagans Star Wars-ballistische Raketenabwehr (SDI) soll aus dem Versuchsstadium in das Benutzungsstadium übergehen. Das Energieministerium plant, einen neuen Mega-Laser für 4,5 Milliarden Dollar zu konstruieren, und der vom Kongreß bewilligte Gesamt-»Verteidigungs«-Haushalt für 1997 erreicht eine Höhe von 266 Milliarden Dollar, 12

Milliarden mehr, als Präsident Clinton beantragt hatte und kaum geringer als die »Verteidigungs«-Haushalte während des »Kalten Krieges«. (52) Auch das Waffenexportgeschäft blüht weiter. Von 1991 bis 1994 haben US-Firmen Waffengeschäfte in Höhe von 50,7 Milliarden Dollar abgeschlossen. Die »geschäftsmäßig orientierte (business minded) Clinton-Regierung«, berichtete Newsweek im August 1995, »mit Handelsminister Ron Brown an der Spitze, hat Waffenverkäufe gefördert, wo immer sie nur konnte. Letzte Woche hat der Senat ein Gesetz verabschiedet, das Kreditgarantien für Waffenexporte etabliert, so daß es den ärmeren Staaten leichter fällt, Waffen zu kaufen.« (53)

Ebensowenig wie der Militärhaushalt ist das Budget für die US-Spionagedienste gekürzt worden, das nach wie vor jährlich etwa 28 Milliarden Dollar verschlingt. Diese Fonds werden unter falschen Titeln im Pentagon-Haushalt versteckt, obgleich die Verfassung der Vereinigten Staaten stipuliert, daß alle Bundesausgaben voll ausgewiesen werden. Eine der wesentlichen Aufgaben der Geheimdienste neben der Wirtschaftsspionage liegt in der Kontrolle Chinas. Nach Aussagen des CIA-Direktors John M. Deutch überwachen die US-Geheimdienste die chinesischen Militärs »Minute für Minute«. (54) Allein die jährlichen Kosten für die Geheimhaltung staatlicher Daten sind enorm, höher als das Bruttosozialprodukt lateinamerikanischer Staaten wie Bolivien (6,4 Mrd. Dollar) oder Paraguay. Im Jahre 1995 gab die US-Regierung über 5,6 Milliarden Dollar aus – eine Summe, die der Abgeordnete David E. Skaggs für ein »understatement« hält –, um geheime Dokumente geheim zu halten, wobei in dieser Summe die entsprechenden Ausgaben der CIA nicht mitgerechnet sind. Es handelt sich insgesamt um mehrere Milliarden Dokumente, von denen allein eine Milliarde (!) über 25 Jahre alt ist und nach dem Gesetz veröffentlicht werden könnte. (55) Nicht gerade die Erfolgsbilanz einer Republik, die fern des monarchischen Europas die Essenz der *res publica*, der »öffentlichen Sache« der Bürger, zu verwirklichen suchte.

Die nach der Auflösung der Sowjetunion von einem Expertenpanel (Joint Strategic Target Planning Staff Advisory Group) modifizierte Kriegsstrategie der USA sieht vor, daß »alle möglichen Widersacher« auf Weltebene als Ziele für Nuklearwaffen programmiert werden, insgesamt circa 5.000. Ein anderes Element der neuen Doktrin ist, daß das US-Nukleararsenal immer größer sein muß als die Arsenale Frankreichs, Chinas und Großbritanniens zusammen. Die Vereinigten Staaten brauchen »Atomwaffen, um ihre fundamentalen Interessen zu schützen ... (einschließlich) einer gesunden und wachsenden US-Ökonomie«. Die Aufrechterhaltung eines substantiellen Arsenals interkontinentaler Nuklearwaffen wird »ebenfalls zum Prestige der Nation beitragen und Deutschland und Japan davon abhalten, eigene Nuklearwaffen zu entwickeln«. Eine sogenannte »Nuclear Expeditionary Force« soll ebenfalls gebildet werden, die mit einer »Handvoll Bomber und Unterseebote, die mit Atom- und taktischen Waffen ausgerüstet sind, primär zum Einsatz gegen China und Ziele in der Dritten Welt« gedacht ist. Resümierend: »Wenn die USA von einer Supermacht zu einem Gleichen werden, könnten andere die Entscheidung treffen, ebenfalls Gleiche zu sein.« (56)

Um das gefährliche Problem der Gleichheit und der Habenichtse in den Griff zu bekommen, ist der kybernetische Krieg (cyber war) in den US-Streitkräften bereits zur Wirklichkeit geworden. Entsprechende Abteilungen wurden in der Armee, Marine und Luftwaffe bereits installiert, und im Juni 1995 diplomierten sich die ersten 16 Informationskriegs-Offiziere an der »National Defense University« in Washington. Wie schon während des Vietnamkrieges gibt es erneut eine intime Zusammenarbeit zwischen dem militärisch-industriellen Komplex und den US-Universitäten, beispielsweise dem Laboratorium für angewandte Physik der Johns Hopkins-Universität oder dem Lincoln Laboratorium des Massachusetts Institute of Technology. In den letzten Jahren sind Infokrieg-Taktiken von den USA bereits in Haiti und im Golfkrieg angewandt worden, wo die US-Militärs für ihre Kommunikation extensiven Gebrauch vom Internet machten. (57) Auch die CIA gab im Juni 1996 bekannt, daß eine Abteilung für Informationskrieg im Aufbau sei.

Wie die vorhergehenden Daten zeigen, ist die gegenwärtige Weltgesellschaft in all ihren wesentlichen Reproduktionssphären hierarchisch-oligopolistisch organisiert, ohne daß dies die demokratischen Politiker und Intellektuellen der Ersten Welt dazu bewogen hätte, die tiefgehende Demokratisierung der elitären Herrschafts- und Ausbeutungsstrukturen des Fünfhundertjährigen Reiches zu fordern. Die Demagogie und der Zynismus dieser Mandarine des Kapitals manifestieren sich in ihren konstanten bigotten Forderungen nach Demokratisierung Kubas (und vorher Nicaraguas), obgleich die Politik beider Staaten – im Gegensatz zu der der imperialen Mächte des Westens – sich innerhalb der internationalen Rechtsnormen bewegt hat. Und während die Enzensberger et al. im Namen dessen, was der westliche »Newspeak« Demokratie nennt, ihren weltweiten ideologischen Kreuzzug gegen das kubanische Projekt und die »gefährlichen Habenichtse« der globalen Gesellschaft führen, macht ihr serviles Schweigen und Verschönern der Politik der Weltbourgeoisie sie zu (gutbezahlten) Komplizen der internationalen Plutokratie, deren Entscheidungen verantwortungs- und rechenschaftslos Leben und Wohlfahrt eines Großteils der Menschheit gefährden.

2. Globalisierung und Bildung: die Ideologie

Die direkte Beziehung zwischen dem nationalen Produktions- und Kommerzialisierungsprozeß von Waren und seiner empirisch-ideologischen »Widerspiegelung« im nationalen Bildungssystem ist eine wenig disputierte Tatsache. Eine der deutlichsten Formulierungen in diesem Zusammenhang findet sich im Tagebuch von Henry Chauncy, Vorsitzender des Educational Testing Service in den Vereinigten Staaten, einer Organisation, die die Entwicklung des Schulsystems in den USA maßgeblich mitbeeinflußt hat. »Sobald wir die nationale und lokale Nachfrage nach Personen in verschiedenen Beschäftigungsbereichen quantitativ bestimmen können, werden wir in der Lage sein, mit Hilfe entsprechender Tests im Rahmen einer Volkszählung die Bevölkerung diesen Beschäftigungen zuzuordnen... Da wir niemandem etwas vorschreiben wollen, können wir einem Jungen oder einem Mädchen etwa die Wahrscheinlichkeit von Erfolg oder Mißerfolg in einem bestimmten Berufsfeld oder die Nachfrage nach Personen mit der jeweiligen Kombination an Qualifikationen mitteilen.« (1)

Diese Einsicht setzt sich langsamer durch in bezug auf die globale Dimension des Prozesses, obwohl die sich verallgemeinernde kulturelle Durchdringung – und die im Rahmen dieser Durchdringung sich herausbildenden edukativen Prozesse – von den organischen Intellektuellen des Systems weltweit als Schlüsselfaktor für die Konstruktion der globalen Gesellschaft angesehen wird. Die Kooperation und Integration der lateinamerikanischen Universitäten beispielsweise stehen, notiert der mexikanische Sozialwissenschaftler Roberto Rodríguez, »in enger Beziehung zu den von den neuen regionalwirtschaftlichen Integrationsschemata auferlegten Modalitäten und Konjunkturen«. (2)

Wie seit 1492 üblich werden den Bewohnern der Dritten Welt die Projekte der (metropolitanen) Moderne als Vehikel des Fortschritts und der Überwindung ihrer »Rückständigkeit« präsentiert; und so navigieren sie unter dem Banner des *sustainable development* oder der Verbesserung des »Humankapitals« – als notwendiger Voraussetzung für die Verbesserung der Lebensbedingungen in der Dritten Welt – durch die ideologischen Räume des Cyberspace.

Interessant ist in diesem Zusammenhang eine aktuelle Studie der Weltbank, die als Hindernisse lateinamerikanischer Entwicklung folgende Variablen nennt: eine hohe Einkommenskonzentration, die die nationalen Sparquoten negativ beeinflußt; die Notwendigkeit, bis zum Jahr 2000 jährlich 60 Milliarden Dollar in die Infrastruktur zu investieren; die defiziente Steuererhebung in Mittel- und Oberschichten und die unabdingbare Durchführung einer tiefgreifenden Reform des Ausbildungssystems. (3)

Während der ersten Weltbank-Konferenz über Entwicklung in Lateinamerika und der Karibik referierte der Direktor des Bereichs Humanressourcen bei der Weltbank, Juan Luis Londoño, zu diesem Thema: »Die unzureichende Bildung von Humankapital ist einer der wichtigsten Elemente, um sowohl das schwache Wachstum der lateinamerikanischen Ökonomie in den vergangenen 15 Jahren als auch den fehlenden Fortschritt in den Bereichen Armut, Verteilung und Demokratie zu erklären.«

Londoño bestätigte, die einzige Form, den Trend zu wenden, bestehe in der Stärkung des »Humankapitals« durch hohe Investitionen im Bildungsbereich. Er betonte, daß die »Zahl der funktionalen Analphabeten unter den Erwerbstätigen – diejenigen, die mit 25 Jahren noch immer keine Ausbildung haben oder gerade das eine oder andere Jahr Grundschule absolviert haben – auf ein untragbar hohes Niveau anwächst... Mit einer finanziellen Anstrengung könnte der Kontinent innerhalb von zwei Jahrzehnten ein generelles neunjähriges Ausbildungsniveau seiner Arbeitskräfte erreichen und so 200 Millionen Jugendlichen eine komplette Grundschulbildung ermöglichen«. (4)

Dies ist ein gutes Beispiel dafür, wie die Architekten des globalen Dorfes dessen objektive Bedürfnisse in propagandistischer Form zur Indoktrination der Mehrheiten benutzen. Es ist sicherlich demagogisch zu behaupten, das Elend Lateinamerikas sei die Folge defizienter Bildungsmöglichkeiten auf dem Subkontinent, wenn es gleichzeitig eine Reihe anderer, ebenso wichtiger oder sogar schwerwiegenderer Gründe gibt, unter ihnen: die Auslandsverschuldung, die z.B. im Fall Mexikos das Land mit Zahlungen von 96 Milliarden Dollar in den nächsten drei Jahren belastet; die Korruption der Staatsapparate und Eliten; der Protektionismus der Ersten Welt, der zehnmal mehr Einkünfte einbringt als »Hilfe« konzediert; die ungleichen *terms of trade*; die fehlenden Inlandsersparnisse; die Kapitalflucht; die absolute Armut und die extrem ungleiche Einkommensverteilung; die Militärausgaben; das Unterbinden jeglicher Reformprozesse populärer Bewegungen – wie in Nicaragua (Frente Sandinista) oder in Kuba – durch die Vereinigten Staaten und ihre Verbündeten; das Desinteresse und die Unfähigkeit der nationalen Unternehmerklasse zu wissenschaftlicher und technologischer Innovation, wie sich etwa in Mexiko an der Tatsache zeigt, daß von den insgesamt 0,3 Prozent des Sozialprodukts, die für Forschung und Entwicklung ausgegeben werden, der Privatsektor lediglich in einer Größenordnung von 20 Prozent beteiligt ist, d.h. rachitischen 0,06 Prozent des BSP (5); die Abhängigkeit der politisch-ökonomischen Eliten von den weltweiten Machtzentren und das Fehlen eines national-priorisierten Entwicklungsprojekts, wie der derzeitige brasilianische Präsident und frühere Soziologe Fernando Henrique Cardoso konstatierte, als die Staatsräson noch nicht seinen Diskurs bestimmte: »Die Anpassung des industriellen Bürgertums an die spezielle Form von Abhängigkeit, die sie lebt, impliziert nicht ›historische Unfähigkeit‹, ihre wahren Ziele zu sehen, sondern die praktische Anerkennung der historischen Unmöglichkeit einer hegemonischen Politik. Das Fehlen eines Herrschafts-Projektes enthüllt sich nur als Karenz, wenn man die Existenz eines solchen Projektes als notwendig voraussetzt. Wie auch immer: Die Analyse der Abhängigkeitssituation zeigte, daß, im Gegenteil, in der Struktur dieser Situation kein einziges vom industriellen Bürgertum zu erfüllendes, notwendiges politisches Projekt nationaler Hegemonie verzeichnet ist.«

Unter diesen Bedingungen drücken »weder der ideologisch ›nationalpopulistische‹ noch der ›internationalisierende‹ Sektor in ihren Ideologien die ›Berufung zur Dominanz‹ aus, die eine aufsteigende Klasse, welche eine Nation konstruiert, auszeichnen würde. Im Gegenteil, wie erläutert entwickeln diese Sektoren Ideologien, die im politischen Bereich ›Anpassungsreaktionen‹ begünstigen, die sie dazu führen, in jeder Etappe mit *jedweder* politisch starken Kraft Kompromisse einzugehen.«

Von dem Zeitpunkt an, in dem sich das internationale kapitalistische System der Industrieproduktion in den abhängigen Ländern »internationalisiert«, »existiert eine notwendige Beziehung zwischen ›Entwicklung, nationaler Unabhängigkeit und industriellem Bürgertum‹ nicht mehr«. Zusammenfassend bestätigt der Sozialwissenschaftler, daß »...die Politik der industriellen ›neuen Bourgeoisie‹ an den ihr günstigen wirtschaftlichen Bedingungen nicht vorbeigehen kann. Da diese keine unmittelbare Ausweitung des Massenkonsums verlangen und eine Verstärkung der wirtschaftlichen Verknüpfungen zwischen den ›Entwicklungsinseln‹ der abhängigen Länder und dem internationalen Wirtschaftssystem erfordern, ordnet die Politik des abhängigen industriellen Bürgertums die internen Transformationen und die Klassenbündnisse diesen vorrangigen Zielen unter«. (6)

Es ist demzufolge eindeutig, daß eine Reihe von politischen und wirtschaftlichen Zielfaktoren existiert, die einleuchtend das Warum der permanenten Wirtschaftskrise der vergangenen zwei Jahrzehnte in Lateinamerika erklären, ohne monokausale ideologische und vereinfachende Erklärungen vorbringen zu müssen.

Die Weltbank hat – offensichtlich – nicht das geringste Interesse, 200 Millionen lateinamerikanischen Jugendlichen, die bei Verlassen der Schule in den prekären Beschäftigungssektor oder in das Heer der Arbeitslosen aufgenommen werden und deren rachitische Einkommen nicht einmal die Reproduktion des eigenen Arbeitsplatzes gewährleisten können, eine neunjährige Grundschulbildung zu zahlen, schon weil in deren Infrawelt die erworbenen formal-erzieherischen Fähigkeiten keine notwendigen Instrumente im Kampf ums Überleben sind. Im Gegensatz zur Rhetorik von Londoño könnte die Ausstattung dieser »von der Natur Bestraften« (F. Fanon) mit den intellektuellen Waffen ihre eigene Situation zu verstehen das politische Risiko für die Stabilität des *status quo* beträchtlich erhöhen.

Die letzten Wahlen in Brasilien (1994) und der Sieg des Kandidaten des Establishment, F. H. Cardoso, über den populären Kandidaten, Inacio »Lula« da Silva, verdeutlichen das Problem. Laut offiziellen Daten des brasilianischen Obersten Wahltribunals (Tribunal Superior Electoral) betrug die Gesamtzahl der Wahlberechtigten 90.214.777 Personen. Von dieser Summe haben 15.426.727 Wähler (17,1%) überhaupt keine oder weniger als ein Jahr Schulbildung genossen; 17.772.311 (19,7%) haben ein bis drei Jahre eine Schule besucht und 28.958.944 (32,1%) verfügen über ein Bildungsniveau von vier bis sieben Jahren. Das heißt: 33 Millionen Wähler gehören zur Kategorie der funktionellen Analphabeten und mehr als 29 Millionen erreichen lediglich ein sehr niedriges Bildungsniveau; insgesamt macht dies 68 Prozent aller Wahlbeteiligten aus. (7)

Diese Zahlen und die monopolhafte Kontrolle der Medien – insbesondere des Fernsehens – durch die Eliten sagen mehr über den Sieg des Kandidaten der Oligarchie – wie auch über den Sieg von Collor de Mello 1989 – aus als alle Mystifizierungen, die die Intellektuellen der Liberaldemokratie bei der Hand hatten, um dem Sieger eine Aura demokratischer Legitimität zu verschaffen, die er unter keinem Kriterium besitzt.

Die Grundschulbildung von neun Jahren ist – wie auf den folgenden Seiten geschildert – nicht für die 200 Millionen lateinamerikanischer Jugendlicher, sondern nur für eine Minderheit von 30 bis 40 Prozent der Erwerbstätigen notwendig.

Das Problem der Weltbank besteht eben darin, Instrumente zu schaffen, die es erlauben, diese Form von dichotomen Bildungssystemen zu institutionalisieren, die einerseits das für die Bedürfnisse des globalen Kapitals notwendige »Humankapital« formt und andererseits die Gewinne so wenig wie möglich beeinträchtigt, das heißt, das eine möglichst hohe Kosten-Gewinn-Effizienz aufweist.

Als ob dies noch notwendig gewesen wäre, hat sich eine Meldung der Nachrichtenagentur Inter Press Service (IPS) vom 19. Juni 1995 aus Washington D.C. der öffentlichen Erläuterung der Finanzierungsrichtlinien, die die Politik der Elite der globalen Bankmanager bestimmen, angenommen. Bezogen auf die internationalen Kredite, die Mexiko wegen der Krise vom Dezember 1994 ausgezahlt wurden, informierte der Korrespondent von IPS, daß die Weltbank bereits zugesagte Darlehen für Umweltprojekte, die produktive Infrastruktur des Landes, die Landwirtschaft, die Wasserversorgung und die Grundschulbildung kürzen oder streichen werde. »Einige der Kredite sind nicht mehr vorrangig für Mexiko«, sagte Frank Lysy, Chef-Ökonom der Weltbank für Mexiko. »Die Budgetengpässe wegen der Wirtschaftskrise lassen diese Fragen als zweitrangig erscheinen.« Der Leiter der bei der Weltbank für Umwelt- und Stadtentwicklung in Mexiko zuständigen Abteilung, Theodore Nkodo, teilt die Ansicht, daß die Zahlung der Auslandsverbindlichkeiten an die ausländischen Banken Vorrang vor Umwelt und Ausbildung haben sollte: »Mexiko möchten seine Schuldenstand verringern, und daher überprüfen wir alle Darlehen hinsichtlich dieser Zielsetzung.« (8)

Trotz des eindeutigen Mangels an Überzeugung des von Londoño formulierten Diskurses konstituiert dieser eines der wichtigsten demagogischen Paradigmen in den Bereichen Ökonomie und Bildung, die der Verschleierung der wahren Gründe für Arbeitslosigkeit und Elend in der Gegenwart dienen, wie ein kurzer Überblick über die vom Kollektiv der Intellektuellen des globalen Kapitals verfaßten Arbeiten zeigt.

Beim vierten Treffen im Rahmen des Allgemeinen Bildungsprojektes in Lateinamerika und der Karibik der UNO (PROMEDLAC IV), das die lateinamerikanischen Bildungsminister 1993 in Quito zusammenbrachte, kamen die hohen Funktionäre gemeinsam zu dem Schluß, daß die Bildungsprobleme in *Nuestro América* Folge der »Erschöpfung der Möglichkeiten der traditionellen Lehrmethoden« seien. In ihrem neuen bildungspolitischen Entwicklungsmodell verlangen sie daher »eine tiefgreifende Transformation der traditionellen Lehrkonzepte, die es erlaubt, Bildung entsprechend der wirtschaftlichen, sozialen, politischen und kulturellen Anforderungen zu formulieren.« In diesem Zusammenhang existiere eine weitgehende Übereinstimmung zwischen »den Zielen der Lehrenden und den Anforderungen der Unternehmer, Politiker und anderer sozialer Gruppen, was es uns erlaubt, an eine institutionelle Transformation zu denken, die die Bildung in einen der Schlüsselfaktoren von Fortschritt und Wachstum der Länder verwandelt.«

Die Existenzberechtigung des neuen Bildungsmodells leitet sich ab von vier aktuellen Veränderungen »in der Region, die die Rolle der Bildung zu einem Schlüsselfaktor des Wachstums und der Entwicklung werden lassen...: (I) Mit den Veränderungen in den ökonomischen Modellen werden Chancengleichheit und Bildung zu bestimmenden Erfolgsfaktoren von Produktion und internationaler Wettbewerbsfähigkeit; dies führt zu einer stärkeren Betonung der Notwendigkeit, in Wissen (Ausbildung, Fortbildung, Wissenschaft und Technologie) zu investieren«; (II) die »allmähliche Stabilisierung der wirtschaftlichen Situation und der politische Demokratisierung«, die es ermöglicht, die angestrebten Transformationen im Bildungsbereich in die Tat umzusetzen und nach und nach »eine verbesserte Finanzierung und Dezentralisierung der Bildungsanstrengungen« zu erreichen; (III) die verstärkte internationale Aufmerksamkeit, die »zur Öffnung der Märkte und damit zu einer Diversifikation und Spezialisierung der

Produktion und zur Entstehung von Unternehmen an neuen Standorten führt, mit dem Ziel, in anderen internationalen Märkten konkurrenzfähig zu sein; dies impliziert, Vielfalt zu akzeptieren und die zweisprachige und interkulturelle Bildung zu fördern...«; (IV) »...die Prozesse regionaler Integration und die Internationalisierung der Kommunikationssysteme«.

In der Mehrzahl der Länder in der Region sei es möglich, »höhere Entwicklungsniveaus zu erreichen, solange der politische Pluralismus erhalten bleibt und die Öffnung der Wirtschaft für den internationalen Handel fortgesetzt wird«, schließen die Minister in evangelischer Frömmigkeit den aus der Ersten Welt diktierten offiziellen Diskurs nachbetend und in augenfälligem Widerspruch zur historischen Wahrheit über den Freihandel und die formalen Demokratie in der Dritten Welt. (9)

Barber B. Conable, zu Beginn der neunziger Jahre Präsident der Weltbank, bestätigt, daß Bildung »ein vitaler Bestandteil der nationalen Entwicklung« sei, weil sie den Menschen die Möglichkeit gibt, »produktiver zu werden, der Armut zu entkommen und ihre Lebensqualität zu verbessern.« Bildung erhöhe außerdem die Kapazität von »Managern, Ingenieuren und Wissenschaftlern hinsichtlich der Erfindung und Anwendung von Technologien. Sie stärkt die nationale Identität und vertieft soziale und kulturelle Wurzeln. Kurz, sie fördert die Fähigkeit der Bürger, sich an der Entwicklung zu beteiligen, von öffentlichen Leistungen im Bereich Gesundheit und Familienplanung zu profitieren sowie die Umwelt zu schützen und zu verbessern.«

Die Investition in Bildung leiste ebenso ihren Beitrag zum »wirtschaftlichen Erfolg wie die Investition in Straßen, Kraftwerke, Bewässerungskanäle oder alle anderen Kapitalgüter. Die wirtschaftlichen Erträge der Investition in Bildung sind – gemessen in Produktivität und in Einkommen – regelmäßig sogar höher. Die Weltbank erkennt die wirtschaftlichen und sozialen Erträge der Bildung ohne jede Einschränkung an. Die Bank hält Bildungsinvestitionen an sich für vorteilhaft und darüber hinaus für den Erfolg von Investitionen in anderen Sektoren einer Volkswirtschaft für essentiell. Deswegen hat die Bank während mehr als zwei Jahrzehnten die Anstrengungen der Entwicklungsländer, ihre Bildungssysteme auf allen Ebenen zu erweitern und zu verbessern, stets unterstützt... Seit Beginn der neunziger Jahre ist die Bank ... in der Lage, den Entwicklungsländern zu helfen, ihre enormen Bedürfnisse in der Entwicklung ihres Bildungswesens zu befriedigen«. (10)

James D. Wolfensohn, beredter Präsident der Weltbank, bekräftigt im Vorwort zum *Weltentwicklungsbericht 1995. Die Welt der Arbeit in einer integrierten Ökonomie*, daß Arbeit, »die unter Beachtung von Sicherheitsstandards und ohne Schäden an der Umwelt anzurichten«, ausgeführt wird, »in allen Teilen der Welt der Schlüssel wirtschaftlichen und sozialen Fortschritts ist..., und die einzige Grundlage, auf der die Länder und ihre Bewohner eine erfolgreiche und dauerhafte Zukunft schmieden können... In der Beratung, die sie den Regierungen anbietet, und der Politik, die sie betreibt, hat die Weltbank immer den grundlegenden Wert von Arbeit anerkannt. Arbeit ist mehr als ein wirtschaftliches Phänomen; sie ist der Grundstein der Entwicklung des Menschen... Unausweichlich hat die Arbeit fast ebenso wichtige Folgen für diejenigen, die nicht arbeiten – die Kinder, die Alten und die Behinderten – wie für die Arbeiter selbst«.

Die Arbeiter profitieren von den wirtschaftlichen Reformen in dem Maße, wie die Staaten »die zentralwirtschaftliche Planung und den Protektionismus zugunsten eines Marktsystems und einer stärkeren Öffnung ihrer Handelsbeziehungen aufgeben«. Die Aufgabe des Staates ist es, die Arbeit des Marktes zu ergänzen. In diesem Sinn ist eine gute Arbeitsmarktpolitik diejenige, die »die Gesetze des Marktes« berücksichtigt; denn »um die Entwicklung voranzutreiben und den Lebensstandard der Arbeiter anzuheben, gibt es keinen besseren Weg, als eine am Markt orientierte Entwicklung...« (11)

Das ist der Diskurs über Globalisierung und Bildung, der weltweit zum hegemonischen geworden ist: »Die Globalisierung hat schon triumphiert«, verkündet ein Text der Internationalen Arbeitsorganisation (ILO). »Die Weltwirtschaft ist heute weitaus enger integriert als je zuvor: Planifikation und staatliche Kontrolle verlieren immer mehr an Boden bei der Zuordnung von Ressourcen, gegenüber dem Marktmechanismus, und die liberalen Konzeptionen von Sozialpolitik und Wirtschaftsführung werden heute in intellektuellen Kreisen fast uneingeschränkt akzeptiert.« (12)

Die fast einmütige Akzeptanz der intellektuellen Zirkel, welche weltweit die öffentliche Meinung formieren, nötigt uns, dieses vorherrschende ideologische Konstrukt, in dem sich wirtschaftliche und edukative Entwicklungsideologie (desarrollismo) in glücklichem Konkubinat gefunden haben, genauer zu untersuchen.

Gegenwärtig gibt es vor allem drei ideologische Paradigmen zur Verschleierung der wahren Ursachen der Arbeitslosigkeit und des Elends in den neokolonialen Ländern sowie der Ausbeutungsinteressen der Metropolen: die Theorie des Humankapitals, das Konzept der Produktivität und das Konzept der rigiden Arbeitsmärkte.

Die Hypothese eines engen Zusammenhangs zwischen Bildungsprozessen und Ökonomie ist nicht neu. Von Platon bis zu den Denkern der klassischen Ökonomie (Adam Smith, David Ricardo) und Alfred Marshall, der glaubte, »daß das wertvollste aller Kapitale jenes sei, welches in den Menschen investiert wird«, war die Idee zum Gemeingut vieler Theoretiker geworden. In unserem Jahrhundert gewann die Vorstellung von Bildung als wirtschaftlicher Investition in den sechziger Jahren an Gewicht. 1965 beispielsweise stellte der Generaldirektor der UNESCO anläßlich einer Versammlung der Direktoren der Interamerikanischen Entwicklungsbank fest, daß »die *neue* Perspektive, aus der die Bildung als Schöpferin von Wohlstand, als Schlüsselfaktor der wirtschaftlichen Entwicklung und gleichzeitig der Transformationen der Sozialstruktur angesehen wird, beginnt, die bisherige Einstellung gegenüber der höheren Bildung zu verändern.«

Aber die wirklichen Pioniere der »Revolution« des »Humankapitals« finden sich im Kreise von Milton Friedman und anderer Akademiker der Universität von Chicago. Es waren die Arbeiten von Gary S. Becker (*Human Capital*, 1964) und des Witschaftsnobelpreisträgers Theodore W. Schultz (*Investing in People. The Economics of Population Quality*, 1981), die der Forschung den Weg bereiteten. Während 1957 eine Bibliographie zu diesem Thema noch weniger als 50 Werke aufführen konnte, so waren es 1970 – ohne die ökonomischen Arbeiten über außerschulische Investitionen in »Humankapital« hinzuzurechnen – bereits mehr als 1.300 Titel. George Bush benutzte ebenso wie Bill Clinton ausführlich den Diskurs des »Investierens in Humankapital« in seiner Wahlkampagne, und die neoliberalen lateinamerikanischen Regierungen sind heutzutage verzückt von dem neuen Versprechen, die Unterentwicklung hinter sich zu lassen. Zum Beispiel heißt es im mexikanischen Nationalen Entwicklungsplan 1995-2000 (Plan Nacional de Desarrollo) in einem Kapitel über Aktualisierung von Technologie, daß »die Anhäufung und Anwendung von Wissen bei der Bestimmung der komparativen Vorteile und bei der Akkumulation von nationalem Wohlstand wichtiger sind als die Ausstattung mit Rohstoffen... Das Bewußtsein dieser Tendenzen, der Impuls für die Bildung und die Weiterbildung und die Entwicklung einer adäquaten technologischen Infrastruktur sind Schlüsselfaktoren, damit unser Land den wachsenden Wissensstand der Welt für Wirtschaftswachstum und Wohlstand nutzt.« (14) Nach den Theoretikern des »Humankapitals« sind die neokolonialen Länder für die Arbeitslosigkeit überwiegend selbst verantwortlich, weil ihre Bevölkerung nicht das notwendige Ausbildungsniveau hat, um beschäftigt zu werden, weshalb das Kapital in andere Länder emigriert und dort Arbeitsplätze schafft.

Die theoretische »Revolution« besteht darin, mit der klassischen Idee T. R. Malthus' und D. Ricardos zu brechen, nach der Raum, Energie und die Verfügbarkeit von kultivierbarem Boden die entscheidenden Produktionsfaktoren für die Verbesserung des Wohlstands der Armen sind. Im Gegenteil, behauptet Schultz, die »entscheidenden Faktoren sind die Verbesserung der Bevölkerungsqualität und der Wissensfortschritt... In der Erweiterung der von der gesamten Menschheit erworbenen Kapazitäten und im Fortschritt der nutzbaren Erkenntnisfähigkeit liegt der Schlüssel zu zukünftiger wirtschaftlicher Produktivität und ihrer Beiträge zum menschlichen Wohlstand.« (15)

Deswegen »...sind Ausgaben für Bildung, Weiterbildung, Gesundheitswesen usw. Investitionen in den Kapitalstock«. Diese Investitionen produzieren jedoch »kein physisches oder finanzielles Kapital, sondern Humankapital, weil eine Person sich nicht auf die Art von ihren Kenntnissen, Fähigkeiten, Gesundheit oder Werten trennen kann, wie sich finanzielles oder physisches Vermögen fortbewegen läßt, während ihr Besitzer zurückbleibt«. (16)

Die grundlegende Hypothese der Theorie besteht darin, daß die Qualität des Humankapitals – insbesondere die Bildung – einen positiven Effekt auf Variablen wie u.a. Einkommen, Beschäftigung, wirtschaftliches Wachstum und soziale Gleichheit hat. Die prinzipielle akademische Kritik an dieser Theorie ist methodologischer Natur: Sie dreht sich um den epistemologischen Unterschied zwischen statistischen Korrelationen und kausalen Beziehungen. Das grundlegende Problem besteht jedoch nicht darin, sondern, wie im Fall der »Deregulierung von Löhnen«, in den sehr unterschiedlichen sozialen Realitäten, die die Theorie zu erklären vorgibt. In den Worten von Schultz: »Die fundamentale ökonomische Theorie ist allgemein anwendbar, dergestalt, daß sie sich nicht auf eine bestimmte Kultur, Gesellschaft oder ein Land beschränkt, gleich ob diese klein, groß oder reich sind.« (17)

Dieser Anspruch ist, ebenso wie einige Theoreme, die von ihren Autoren als wahr verstanden werden, offensichtlich falsch. Eines von diesen Theoremen ist, daß »die Zuwächse der Einkommen aus Arbeitstätigkeit hauptsächlich von den Zuwächsen in der Produktivität derselben abhängen«. (18) Ein solches Theorem ist nur dann richtig, wenn die Produktivitätszuwächse vollständig oder teilweise an die Arbeiter weitergegeben werden, was wiederum von der Machtverteilung zwischen Kapital und Arbeiterschaft abhängt. Wenn sich die Gewerkschaften in einer schwachen Position befinden und der Arbeitsmarkt elastisch ist (einen hohen Anteil an Arbeitslosen aufweist), kann es vorkommen, daß die Produktivitätszuwächse mehrheitlich vom Kapital abgeschöpft werden, während die Reallöhne gleich bleiben oder sich gar verringern, wie etwa in der US-Wirtschaft zu beobachten ist.

Der angesehene Ökonom Lester C. Thurow des Massachusetts Institute of Technology beschreibt in einem kürzlich in der New York Times veröffentlichten Artikel, daß das Bruttoinlandsprodukt der Vereinigten Staaten zwischen 1973 und 1993 real um 29 Prozent angestiegen ist, was die entsprechenden Produktivitätszuwächse widerspiegelt. Unter den abhängig Beschäftigten kamen die Lohnerhöhungen gleichwohl lediglich den 20 Prozent der bestverdienenden Lohnempfänger zugute, während die Mehrheit der US-Arbeiter – zum ersten Mal in der Geschichte des Landes – während zwei aufeinanderfolgender Jahrzehnte eine Reduzierung ihrer Reallöhne hinnehmen mußte. Der Durchschnittslohn von männlichen Arbeitern in Vollzeitanstellung ist von 34.048 Dollar 1973 auf 30.407 Dollar 1993 gesunken. (19)

Die neuesten Daten zur wirtschaftlichen Entwicklung und der Entwicklung der Lohneinkommen in der US-Wirtschaft aus dem Fiskaljahr 1994/1995 bestätigen die Beobachtung von Thurow. Im betreffenden Zeitraum sind die Löhne und Gehälter um 2,7 Prozent angestiegen, während die Inflationsrate bei 2,5 Prozent und das Wirtschaftswachstum bei 3,5 Prozent lagen. Der US-Arbeitsminister, Robert B. Reich, kommentierte dieses Phänomen mit den Worten: »Irgend etwas stimmt nicht, wenn die Gewinne steigen, die Produktivität wächst und der Aktienmarkt boomt und gleichzeitig die Vergütungen der Arbeiter und Angestellten stagnieren«. Alan Greenspan, Direktor der Federal Reserve Bank, erklärt das Phänomen mit der Angst vor dem Verlust des Arbeitsplatzes, die sich in den USA breitmacht: »Es ist nicht zu bestreiten, daß diese Furcht eine wichtige Rolle bei der Stagnierung der Lohnvergütungen gespielt hat, weil in der Tat die Arbeiter niedrigere Lohnerhöhungen akzeptiert haben, um ihren Arbeitsplatz zu erhalten.« (20) Ein anderer hoher Funktionär der Clinton-Regierung pflichtet ihm bei: »Die Ängste [der Arbeiter] sind real«, sagt Joseph Stiglitz, Vorsitzender von Clintons Gruppe ökonomischer Berater. »Vielleicht liegt das an der Zwanzigjahr-Periode, in denen die Reallöhne gefallen sind.« (New York Times, 24.4.1996).

Die US-Entwicklung zeigt ebenfalls, wie zweifelhaft die »Komplementarität zwischen Effizienz und Gleichheit im Bildungswesen« ist, die, nach Schultz, voraussetzt, daß »ein optimales Effizienzniveau mehr zur Sache der Gleichheit beiträgt als die vielzähligen Reformen, die gegenwärtig durchgeführt werden«. (21) Eine von der New York Times zitierte Studie (17.6.1996), die 25.000 Schulkinder über sechs Jahre lang analysierte, kam zu dem Ergebnis, »daß das Familieneinkommen in Schulerfolgstests eine größere Bedeutung hatte als Geschlecht, Rasse oder Ethnizität«.

Und Lester Thurow bemerkt in dem bereits zitierten Artikel, daß das »alte Mittel gegen niedrige Löhne – mehr Bildung – nicht mehr funktioniert. Es sei zwar richtig, daß die Löhne von Männern, die lediglich eine gehobene Schulbildung (high school) aufweisen, schneller sinken als die von Männern mit höherer Ausbildung (college). Aber die Investition in die Hochschulbildung bringt einen nicht von einem nach unten fahrenden Aufzug in einen der sich nach oben bewegt; die Fahrt nach unten wird einfach nur langsamer.« (22)

Schließlich bemerkt Schultz zur Analyse der drei »hauptsächlichen Fehler«, die die Länder mit »hohem Einkommensniveau« begehen, um Ländern mit »niedrigem Einkommen zu helfen, die wirtschaftliche Produktivität zu erhöhen«, daß einer von ihnen das Ergebnis der »Bedingungen sozialer Reformen sei, die in verschiedenen Formen die Auslandshilfe begleiten. Die Absicht dieser Bedingungen ist es zu erreichen, daß die Regierungen der Länder mit niedrigem Einkommensniveau die Ungleichheit in der Verteilung des persönlichen Einkommens reduzieren, so wie dies die Länder mit hohem Einkommensniveau tun...« (23)

Die in den Vereinigten Staaten, dem weltkapitalistischen Hegemonialstaat, zu beobachtende Tendenz widerspricht Schultz' Behauptungen. Die Verteilung des Volkseinkommens wird zunehmend ungleicher, mit einer starken Konzentration des jährlich erwirtschafteten sozialen Reichtums in den oberen zwanzig Prozent und einer sinkenden Bedeutung der Lohnquote als Anteil des BSP. Das Niveau der Ungleichheit in den Vereinigten Staaten erreicht derzeit bereits jenes von 1929, was vor allem auf die neoliberale Politik zurückgeführt werden kann. 1980 waren die Unterschiede in der Einkommensverteilung zwischen den USA, Frankreich und England noch geringfügig, doch die Politik der Reagonomics führte dazu, daß der Nettomarktwert des Vermögens der ein Prozent Reichsten der Gesamtbevölkerung auf einen doppelt so großen Wert wie in England und um 50 Prozent größer als in Frankreich anwuchs. (24) Gleichzeitig ist die Verteilung des US-Vermögens weiter in Richtung auf die bestverdienenden Mitglieder der Gesellschaft vorangeschritten. Eine Untersuchung der Universität Michigan zeigt, daß die reichsten zehn Prozent der US-Haushalte, die 1989 rund 61 Prozent des nationalen Vermögens besaßen, dies bis 1994 auf 66,8 Prozent erhöht hatten (New York Times, 22.6.1996).

Es erscheint rational, in den entwickelten Ländern Bildung als eine unabhängige Variable anzusehen, die das wirtschaftliche Wachstum positiv beeinflußt, da die wissenschaftliche Qualifizierung des Humanpotentials den Hauptproduktivitätsfaktor eines Landes darstellt. Für Länder mit geringer technologischer Entwicklung erscheint es jedoch ebenso angebracht, davon auszugehen, daß sich die Wechselwirkungen zwischen den Variablen Bildung und wirtschaftliches Wachstum auf eine statistische Assoziation beschränken und daß ein kausaler Zusammenhang nicht nachzuweisen ist, weshalb die Anwendung der Theorie auf die lateinamerikanischen Länder ideologische Resultate produziert.

Bildung spielt eine wichtige Rolle als Vehikel sozialer Mobilität von Individuen und Gruppen in Lateinamerika, aber sie ist keine Schlüsselvariable bei der kollektiven Entwicklung einer Nation und ihres Weges aus der Unterentwicklung. Bei der Erklärung des aktuellen Zustands des Subkontinents sind andere bereits genannte Faktoren von größerer Bedeutung: die Last der in- und ausländischen Verschuldung; die interne Sparneigung; der Entwicklungsgrad der produktiven Technologiestruktur; die Verteilung des Einkommens; die Effizienz oder Ineffizienz (der Grad von Korruption) der staatlichen Bürokratien sowie die Situation auf den globalen Waren- und Kapitalmärkten.

Der nationalwirtschaftliche Produktivitäts- und Dynamisierungseffekt von Bildung hängt vom Kontext der oben genannten Variablen ab, wie folgende Analogie deutlich macht. Es ist abstrakt korrekt zu sagen, daß die Produktivität eines Lastkraftwagens die eines Maulesels bei weitem übersteigt. Konkret ist die Richtigkeit dieser Aussage jedoch von den Prämissen abhängig, unter denen das Vehikel operiert. In einer Region des Amazonas, in der keine Straßen, Tankstellen, Reparaturwerkstätten usw. existieren, ist die Produktivität des LKW gleich null. In einer ruralen Zone des brasilianischen Nordosten erreicht sie möglicherweise die Hälfte der Durchschnitts-Norm Mitteleuropas; in São Paulo würde der Produktivitätsgrad des LKW wahrscheinlich 90 Prozent erreichen. Ähnlich wie mit dem Transportvehikel physischer Mobilität verhält es sich mit dem Bildungsvehikel sozialer Mobilität: sein Produktivitätsgrad und seine dynamisierende Potenz hängt von der Qualität des produktiven Umfeldes ab, in dem es operiert. Der gleiche Zusammenhang drückt sich übrigens auch in den extrem hohen Arbeitslosenziffern Deutschlands, Frankreichs (12,5%) und Spaniens (über 20%) aus, deren Bildungssysteme eine relativ hohes Niveau besitzen, sowie, andererseits, in den Vereinigten Staaten: Die USA verzeichnen gegenwärtig ein relativ niedrige offene Arbeitslosenquote (ca. 5,5%), bei einem Bildungssystem, das 1983 von der »National Commission on Education« folgendermaßen kommentiert wurde: »Wenn eine unfreundliche ausländische Macht versucht hätte, den USA die mäßige Bildungseffizienz aufzuzwingen, die heutzutage existiert, dann hätten wir das wahrscheinlich als eine kriegerische Aggression aufgefaßt.« (The Atlantic Monthly, Dez. 1995).

Eine weitere Theorie, die die Anpassung an die gegenwärtige Moderne neoliberaler Ausprägung – in diesem Fall die Anpassung der weltweiten Produktions-, Lohn- und Bildungsstrukturen an die Anforderungen der transnationalen Unternehmen – rechtfertigen soll, steht unter dem Banner der Produktivität, die von den Geschäftsführern des *global village* in einen wahrhaften Fetisch oder Totem verwandelt worden ist, dessen Priorität gegenüber anderen Werten nicht in Frage gestellt werden kann. Wenn Manager, Mandarine und Yuppies die Notwendigkeit ständiger Erhöhung der Produktivität propagieren, wird weder nach den Gründen für die notwendige Steigerung noch nach den durch sie Begünstigten gefragt. Es handelt sich um eine absolute Wahrheit, die über jeden Zweifel der Betroffenen – und deren Plebiszit – erhaben ist; die Frage, ob die Lohnabhängigen aus Gründen niedrigerer Arbeitsbelastung, des Umweltschutzes oder autonomer Freizeitgestaltung ein konstantes oder reduziertes materielles Lebensniveau in Kauf nehmen würden, kann nicht ernsthaft gestellt werden.

Es ist offensichtlich, daß die Apologeten der »Zivilisation der Produktivität« ihren ideologischen Konsumenten »einen falschen Hasen« verkaufen, weil es letztlich nicht um die Produktivität geht, sondern um den Gewinn. Der Zuwachs an Produktivität – und seine mehrheitliche Aneignung durch die Kapitaleigner – ist das wichtigste Mittel zur Reduzierung der Produktionskosten, die wiederum den Gewinn negativ beeinflussen, so daß die gesamte Diskussion über die Produktivität im Grunde eine Diskussion über den Gewinn oder, bei Marx, den relativen Mehrwert ist.

Die Produktivität dient ebenfalls als prinzipielles ideologisches Instrument zur Rechtfertigung der Existenz pauperisierter Bevölkerungssektoren und »der Verlierer« allgemein. Nach dieser Ideologie lebt die verarmte und verelendete Bevölkerung in einer Situation der Bedürftigkeit, weil sie auf globalem Niveau nicht wettbewerbsfähig ist. Als Folge dessen werden die Arbeitsplätze von höher qualifizierten Arbeitern in anderen Ländern besetzt.

Diese Apologie bedarf einer Reihe von Anmerkungen. Die Vorstellung gerechter Entlohnung durch den Weltmarkt nach Kriterien der Effizienz und Wettbewerbsfähigkeit der Arbeiter – die sich hinter der Gleichung: höhere Produktivität ergibt höheres Einkommen verbirgt – ist *cum grano salis* aufzufassen. Um die positive Korrelation der beiden Variablen – Produktivität/Vergütung oder auch Produktivität/Beschäftigung – zu erreichen, bedarf es bestimmter Konditionen, die nur unter der Prämisse eines perfekten Marktes existieren können: a) der *homo oeconomicus* verfügt über vollständige Information; b) die Zuteilung der Vergütungen richtet sich streng nach der Produktivität bzw. Rentabilität des Wirtschaftssubjektes, ohne Einfluß metaökonomischer Variablen wie gesellschaftliche Herkunft, fiskalische und soziale Abgaben an den Staat, Privilegien aus sozialen Beziehungen, Unterwürfigkeit gegenüber dem Unternehmer, nicht-wirtschaftliche Interessen, die den Produktionsprozeß beeinflussen, usw.; c) es herrscht eine atomistische Marktstruktur vor, welche verhindert, daß die Wirtschaftssubjekte willkürliche Preise für ihre Waren durchsetzen können; d) die Mobilität der Produktionsfaktoren – auch des Humanfaktors – ist unbegrenzt; e) der Organisationsgrad der Interessenvertretungen von Arbeitern in Gewerkschaften und von Kapitalisten in Unternehmerverbänden, und damit ihre jeweilige wirtschaftlich-politische Macht, ist gleich; f) das Vorhandensein eines Rechtsstaates, der die praktische Gewährleistung der Grundrechte der Arbeiter auf Versammlungsfreiheit, Streik usw. sicherstellt; g) derselbe Grad von Protektionismus bzw. Freihandel in allen am Welthandel beteiligten Ländern.

Es ist eindeutig, daß solche Konditionen nur in den platonischen Modellen der Ökonomen existieren, nicht aber in der Realität. Im zweitgrößten Arbeitsmarkt der Welt, in Indien, sind nach Angaben der US-Wirtschaftszeitschrift Business Week (29.4.1996) lediglich 8 Millionen Arbeiter durch die Arbeitsgesetzgebung geschützt. Schließt man die 19 Millionen staatlichen Angestellten aus, dann haben »9 von 10 indischen Arbeitern keinerlei Arbeitsschutzgesetzgebung«. In neoliberalen Wirtschaftswunderländern wie Indonesien sind Gewerkschaften und Streiks de facto verboten, und gelegentliche Untersuchungen über die Praxis der Arbeitsgesetzgebung in der Metropole des neoliberalen Credos, den USA, zeigen ebenfalls gehörige Unterschiede zwischen geschriebener und gelebter Realität. Eine vom Arbeitsministerium 1994 durchgeführte Studie in der Textilindustrie fand heraus, daß in den sogenannten »sweatshops« 79 Prozent der Firmen den Arbeitern die Überstunden nicht angemessen vergüten und daß 69 Prozent nicht allen Arbeitern den gesetzlichen Mindestlohn zahlen (New York Times, 25.8.1995).

Der durch und durch ideologisierte Begriff »Freier Markt« ist ein weiteres gutes Beispiel. Diese Kategorie ist weltweit immer schon eine wichtige Waffe zur Durchsetzung der Interessen dominierender Nationalstaaten gegenüber schwächeren Ländern gewesen, um ihre Ausbeutung zu sichern: seit dem Opiumkrieg gegen China (1840-1842) und dem Krieg der Dreier-Allianz gegen Paraguay (1864-1870) bis zur aktuellen Aufzwingung der

Erstwelt-Interessen mittels GATT und Welthandelsorganisation (WTO). Auf nationaler Ebene hat der sogenannte freie Markt historisch der Disziplinierung der schwachen wirtschaftlichen Sektoren gedient, während die wichtigsten Gruppen des Kapitals vom Staat beschützt wurden.

Es ist ein offenes Geheimnis, daß beispielsweise in Industriezweigen wie Luftfahrt, Agrarwirtschaft, Automobilherstellung und Pharmazeutik ein freier Markt nicht existiert, wie überhaupt der real existierende Kapitalismus – mit einer kurzen Ausnahme des Manchester-Liberalismus – immer mehr Staatskapitalismus als Marktkapitalismus war. Einige empirische Beispiele mögen das aktuelle Funktionieren dieser mythischen Kategorie und ihrer wunderbaren Effizienz illustrieren.

Im Februar 1994 erhielten die Luftfahrtunternehmen Boeing und McDonnell Douglas einen Auftrag von Saudi-Arabien zur Lieferung von Zivilflugzeugen im Wert von 6 Milliarden Dollar, wodurch die europäische Konkurrenz, das Airbus-Konsortium, leer ausging. Die Entscheidung der Saudis wurde von Präsident Clinton auf einer Pressekonferenz im Weißen Haus – begleitet vom Botschafter Saudi-Arabiens in Washington – bekanntgegeben. Der Ort war angebracht, weil Clintons Lobbying die arabische Regierung dazu veranlaßte, den europäischen Vorschlag einer Aufteilung des Geschäfts zu verwerfen.

Clinton hatte sein Marketing während eines persönlichen Tête-à-tête mit dem Botschafter von Saudi-Arabien im Weißen Haus initiiert, bei dem er diesem erklärte, der Auftrag sei für die wirtschaftliche Erholung der Branche wie auch der gesamten Volkswirtschaft wesentlich. Einen Monat später konferierte Clinton mit dem Chef der feudal-merkantilen Diktatur, König Fahd, persönlich per Telefon und unterstrich die Bedeutung des Geschäftes.

Zusätzlich reisten der Handelsminister und der Innenminister in die saudische Hauptstadt, um das Geschäft unter Dach und Fach zu bringen. Der französische Premierminister Edouard Balladur machte seinerseits König Fahd persönlich seine Aufwartung, um das Blatt zugunsten der Europäer zu wenden, aber ohne Erfolg. Die US-Unternehmen gewannen die Schlacht durch ein Angebot, das offizielle Kreditzusagen mit einer Nachverhandlung saudischer Verbindlichkeiten aus dem Erwerb von Militärmaterial in Höhe von 9,2 Milliarden Dollar verband. Der saudische Botschafter in Washington, Prinz Bandar, erklärte die Entscheidung seiner

Regierung mit den Worten, Saudi-Arabien fühlte sich verantwortlich, »ein strategischer Vorteil für die Vereinigten Staaten zu sein, und nicht ein strategisches Problem«. (25)

Im Mai desselben Jahres gewann die US-Firma AT&T eine Ausschreibung zur Modernisierung des Telefonsystems Saudi-Arabiens in Höhe von 4 Milliarden Dollar, obwohl ihr Angebot die Offerten einiger Konkurrenten um hunderte von Millionen Dollar überstieg. Die New York Times kommentierte das Ereignis dahingehend, daß AT&T den Auftrag erhalten habe, nachdem die US-Innen- und Handelsminister »während ihrer Reisen nach Riad persönliche Petitionen im Namen des Unternehmens formulierten. Zusätzlich schrieb Präsident Clinton einen Brief an König Fahd, in dem er seine Unterstützung für AT&T zum Ausdruck brachte.« Andere Regierungen betrieben ebenfalls Lobbying zugunsten ihrer Firmen, schickten aber nicht »so viele hochrangige Vertreter« wie die Vereinigten Staaten. (26)

Im September 1995 berichtete die US-Presse, Präsident Clinton habe wegen des Baus einer Pipeline zu den Ölvorkommen von Tengiz (Zentralasien) durch US-Konzerne zweimal beim russischen Präsidenten Boris Jelzin interveniert, während Vizepräsident Al Gore mehrere Male den Regierungschef und zweiten Mann des russischen Staates, Viktor Tschernomyrdin, bat, zu »helfen, die Hindernisse auf dem Weg zum Öl von Tengiz zu beseitigen«. (27)

Die spanischen Gesetze erlauben den Baufirmen des Landes, fünf Prozent der Ausgaben, die der »Absatzförderung im Ausland« dienen, ohne Rechtfertigung anzugeben: offensichtlich eine diplomatische Formel für »Korruption« in Auslandsgeschäften. (28)

Einer der dynamischsten Sektoren des Weltmarktes ist der der Raumfahrttechnik, der jährlich um eine Milliarde Dollar wächst; aus demselben Grund handelt es sich um einen der am stärksten regulierten Märkte. Rußland, das bis heute 2.665 Trägerraketen ins All geschickt hat – mehr als jedes andere Land – und fast 3.000 Satelliten aller Art in ihre Umlaufbahn beförderte – was 65 Prozent der Gesamtzahl aller weltweit in den Orbit transportierten Satelliten entspricht, bei einer nicht zu überbietenden Erfolgsquote von 94 Prozent –, ist unbestreitbar eine der führenden Raumfahrtnationen der Welt. Gleichwohl ist das Land aufgrund verschiedener politisch-administrativer Handicaps auf einen Marktanteil von ein bis drei Prozent beschränkt. Der Grund für diese Situation wird vom britischen

Wirtschaftsblatt Financial Times erklärt: die Beteiligung Rußlands am Satelliten-Markt »könnte diesen sättigen und die Kosten verringern«. (29)

Anfang 1995 kam es zu einer diplomatischen Auseinandersetzung zwischen Japan und den USA, als bei Verhandlungen zu Wirtschaftsfragen die japanische Abordnung – angeführt von Handelsminister Ryutaro Hashimoto – gegen die von der CIA durchgeführte elektronische Spionage protestierte. (30) Ungewöhnlich an dem Vorfall war nicht, wie Experten später erklärten, daß Wirtschaftsspionage inzwischen zum Geschäft gehört, sondern daß irgendjemand dagegen protestiert.

Ein letztes Beispiel: Die direkten landwirtschaftlichen Subventionen in den 24 prinzipiellen Mitgliedsstaaten der OECD betrugen im Jahre 1995 182,4 Milliarden Dollar, mehr als das dreieinhalbfache der internationalen »Entwicklungshilfe« der Ersten Welt (Reuter, 21.5.1996).

Die von uns angeführten Beispiele beziehen sich auf Eingriffe politischer Akteure in das freie Spiel des Marktes, doch gibt es noch eine Reihe anderer Variablen, die die Gleichung Produktivität = Einkommen/Beschäftigung stören, wie etwa: die oligopolistische Struktur des Weltmarktes; die staatlichen Subventionen und die weltweite Struktur der Konsumpräferenzen, die angeführt wird von Japan (38,5%), Deutschland (36%), den Vereinigten Staaten (34,3%) und Frankreich (20,6%). Bei dieser von Gallup erstellten Umfrage, die in 17 Ländern, die insgesamt zwei Drittel der globalen Wirtschaftsleistung und 3 Milliarden Konsumenten auf sich vereinigen, durchgeführt wurde, liegt China als erstes Land der Dritten Welt in der Konsumentengunst an achter Stelle (9,3%).

Wegen der bereits genannten und einiger weiterer zu erläuternder Gründe ist der Anspruch der Produktivitäts-Apologeten, das Problem der extremen Lohn- und Lebensqualitätsdifferenzen der globalen Gesellschaft richtig interpretieren zu können, also eine Theorie zeit-räumlich unbeschränkter Reichweite gefunden zu haben, wesentlich ideologisch.

Es gibt einige Kontexte, in denen die Wechselwirkungen zwischen Produktivität, Einkommen, Beschäftigung und Bildung mit dem Konzept der Produktivität hinreichend erklärt werden können.

Ein US-Agrarindustrieller mit Universitätsausbildung, der aufgrund von durch Satellitendirektübertragung erhaltenen Informationen über die Situation an den *future markets* der Warenbörse von Chicago entscheidet, welche Pflanzenarten er im kommenden Frühjahr aussäen wird, ist offensichtlich um ein Vielfaches produktiver als ein Kleinbauer in Oaxaca (Provinz im Südwesten Mexikos) oder ein honduranischer oder brasilianischer Subsistenzfarmer. Er ist produktiver in beiden Aspekten, die das Konzept bestimmen: a) der subjektiven Produktivität, die auf einer hervorragenden schulischen und beruflichen Ausbildung basiert, die breite Wissensbereiche und deren wissenschaftliche Methodologie abdeckt; b) der objektiven Produktivität, die eine Funktion der objektiven Arbeitsplatzbedingungen ist, insbesondere seiner technologischen Ausstattung.

In beiden Komponenten der Maßeinheit »Produktivität« genießt der US-Agrarindustrielle große komparative Vorteile gegenüber dem lateinamerikanischen Kleinbauern; was erklärt, warum seine Arbeit eine höhere Vergütung erreicht als die seines südlichen Kollegen, obwohl er sie in kürzeren Arbeitsschichten und unter weitaus humaneren Arbeitsbedingungen ausführt.

Der japanische Elektronikingenieur, der an der Entwicklung von technologischen Neuerungen oder von Software für den Weltmarkt teilhat, erhält, aus den oben genannten Gründen, in seinem Land eine höhere Vergütung als ein Elektriker, der nur Kabel verlegt; und, offensichtlich, eine höhere als ein Elektronikingenieur in Kolumbien, der die Reparatur von Fernsehgeräten und Computern überwacht.

Allerdings gibt es auch eine Reihe von Beschäftigungen, bei denen sich die subjektive und die objektive Produktivität des Arbeiters in Erster und Dritter Welt kaum unterscheiden, die Lohnunterschiede aber dennoch enorm hoch sind und offensichtlich nicht als Funktion der individuellen Produktivität ausgedrückt werden können.

Zum Beispiel verdienen deutsche Ingenieure siebenmal soviel wie kenianische, und die Vergütung von Textilarbeitern in Deutschland erreicht das 18fache dessen, was in Kenia gezahlt wird. (32) Der Fahrer eines Stadtbusses in New York verdient monatlich um die 2.000 Dollar; meist haben die Busse Klimaanlage, Automatikgetriebe und Fahrkartenentwerter. In Mexiko-Stadt chauffiert der Fahrer einen weitaus weniger komfortablen Bus und muß sich neben dem Fahren auch noch um den Verkauf der Fahrscheine kümmern. Obwohl der mexikanische Fahrer einen Arbeitsgang mehr leistet und seine Arbeit unter – auch für seine Gesundheit – schwierigeren Bedingungen als sein Kollege in der Ersten Welt absolviert, verdient er nur

160 Dollar im Monat. Trotz derselben oder sogar höheren Produktivität des Arbeiters in der Dritten Welt verdient sein Kollege in New York zwölfmal mehr, ohne die Nebenleistungen wie Beiträge zur Kranken-, Arbeitslosenversicherung usw. in Rechnung zu stellen.

Aber auch wenn die Richtigkeit des Theorems als solches akzeptiert würde, könnte es die zu beobachtenden extremen Entgelt-Unterschiede nicht erklären. Wenn ein Fließbandarbeiter einer deutschen Filiale des transnationalen Konzerns Volkswagen AG monatlich 2.500 Dollar verdient, warum erhält sein Kollege im mexikanischen Betrieb in Puebla nur 250 Dollar für die gleiche Arbeit? Ist die Produktivität des deutschen Arbeiters zehnmal so groß? Offensichtlich nicht; da es sich um mechanische Tätigkeiten handelt, die keiner oder nur einer geringfügigen beruflichen Ausbildung bedürfen, kann die Produktivität des deutschen Arbeiters nicht wesentlich höher sein als die des mexikanischen; in jedem Fall erscheint es absurd, von einem zehnfachen Wert auszugehen.

Das offizielle Argument zur Erklärung dieser Widersprüche ist folgendes: In den Lohndifferenzen, die bei gleicher Beschäftigung in unterschiedlichen Ländern auftreten, spiegelt sich, so die Weltbank, die jeweilige »Durchschnittsproduktivität der gesamten Ökonomie wider. Wenn ein Busfahrer in Seoul dreimal mehr verdient als einer in Bombay, bedeutet das nicht, daß der koreanische Fahrer dreimal so gut ist wie der in Bombay. Im Gegenteil, die höhere Arbeitsproduktivität in der gesamten koreanischen Volkswirtschaft und das höhere Einkommensniveau in dieser Ökonomie bedeuten..., daß ein genügend hoher Lohn gezahlt werden muß, um jemanden zu finden, der diese Arbeit macht, anstatt sich mit einer anderen Tätigkeit seinen Lebensunterhalt zu verdienen...« (33)

Diese Erklärung macht deutlich, daß zwischen der individuellen Produktivität eines Arbeiters und der vom Markt bestimmten Vergütung keine direkte Korrelation besteht, sondern daß die individuelle Bezahlung im allgemeinen vom durchschnittlichen Entwicklungsgrad der jeweiligen Volkswirtschaft abhängt. Das bedeutet, daß, wenn ein Fließbandarbeiter von Goodyear in den Vereinigten Staaten 17 Dollar in der Stunde verdient, und sein Pendant in der mexikanischen Filiale für dieselbe Arbeit drei Dollar erhält, die Ursache darin liegt, daß die US-Ökonomie fünf- bis sechsmal so weit entwickelt ist wie die mexikanische. Folgerichtig ist die Vorstellung einer gerechten und unparteiischen Entlohnung der individuellen

Arbeitsleistungen eines Arbeiters durch den Markt für die Mehrheiten der Weltbevölkerung reine Fiktion. Diese Mehrheiten sind gefangen in den Vorgaben des nationalen »Marktes«, der lediglich individuelle Mobilität erlaubt, und in der Regel nur durch die Erweiterung beruflicher Qualifikationen. Weil sich aber die Bildungsleistungen zunehmend in Waren verwandeln, die sich nur leisten kann, wer über die entsprechende Kaufkraft verfügt – genau daran fehlt es der prekären Bevölkerung –, bleibt dem armen und formal unzureichend ausgebildeten Arbeiter die Möglichkeit verwehrt, seinen Lebensstandard zu verbessern.

Da die zunehmende Privatisierung und Verringerung des öffentlichen Bildungsangebotes dem sozialen »Aufzug« der Edukation die Türen schließt, bleibt oft als zweite Möglichkeit gesellschaftlichen Aufstiegs nur die Emigration; d.h. der Wechsel von einem historisch bestimmten Produktivitätsniveau in ein anderes, höheres. Allerdings wird die Einwanderungspolitik der Länder der Ersten Welt immer restriktiver, so daß auch dieser individuelle Ausweg den Armen aus der Dritten Welt immer häufiger versperrt bleibt, wie u.a. die Lateinamerikaner am dreifachen US-Grenzwall in Tijuana feststellen und die Osteuropäer an der deutschen Ostgrenze.

Das ideologische Argument »Produktivität« verschleiert die reale Problematik der prekären Bevölkerung in der Dritten Welt; deswegen gilt es, dieses Argument zu überwinden und die grundlegende Frage zu stellen: Wie ist die ökonomische Funktion der prekären Bevölkerung in der Weltwirtschaft beschaffen, die ihre Existenz, Struktur und Dynamik hinreichend erklären kann?

Drastischer ausgedrückt: Bedeutet die Tatsache, daß die Hälfte der lateinamerikanischen Bevölkerung unter den Bedingungen atrophierter Reproduktion leidet, daß dem Kapital ihr Überleben gleichgültig ist? Die Antwort lautet: ja und nein.

Aus der Tatsache, daß das Kapital der Mehrheit der arbeitenden Bevölkerung in Lateinamerika nur eine unzureichende Form der Reproduktion bietet, ließe sich folgern, daß diese Bevölkerung entbehrlich ist, bzw. daß es dem Kapital gleichgültig ist, ob die Personen, die sie umfaßt, an Unterernährung oder an vermeidbaren Krankheiten sterben. Dieser deduktive Schluß ist auf individueller und Gruppenebene ohne Zweifel richtig. Den Bankmanagern und Industriellen der Weltwirtschaft ist es egal, ob ein bestimmter Arbeiter und/oder seine Familie in Brasilien, Mexiko oder Peru verhungert oder daran stirbt, daß er nicht die zwei Dollar für eine Medizin aufbringen kann, die ihm das Leben retten könnte.

Das folgende Beispiel verdeutlicht den Fall. Wenn ein Landwirt ein produktives Element, etwa eine Kuh, besitzt, deren Reproduktion er kontinuierlich vernachlässigt, indem er ihr nur 40 bis 50 Prozent der Futtermittel, die sie braucht, zur Verfügung stellt, ließe sich aus seinem Verhalten auf den Wert der Kuh schließen: nämlich, daß es keine größere Bedeutung hat, ob sie verendet. Denn wäre ihr Überleben von Bedeutung, würde man ihre adäquate Reproduktion gewährleisten.

Das ist die Situation, die sich seit der europäischen Invasion von 1492 für die autochthone Bevölkerung ergab. Viele Historiker haben darauf hingewiesen, daß die spanischen Kolonisatoren die afrikanischen Sklaven besser behandelten, als die zur Zwangsarbeit in der *mita*, der *encomienda*, dem *yanaconazgo* usw. verpflichtete indigene Bevölkerung. Die Erklärung dieses Phänomens ist evident: Die afrikanischen Sklaven repräsentierten investiertes Kapital, das sich amortisieren mußte, um nicht wirtschaftliche Verluste zu produzieren. Die Zwangsarbeiter hingegen standen den privaten Ausbeutern (Minenbesitzern, Latifundisten, Encomenderos) umsonst zur Verfügung, weshalb der Tod etwa eines *mitayos* (Zwangsarbeiters) in den Silberminen des Cerro Rico de Potosí den spanischen Kaufmann oder Minenbetreiber kaum beunruhigte, da er bei seinem Tod ohne größere Kosten ersetzt werden konnte. (34) Eine ideale Situation für den Ausbeuter, die sich im 20. Jahrhundert in den KZ-Fabriken des deutschen Großkapitals wiederholte, denen die SS – im Stil der spanischen Krone – unbegrenzte Mengen menschlichen Arbeitsviehs zu symbolischen Lohnzahlungen zur Verfügung stellte.

Im individuellen Bereich ist die Antwort auf die gestellte Frage also völlig eindeutig; schwieriger gestaltet sie sich aber im systemischen oder kollektiven Bereich.

Es ist bekannt, daß die Arbeitskraft für das Kapital eine Ware wie jede andere darstellt, deren Wert sich nach der zu ihrer Reproduktion notwendigen Arbeitsmenge richtet. In der Konstitution dieses Wert spielen verschiedene Faktoren eine Rolle, insbesondere die Kosten der historisch determinierten Grundbedürfnisse des Arbeiters. Doch ist eine weitere wichtige Variable die Relation zwischen der beschäftigten Bevölkerung und der nicht beschäftigten oder unterbeschäftigten Bevölkerung, die Marx die »industrielle Reservearmee« nannte und die wir als »prekäre Bevölkerung« bezeichnen. Die relative Größe der prekären Bevölkerung, also das Verhältnis zwischen der arbeitsfähigen (ökonomisch aktiven) Bevölkerung und den Arbeitenden weltweit, ist die theoretische Schlüsselgröße zum Verständnis der Position des globalen Kapitalismus gegenüber den Verarmten der Dritten Welt, jenseits aller von seinen Intellektuellen produzierten Ideologien. Das heißt, der Grad atrophierter Reproduktion – Lohneinkommen, die die Ersetzung der vom Arbeiter im Arbeitsprozeß verbrauchten Energien nicht gewährleisten –, den das globale Kapital den verschiedenen Regionen zuweist, hängt von der relativen Größe ihrer industriellen Reservearmee ab. Er ist in Afrika größer als in Lateinamerika und in Lateinamerika größer als in Südostasien.

Die prekäre Bevölkerung stellt also kein nutzloses oder zu vernachlässigendes Residuum der globalen Ökonomie, sondern einen integralen strukturalen Bestandteil ihres reibungslosen Funktionierens im Interesse der großen Kapitaleigner dar. Ihre beiden Hauptfunktionen bestehen darin, a) einen konstanten Druck auf die Löhne der Beschäftigten auszuüben und b) als menschlicher Lagerbestand die mit den konjunkturellen Oszillationen schwankende Nachfrage nach Arbeitskraft zu bedienen.

Solange die prekäre Bevölkerung im angemessenen Verhältnis zur beschäftigten Bevölkerung steht, sind die realen Lebensbedingungen der sie konstituierenden Personen unwichtig: Ihr Hungertod hat keinen negativen Einfluß auf die Kostenrechnungen und Gewinnkalkulationen der Großkonzerne. »Angemessenes Verhältnis« oder angemessene Proportion meint hier einen Wert innerhalb eines Intervalls, das von zwei Grenzwerten determiniert wird: a) die prekäre Bevölkerung muß genügend groß sein, um die Gewinnmargen nicht negativ zu beeinflussen; dieser, von den US-Ökonomen als »natürliche Arbeitslosenrate« bezeichnete Wert, muß mindestens sechs Prozent der arbeitsfähigen Bevölkerung ausmachen; b) die prekäre Bevölkerung muß klein genug sein, um die politische Stabilität und den sozialen Zusammenhalt des Systems nicht zu gefährden.

Die regulierende Funktion der prekären Bevölkerung läßt sich mit einem Staudamm vergleichen. Wenn die Wassermenge (Größe der prekären Bevölkerung) zu groß wird, besteht die Gefahr, daß der Damm (das System) bricht. Wenn die Wassermenge zu gering ist, steigt der Preis der Energie und der landwirtschaftlichen Produkte (Löhne).

Die durch die Globalisierung des Kapitals neoliberaler Art entstandene aktuelle Situation ähnelt dem ersten Szenario: Die Größe der prekären Bevölkerung hat Dimensionen erreicht, die die Stabilität des Systems gefährden, was die in letzter Zeit fieberhaften Aktivitäten der globalen Intellektuellen – von der Weltbank bis zur ILO – und die militärischen Vorbereitungen der US-Militärs in der westlichen Hemisphäre erklärt.

Die Schwankungen der prekären Bevölkerung innerhalb der beiden Grenzwerte werden von verschiedenen Variablen beeinflußt: unter anderem der demographischen Entwicklung, den Migrationsbewegungen, dem Ausstoß der Arbeitskräfte aus dem Primärsektor, dem Wegfallen manueller Tätigkeiten durch »Rationalisierungsmaßnahmen« und den wirtschaftlichen Konjunkturen. Das Kapital versucht durch den globalen Protostaat, all diese Variablen zu beeinflussen, aber einige von ihnen, wie die Entstehung von Arbeitsplätzen oder die wirtschaftlichen Zyklen, werden von der Logik des Systems bestimmt und liegen daher letztlich außerhalb des Einflußbereichs der Regierungen.

Die Intervention betrifft dementsprechend die »zugänglichen« Parameter und dabei vor allem die demografischen Variablen, wo die westliche Politik beträchtliche Erfolge aufzuweisen hat. Innerhalb des ökonomischen Bereichs hingegen haben Teildisziplinen der bürgerlichen Wissenschaften für die Massenarbeitslosigkeit als aktuelles Phänomen, das der modernen kapitalistischen Ökonomie des 20. Jahrhunderts anhaftet, weder eine plausible Erklärung geben (35) noch eine Lösung finden können. In ihrem letzten Bericht mit dem Thema »Die Welt der Arbeit in einer integrierten Ökonomie« konstatiert die Weltbank, daß die Industrieländer »seit 15 Jahren mit dem Problem der Arbeitslosigkeit kämpfen... Obgleich sowohl die Regierungen als auch die internationalen Organisationen und die akademische Gemeinschaft diesem Problem konstante Aufmerksamkeit widmeten, weiß man noch immer nicht, wie es gelöst werden kann.« (36)

Dasselbe gilt für das alte Problem der Armut (37), was eine wahre Flut von Propaganda der neoliberalen Theoretiker auslöste, die sich überwiegend um die notwendige Flexibilisierung der Arbeitsordnung zentrierte. Diese Propagandisten verlangen eine Verringerung der durch die »Regulierung der Arbeit« entstehenden Kosten, damit mehr Arbeitsplätze geschaffen werden können. Eine Marktwirtschaft, die nicht unter Eingriffen des Staates oder der Gewerkschaften zu leiden hat, sei in der Lage – durch das Zusammentreffen von Nachfrage und Angebot bei flexiblen Preisen – ein von Angebots- und Nachfrageüberschüssen freies Gleichgewicht zu bilden.

Über die »friktionelle Arbeitslosigkeit« hinaus – die aufgrund von Unvollkommenheiten des Arbeitsmarktes eine Arbeitslosenrate von 2 bis 3 Prozent verursachen kann – entstehe Arbeitslosigkeit wegen überhöhter Lohnforderungen der Arbeiter und der exzessiven rechtlich-sozialen Protektion. Darüber hinaus seien all diejenigen, die keine Arbeit haben, »freiwillige Arbeitslose«. Sie wären nicht ohne Beschäftigung, wenn sie den für ihre Arbeitskraft vom Markt angebotenen Preis akzeptieren würden. Die Lösung liegt also in der Reduzierung der Löhne und der übrigen Arbeitskosten, und nicht in Staatseingriffen oder einer starken Gewerkschaftspolitik zur Aufrechterhaltug der sozialen Sicherheit.

Diese »Theorie« wurde in der Ersten Welt und für die Erste Welt – in der Stundenlöhne von 15 Dollar nicht unüblich sind – erfunden und hat ihre materielle Grundlage in der ökonomischen Globalisierung, die es dem transnationalen Kapital ermöglicht, die absolute Schutzlosigkeit der Arbeitskraft in den de facto-Diktaturen der Dritten Welt (Indonesien, Philippinen, Brasilien usw.) zu nutzen.

Doch wenn auch die »Theorie« eine bestimmte Plausibilität im Bereich der imperialen Volkswirtschaften aufweist, so wird sie zur Absurdität in der Situation Lateinamerikas oder Afrikas.

Zwischen 45 und 75 Prozent der Erwerbstätigen in Lateinamerika überlebt in prekären Beschäftigungsverhältnissen, d.h. sie haben ein Monatseinkommen von maximal 150 Dollar, während für die Deckung der Grundbedürfnisse in den urbanen Zentren des Subkontinentes mindestens 500 Dollar notwendig sind. Das heißt, daß die Mehrheit der Arbeiter bestenfalls weniger als 30 Prozent des Einkommens bezieht, das sie und ihre Familien für eine nicht-verkümmerte Reproduktion brauchen. Die Absurdität, die Gültigkeit der Theorie unter diesen objektiven Bedingungen zu postulieren, ist eindeutig; daher die außerordentliche Notwendigkeit der Arbeit der Intellektuellen, die darin besteht, die objektiven Probleme des Systems (vor allem die Arbeitslosigkeit) in individuelle Verantwortlichkeiten und individuelles Versagen umzulügen.

Die systematische Ablenkung von den wahren Gründen der Drittwelt-Misere in Form diskursiver Ablenkungsstrategien findet sich auch in den

Protokollen des letzten G-7-Gipfels in Halifax, etwa wenn seine Protagonisten versichern, daß »die Demokratie, die Menschenrechte, die Transparenz, das Verantwortungsbewußtsein der Regierungen und der Umweltschutz die Grundlagen einer nachhaltigen Entwicklung« sind. (38) Es ist bezeichnend, daß das virtuelle (wirtschaftliche) Kabinett der globalen kapitalistischen Proto-Regierung behauptet, die kontinuierliche Entwicklung sei nicht länger eine rein wirtschaftliche Angelegenheit und hänge von allen möglichen, nur nicht von ökonomischen Faktoren ab.

Das politisch-ideologische Wesen des ökonomisch-edukativen Projektes der Globalisierung ist binominal: kontinuierliche wirtschaftliche Entwicklung – kontinierliche humane Entwicklung, mit eindeutigem Vorrang der ersteren. In ihrem »Human Development Report 1994« haben die für die ideologische Betreuung der – durch den neoliberalen Kapitalismus auf dramatische Weise verallgemeinerten – Armutsprobleme der Dritten Welt zuständigen Funktionäre der Vereinten Nationen die Idee der »kontinuierlichen humanen Entwicklung« und ihrer edukativen Komponente konkretisiert. Genau wie die Weltbank bestehen sie darauf, daß Lehre und Fortbildung »zu den zentralen Elementen einer effektiven nationalen Beschäftigungsstrategie gehören: Um im Wettbewerb einer sich rasch wandelnden globalen Ökonomie bestehen zu können, müssen alle Länder umfangreiche Investitionen in Ausbildung, Fortbildung und technischer Berufsbildung ihrer Bevölkerung tätigen.«

Ausgehend von dieser Prämisse, die auf die Situation in der Ersten Welt weitgehend zutrifft, für die neokolonialen Länder aber ideologisch ist, entwickeln die Technokraten von UNDP einen nebulös-liberalen Diskurs mit deutlich propagandistischen Zielen: »Das eigentliche Fundament der humanen Entwicklung ist der Universalismus in der Anerkennung der lebenswichtigen Grundbedürfnisse aller«, stipuliert das Papier und fährt mit eindeutigem Bezug auf die Relevanz der Erziehung für das Generationen-Verhältnis fort, daß die »Ethik des Universalismus natürlich Gleichheit innerhalb einer Generation sowie zwischen verschiedenen Generationen verlangt... Allerdings betrifft diese Gleichheit die Gelegenheiten (opportunities) und nicht unbedingt die tatsächlichen Erfolge. Jedes Individuum hat das Recht auf Chancengleichheit, um aus den eigenen potentiellen Fähigkeiten ein Optimum an Leistung zu schaffen. Das gilt für jede Generation. Die Form, in der diese Gelegenheiten effektiv genutzt werden und die

Ergebnisse, die erreicht werden, sind Sache ihrer eigenen Wahl. Aber jeder einzelne muß die Gelegenheit haben zu wählen, heute und in der Zukunft.«

Und weiter heißt es: »Der Universalismus steht für die Gleichheit der Chancen und nicht für die Gleichheit der Einkommen, obwohl in einer zivilisierten Gesellschaft jedem ein notwendiges Mindesteinkommen garantiert werden muß.« (39) Was die Funktionäre von UNDP verlangen, ist in Grundzügen in der Europäischen Union erreicht. Es gibt ein Mindesteinkommen und eine formale, juristische Chancengleichheit. Die Tatsache, daß diese formale Gleichheit für die große Mehrheit der Bevölkerung durch die Ungleichheit der materiellen Bedingungen aufgehoben wird, ist für die Bürger, die angesichts des ihnen gebotenen hohen Lebensstandards eine Form von Kultur prägen, die J. K. Galbraith *contented majority* nennt (40), sekundär geworden.

Während die von den Technokraten beschriebene »Ethik des Universalismus« in der Ersten Welt eindeutig demagogische Züge aufweist, wird sie in der Dritten Welt zur Absurdität: Welche formale und materielle Gleichheit kann ein afrobrasilianischer Analphabet gegenüber den Eigentümern des transnationalen brasilianischen Medienkonzerns O Rede Globo geltend machen, um seine Meinung vor der brasilianischen Nation bekanntzugeben? Welche Form der Chancengleichheit existiert für den mexikanischen Studenten der Kommunikation, der ein Fernsehmonopol wie jenes von Televisa errichten möchte?

Das Konzept der Chancengleichheit ist ein theoretisches Konzept des Liberalismus, der es negativ, im Sinne der Abwesenheit gesetzlicher Diskriminierung, definiert: *id est*, Abwesenheit formaler Diskriminierung, nicht materieller. Es ist bekannt, daß in Lateinamerika der Anspruch formaler Chancengleichheit für alle Bürger den Status eines frommen Wunsches nicht übersteigt; analysiert man die Kategorie jedoch in ihrer materiellen Dimension, so ist von vornherein klar, daß sie irreal ist.

Der ideologische Charakter des Begriffs ist *a priori* evident, weil eine Politik, die sich darauf beschränkt, die formale Gleichheit von Gelegenheiten zu gewährleisten, ausdrücklich auf die aktive Bekämpfung der realen Ungleichheit verzichtet. Es handelt sich um eine kaum simulierte Kapitulation vor der Barbarei des neoliberalen *status quo*, so wie er sich in der bizarren gesellschaftlichen Geografie des Kontinents vom Norden bis nach

Feuerland manifestiert: in den Vereinigten Staaten in der beschleunigten Abschaffung der »affirmative action«-Politik (von Unternehmen und Staat organisierte Hilfsprogramme zur Unterstützung von Minderheiten) und dem Sozialdarwinismus von Republikanern, Demokraten und Weißem Haus; in Chile in der Politik der Pinochet-Diktatur, in der besagtes Konzept zur zentralen ideologischen Stütze für das erste und einzige erfolgreiche neoliberale Experiment in Lateinamerika wurde. (41)

Die ideologische Funktion der globalen Intellektuellen hat Karl Mannheim im Rahmen seiner soziologischen Überlegungen zum Wesen der Propaganda als »die Bestimmung der Wirklichkeitsebene, auf der sich die Diskussionen und Handlungen vollziehen«, sehr treffend beschrieben. Mit Wirklichkeitsebene »ist gemeint, daß jede Gesellschaft ein geistiges Klima schafft, in dem bestimmte Tatsachen und ihre wechselseitigen Beziehungen als grundlegend verstanden werden und die Bewertung ›wirklich‹ verdienen, während andere ... Ideen als fantastisch, utopisch oder wenig realistisch qualifiziert werden«. In jeder Gesellschaft gibt es eine Interpretation der Wirklichkeit, die von der gesamten Gesellschaft »allgemein akzeptiert wird. In diesem Sinn etabliert jede Gesellschaft mittels Konventionen einen Grundbestand von Ideen, die respektiert werden, während alle anderen als ›teuflisch‹, ›subversiv‹ oder ›niederträchtig‹ dem Ostrazismus anheimfallen.« (42)

Die *think tanks* des globalen kapitalistischen Protostaates arbeiten eng mit den Elite-Universitäten der Ersten Welt, besonders denen der Vereinigten Staaten, zusammen, die ihrerseits auf das engste mit den transnationalen Konzernen kooperieren. Erinnern wir uns an die organische Kollaboration zwischen diesen Institutionen und dem US-militärisch-industriellen Komplex während des US-Aggressionskrieges in Indochina, als viele Wissenschaftler der renommiertesten Universitäten ihr Wissen in die Entwicklung neuer Massenvernichtungswaffen – biologische und chemische (Napalm), Sprengstoffe, Techniken psychologischer Kriegsführung usw. – investierten, die gegen die zivilen agrarischen Gesellschaften Indochinas eingesetzt wurden, welche ihren Versuch sozialreformerischer nationaler Befreiung mit 4,5 Millionen Menschenleben bezahlten. Heute arbeiten Elite-Universitäten wie das Massachusetts Institute of Technology in Boston oder die John Hopkins University in Baltimore bei der Entwicklung kybernetisch-virtueller Kriegstechnologien der Zukunft wieder eng mit dem Pentagon zusammen.

Aber der Einfluß und die Interessen des »big business« transzendieren bei weitem die Sphäre militärischer Kollaboration. Um das Jahr 2000 werden 70 Prozent der Arbeitsplätze in den Vereinigten Staaten keine höhere Schulbildung (college) mehr voraussetzen. Um wettbewerbsfähig zu bleiben, sagt die transnationale Mobil Corporation, müssen wir die Grundausbildung verbessern, insbesondere in Mathematik und Naturwissenschaften. Um sicherzustellen, daß die Beschäftigten von morgen besser vorbereitet sein werden, müssen sich die Unternehmer »mehr für die Verbesserung der Bildungsstandards interessieren und den Lehrern helfen, damit diese den Schülern helfen, diese Ziele zu erreichen«. (43) Die intime Verbindung zwischen den US-Universitäten und dem Großkapital – deren wesentliche Interessen weitgehend identisch sind – zeigt sich am Beispiel des Kuratoriums der Columbia University in New York, dessen Mitgliederliste sich wie ein Auszug aus dem *Who is Who? in Corporate America* liest. (44)

Die weltweiten Edukationsreformen, deren Zentrum die Privatisierung und Elitisierung der höheren Bildung ist, haben zum Ziel, dieses US-Modell großkapitalistisch instrumentalisierter universitärer Wissensproduktion zum dominierend-ausschließlichen zu machen, in einem weitaus größeren Maße, als der deutschnationale Max Weber dies in seiner 1917 fomulierten Warnung vor der Angleichung des deutschen Universitätslebens an das US-Paradigma *(Wissenschaft als Beruf)* vorausahnen konnte. Die Unterwerfung aller Lebenssektoren unter das Diktat des Großkapitals und die positivistisch-merkantile Messung jeder sozialen Beziehung mit dem Kosten-Nutzen-Kalkül konfrontiert das Erbe traditioneller humanistischer Bildung mit der Drohung totalitärer Machtergreifung und läutet den endgültigen Abschied der symbiotischen Beziehung zwischen Kultur und Universität ein. Damit wird die tendenzielle Einheit von Kultur, Universität und bürgerlicher Klasse, welche im Aufstieg des Bürgertums und seines Kampfes gegen den Feudalismus die harmonische Koexistenz von Wissen und Macht als mögliche suggerierte, de facto zum Mythos der Vergangenheit. Die politische Regression der Bourgeoisie von einer revolutionären zu einer reaktionär-plutokratischen Klasse, ihre Instrumentalisierung und Trivialisierung der Kultur zum Mittel ideologischer Kastration der Mehrheiten und die Transformation der Universitäten in Servicebetriebe, die technisches Profit- und politisches Herrschaftswissen produzieren, führen die Voltairesche Idee der Entwicklung der Weltgeschichte als Kampf des Menschen um Fortschritt und Bildung ad absurdum. Die Dialektik der Aufklärung findet ihr – vorläufig – eindimensionales Ende im Triumph der instrumentellen Vernunft.

3. Globalisierung und Bildung: die Wirklichkeit

Was eine »tiefgreifende Reform des Bildungssystems« im Sinne der Logik der Weltbank bedeutet, läßt sich genauer von den Imperativen des Kapitals ableiten als von den propagandistischen Diskursen der globalen Technokraten. In diesem Abschnitt werden wir kurz auf vier dieser Imperative eingehen.

Vor dieser Thematik ist jedoch ein kurzer methodischer Exkurs zur Repräsentativität der folgenden Erwägungen angebracht. Als Fallbeispiel dieser Studie werden lateinamerikanische Daten benutzt, doch geht ihre Repräsentativität über den Subkontinent weit hinaus. Die wichtigsten lateinamerikanischen Länder wie Argentinien, Brasilien und Mexiko gehören zu den sogenannten Schwellenländern (Newly Industrialized Countries, NIC), deren ökonomisch-gesellschaftliche Entwicklung – gemessen am Sozialprodukt – weiter vorangeschritten ist als die der ärmsten Entwicklungsländer (Least Developed Countries, LDC), in denen 1992 rund 64 Prozent der Weltbevölkerung mit einem Pro-Kopf-Einkommen von weniger als 670 US-Dollar (über-)lebten. Die sogenannten Transformationsländer, d.h. die ehemaligen sozialistischen Staaten Mittel- und Osteuropas, haben sich nach ihrer Befreiung durch Demokratie und Neoliberalismus in ihren gesellschaftlichen Strukturen und Parametern den Drittwelt-LDCs und NICs mimetisch angepaßt. Beispielsweise sanken die Reallöhne zwischen 1990 und 1993 in Bulgarien um 30,8%, in Polen – wo der »Markt« die Wiege demokratischer Erneuerung, die Solidarnosc-Werft, inzwischen wegen Bankrott geschlossen hat – um 28%, in Rußland um 35,7% und in der Ukraine um 54,2%; das Bruttosozialprodukt reduzierte sich im gleichen Zeitraum in Bulgarien um 25,9%, in Polen um 17,5%, in Rußland um 30,4% und in der Ukraine um 24,6%; und einmal mehr frißt die Revolution ihre (Arbeiter-)Kinder: In allen Transformationsländern ist das Arbeitslosengeld seit 1991 drastisch gekürzt worden, so daß nach ECE-Schätzungen »nur etwa 30-40% der Arbeitslosen Anspruch auf Arbeitslosengeld haben, das wiederum nur ungefähr ein Drittel des Durchschnittslohns beträgt« (Globale Trends 1996, Hrsg. v. I. Hauchler, Fischer 1995, S. 251). Aus der ähnlich gearteten sozio-ökonomischen Struktur, den pseudo-demokratischen politischen Systemen mit endemischer Korruption und Repression, der neokolonialen Abhängigkeit vom kapitalistischen Weltstaat und der tripolaren Weltherrschaftsstruktur, kurz, der essentiellen Ähnlichkeit von *status quo* und Zukunftsperspektiven der lateinamerikanischen Staaten, der LDC und der mittel- und osteuropäischen Staaten läßt sich folgern, daß die in diesem Kapitel formulierten Schlußfolgerungen im wesentlichen repräsentativ sein werden für die genannten nicht-lateinamerikanischen Regionen.

Zurück zu den globalen Systemimperativen. In der globalen Ökonomie des 21. Jahrhunderts stellen humane komparative Vorteile (man-made comparative advantage) die prinzipielle Waffe des Wettbewerbs dar, während traditionelle komparative Vorteile – wie historisch akkumulierte Ressourcen (z.B. der akkumulierte Kapitalstock) oder Rohstoffe – relativ an Signifikanz verlieren. Durch die wachsende Bedeutung der wissenschaftlich-professionellen Qualität der Arbeitskraft steigt weltweit, *in abstracto,* die Bedeutung der formalen Bildungssysteme.

Eine zweite strukturelle Tendenz des Kapitalismus hat einen entgegengesetzten Effekt zu ersterer. Aus verschiedenen Gründen – die wir in anderen Arbeiten analysiert haben – charakterisiert sich der heutige Kapitalismus durch eine beschleunigte und allgemeine Vermehrung einer extrem hohen Arbeitslosigkeit und Unterbeschäftigung, die zwischen 7 und 25 Prozent in der Ersten Welt liegt und in Lateinamerika 30 bis 75 Prozent der arbeitsfähigen Bevölkerung erfaßt. Die aktuelle Beschäftigungssituation steht in »radikalem Gegensatz zu der Periode von 1950-1973«, wie die Internationale Arbeitsorganisation besorgt feststellt, »als in den Industrieländern Vollbeschäftigung erreicht wurde und die Mehrzahl der Entwicklungsländer in strukturierten Bereichen ein konstantes Wachstum von Produktion und Beschäftigung aufweisen konnte«. (1)

Aus der Sicht des Kapitals ist diese prekäre Bevölkerung ein überflüssiger, wirtschaftlich lebensunfähiger Teil der Nationen, dessen Bildung den Eliten der globalen Gesellschaft keine Gewinne einbringt, sondern lediglich Kosten verursacht; folglich vermindert sich die Bedeutung der *allgemeinen,* formalen Bildungssysteme.

Der dritte Imperativ resultiert aus der Ausdehnung der Preisnivellierungstendenz der Produktionsfaktoren auf den Faktor »Lohn«: dem Angleichen der Faktorpreise folgt ein Angleichen der Löhne auf globaler Ebene, was bedeutet, daß die Lohndifferenzen zunehmend die nationalen Produktivitätsdifferenzen widerspiegeln. Infolgedessen kann ein Arbeiter in der globalen Ökonomie nur zwei Dinge anbieten: eine breit angelegte formale Bildung, eingeschlossen natürlich die berufliche, oder die Bereitschaft, für Mindestlöhne zu arbeiten. »Da sich die Produkte überall herstellen lassen, müssen die unterdurchschnittlich ausgebildeten Arbeiter, die in den reichen Gesellschaften leben, für Löhne arbeiten, die den unterdurchschnittlich ausgebildeten Arbeitern in den armen Ländern gezahlt werden. Wenn sie nicht bereit sind, für diese Löhne zu arbeiten, werden diese Arbeitsplätze schlichtweg in die armen Länder verlagert.« (2)

Ein Beispiel für diesen Imperativ ergibt sich aus einer vergleichenden Analyse der Produktivität in der Automobilindustrie. Eine kürzlich veröffentlichte Studie der britischen Wirtschaftszeitung The Economist kommt zu dem Schluß, daß die deutsche Volkswagen AG je Mitarbeiter und Jahr durchschnittlich 23,6 Autos herzustellen vermag, verglichen mit einem Herstellungsbetrieb der Ford Corporation in Michigan, der im Jahr 58,8 Wagen des Modells »Escort« produziert, während eine Fabrik von Toyota sogar 133,6 Einheiten pro Jahr erreicht. (3) Der Aufwand-Ertragsvergleich der Konkurrenten von Toyota könnte so zu deren Verdrängung vom Markt führen, wenn es ihnen nicht gelingt, ihr Produktivitätsniveau an letztere anzunähern.

Ein weiteres der unzähligen Beispiele läßt sich aus dem Computerbereich anführen. So haben etwa US-Unternehmen begonnen, ihre Software-Entwicklungsabteilungen in Drittweltländer zu verlegen. Die Löhne von Programmierern liegen in den Vereinigten Staaten bei monatlich 4.000 bis 6.000 Dollar, während in Indien Programmierern der gleichen Qualität zwischen 1.200 und 1.500 Dollar gezahlt werden. Eine der Folgen dieser internationalen Produktionsauslagerung ist, daß die Zahl der indischen Programmierer von einigen tausend in den achtziger Jahren auf derzeit um die 75.000 angestiegen ist. (4)

Allerdings besteht eines der Probleme im Rahmen dieser Entwicklung darin, daß etwa die Zahl der nach Lateinamerika verlegten einfachen Arbeitsprozesse nicht ausreicht, um die Arbeitslosenproblematik quantitativ signifikant zu reduzieren, und daß – da die meisten Arbeitsplätze in Niedriglohnsektoren entstehen (5) – 10 bis 20 Prozent der erwerbsfähigen Bevölkerung der Ersten Welt und ungefähr 50 Prozent der Dritten Welt von der *fun society* des 21. Jahrhunderts marginalisiert bleiben werden.

Die Auswirkung dieses Imperativs auf die Bildungssysteme derjenigen Länder der Dritten Welt, die den industriellen take-off nicht geschafft haben und auch nicht kurz davor stehen, liegt darin, daß es nur einer Minderheit von Erwerbsfähigen mit elementaren Qualifikationen bedarf, d.h. Kenntnissen, die im wesentlichen in den ersten vier Jahren der Grundschulausbildung vermittelt werden. Das Gros dieser Proletarier bilden diejenigen, die in den Montagefabriken der Leichtindustrie zu gesetzlichen Hungerlöhnen von 2,28 Dollar pro Tag arbeiten, wie etwa in Indonesien.

Der zuletzt genannte Imperativ ist im wesentlichen das Ergebnis der sich durch technologische Fortschritte transformierenden Produktionsstruktur und der daraus resultierenden Veränderungen der weltweiten Produktionsverhältnisse. Wir entwickeln uns in Richtung auf eine Welt, in der »ein sehr kleiner Prozentsatz der Arbeiter in der Industrie beschäftigt ist; ein Teil der Bevölkerung in Wissensbereichen arbeitet und der Rest in Dienstleistungen«, sagt der Ökonom J. A. Eisenach. (6)

Die wichtigsten Auswirkungen der genannten Systemimperative auf den Beschäftigungsbereich sind die Reduzierung der Löhne und eine Transformation in der Zusammensetzung der Klassen. Eine Studie im Auftrag des Technologiebeirats des US-Kongresses (Congressional Office of Technology Assessment) bemerkte 1986, daß zwischen 1979 und 1984 etwa 11,5 Millionen Arbeiter ihre Anstellung verloren haben oder in eine geringerbezahlte Arbeit im Dienstleistungsbereich wechseln mußten. »Ungefähr die Hälfte aller Arbeiter, die zwischen 1979 und 1984 ihren Arbeitsplatz aufgeben mußten, waren im industriellen Herstellungsbereich, wie in der Stahlherstellung, im Fahrzeugbau, in der Industrieausstattung oder in der Stoff- und Bekleidungsfabrikation, beschäftigt. [Fast 45 Prozent] haben Lohneinbußen hinnehmen müssen, und 66 Prozent von ihnen verdienten weniger als 80 Prozent ihres vorhergehenden Verdienstes.« 95 Prozent der in dieser Zeit neu geschaffenen Arbeitsplätze waren niedrigbezahlte Dienstleistungen. (7)

Die Tendenz der Verlagerung von qualifizierten Arbeiten im Herstellungs- und Schwerindustriebereich hin zu schlechtbezahlten Tätigkeiten im Dienstleistungsbereich bedeutet für die Erste Welt, daß der gegenwärtige kapitalistisch determinierte wissenschaftlich-technologische Fortschritt die soziale Mobilität der einkommenschwächsten Arbeiter nicht in Richtung besserverdienender Beschäftigter erhöht, sondern, im Gegenteil, eine größere Verarmung der Arbeitermittelschicht und ein Anwachsen der verarmten Arbeiterklasse verursachen wird. Die erhöhte Produktivität drückt sich nicht in höheren Einkommen der Mehrheit der Arbeiter aus, sondern in Stagnation oder sinkenden Reallöhnen.

Für die lateinamerikanischen Ökonomien kann der angesprochene Prozeß einerseits eine Demontage sozialer Errungenschaften der privilegierteren Arbeiterschichten im Bereich der »formellen« Ökonomie bedeuten sowie andererseits die Entstehung von Beschäftigungsinseln im Sektor der »maquiladoras« (Montagefabriken der Leichtindustriegütern) oder der Wissensinseln wie im oben erwähnten Fall der Software-Ingenieure. Allerdings werden die Auswirkungen dieser Entwicklung auf die Bildungsnachfrage in Lateinamerika nicht breitenwirksam sein, sondern eher punktuell; das heißt, sie werden die notwendigen Edukationsprofile im Bildungsbereich dieser Länder nicht wesentlich verändern, und schon gar nicht in Richtung auf ein demokratischeres und humanistischeres System.

Wir können nun eine methodische Verbindung zwischen den vier genannten empirischen Tendenzen der Globalisierung des Kapitals und unserem Erkenntnisobjekt – der zukünftigen Bildungsstruktur Lateinamerikas – herstellen. Aus der Logik des Systems und der historischen Evidenz läßt sich die Hypothese ableiten, daß die weltweite Produktions- und Interessenstruktur des Kapitals die globale Beschäftigungsstruktur determiniert, welche die Struktur des globalen Bildungssystems bestimmt, von dem wiederum die nationalen Bildungssysteme abhängige Funktionen oder Subsysteme darstellen.

Es existiert ein enger Zusammenhang zwischen den drei Schlüsselvariablen dieses Prozesses: der Logik der Kapitalinteressen, der Beschäftigungsstruktur und den globalen und nationalen Bildungsstrukturen. Der methodologische Status der einzelnen Variablen ist ebenfalls eindeutig: Beschäftigung und Bildung sind abhängige Variablen, determiniert von der der Kapitalinteressen.

Wenn wir die globalen Strukturtendenzen von Produktion und kapitalistischer Wertrealisierung (»Warenkommerzialisierung«) sowie die sich daraus ergebenden Qualitätsanforderungen der TNK an die lateinamerikanischen Arbeitskräfte mit den existierenden Beschäftigungsstrukturen des Subkontinentes in Beziehung setzen, dann läßt sich das zukünftige lateinamerikanische Bildungssystem hypothetisch-deduktiv erschließen. Doch ist für diese Schlußfolgerung notwendig, zunächst die entsprechenden offiziellen Beschäftigungs- und Arbeitslosen-Statistiken zu diskutieren.

Die Ermittlung der Arbeitslosenzahlen in Lateinamerika richtet sich nach den methodologischen Parametern der Internationalen Arbeitsorganisation (ILO) in Genf; genauer gesagt, nach der »Resolution über Statistiken der wirtschaftlich aktiven Bevölkerung, der Beschäftigung, der Arbeitslosigkeit und der Unterbeschäftigung«, verabschiedet von der dreizehnten Internationalen Konferenz über Arbeitsstatistiken (Genf, 1982).

Nach dieser Definition sind »›Personen mit Beschäftigung‹ all jene Personen, die ein bestimmtes Alter erreicht haben und während einer kurzen Bezugsperiode, etwa einen Tag oder eine Woche, einer der folgenden Kategorien zugeordnet werden konnten: a) Mit ›entlohnter Beschäftigung‹: a1) ›arbeitend‹: Personen, die während der Referenzperiode irgendeine Arbeit gegen Lohn oder Gehalt in Geld- oder Sachform ausgeführt haben; a2) ›mit Beschäftigung, aber nicht arbeitend‹...; b) Mit ›unabhängiger Beschäftigung‹: b1) ›arbeitend‹: Personen, die während der Bezugsperiode irgendeine Arbeit, gegen Entgelt oder Naturalien, zum Wohl und Nutzen ihrer Familie ausgeführt haben; b2) ›in einem Unternehmen, aber nicht arbeitend‹... 2) Aus praktischen Gründen soll der Begriff ›irgendeine Arbeit‹ als zumindest eine Arbeitsstunde ausgelegt werden.« (8)

Die Definition von Arbeitslosigkeit findet sich in derselben Resolution als: 1) »›Arbeitslose Personen‹ sind diejenigen, die ein bestimmtes Alter erreicht haben und während der Bezugsperiode: a) ›ohne Beschäftigung‹ sind, das heißt, ohne entlohnte oder unabhängige Beschäftigung, wie in Paragraph 9 definiert; b) ›ständig verfügbar‹...; c) ›auf der Suche nach Beschäftigung‹...« (9) Diese Standarddefinition ist – mit nationalen Variationen in Hinsicht auf Altersbegrenzungen, Referenzperioden usw. – international gebräuchlich.

Wir wollen den Gebrauch dieser Definition und einiger anderer Konzepte der ILO beispielhaft für den Fall Mexiko betrachten. Als wirtschaftlich aktive Bevölkerung (Población Económicamente Activa, PEA) gelten laut dem mexikanischen Nationalen Institut für Statistik, Geographie und Informatik (Instituto Nacional de Estadística, Geografía e Informática, INEGI) »alle Personen im Alter von zwölf oder mehr Jahren, die irgendeine wirtschaftliche Betätigung ausüben (Erwerbstätige) oder dies in den der Bezugswoche vorangehenden zwei Monaten aktiv versucht haben (Arbeitssuchende oder offen arbeitslose Bevölkerung).«

Die erwerbstätige Bevölkerung (población ocupada, PO) sind alle Personen im Alter von zwölf oder mehr Jahren, die in der Referenzwoche: »a) mindestens eine Stunde oder einen Tag gegen ein monetäres Einkommen, Naturalien oder ohne Bezahlung gearbeitet haben; b) nicht gearbeitet haben, weil sie zeitweise ihrer Beschäftigung fernblieben ... und später mit Sicherheit an ihren Arbeitsplatz zurückkehren; c) mit Sicherheit innerhalb der nächsten vier Wochen eine Arbeit beginnen.«

Die von offener Arbeitslosigkeit betroffene Bevölkerung (Población Desocupada Abierta, PDA) schließlich umfaßt die über 12-jährigen Personen, die in der Referenzwoche: »a) nicht arbeiteten; b) für eine wirtschaftliche Tätigkeit verfügbar waren; c) in den der Bezugswoche vorangehenden Wochen versucht haben, einer wirtschaftlichen Betätigung nachzugehen, und einen diesbezüglichen Antrag gestellt haben, der aber erfolglos geblieben ist.« (10)

Die Rate der offenen Beschäftigungslosigkeit ist danach der Teil der wirtschaftlich aktiven Bevölkerung (PEA) – diejenigen im Alter von 12 Jahren oder älter –, die in der Bezugswoche der Befragung nicht – nicht einmal eine Stunde – gearbeitet haben, obwohl sie förmlich auf der Suche nach entlohnter Arbeit waren bzw. eine eigene wirtschaftliche Aktivität auszuüben suchten.

Zur offenen Arbeitslosenquote, die im wesentlichen mittels vier verschiedener statistischer Methoden berechnet wird (11), gibt es sehr unterschiedliche Angaben, wie die folgenden Beispiele zeigen. Nach einer Veröffentlichung des INEGI vom Mai 1995 lag die Arbeitslosenquote bei 6,6 Prozent der wirtschaftlich aktiven Bevölkerung (PEA), was einer Anzahl von 2,31 Millionen Personen entsprach. (12) Vom Ministerium für Arbeit und Sozialforschung ermittelte Daten weisen eine Zahl von sechs Millionen Arbeitslosen aus (13) – und der Gewerkschaftsdachverband CTM geht von 14,4 Millionen Arbeitslosen aus. (14) Schließlich prognostizierte das US-

Unternehmen WEFA, daß die offene Arbeitslosigkeit Ende des Jahres eine Rate von 10,9 Prozent erreichen würde. (15)

Wenn man die Zahlen des Ministeriums für Arbeit und Sozialforschung über eine offene Arbeitslosigkeit von 6 Millionen Personen akzeptiert, dann ergibt sich eine Arbeitslosenquote von ungefähr 18 Prozent der Erwerbstätigen. Die Schätzungen über die Zahl der in prekären Arbeitsverhältnissen Beschäftigten – der Sektor, der euphemistisch »informell« genannt wird – liegen bei 40 bis 60 Prozent.

In Argentinien erreichte die Rate der offenen Arbeitslosigkeit im Mai 1995 die Rekordhöhe von 18,6 Prozent, wobei sie im Industriegürtel um die Hauptstadt Buenos Aires sogar die 20-Prozent-Marke übertraf, wie selbst der für Wirtschaftsplanung zuständige Minister, Juan Llach, zugeben mußte. Der Gewerkschaftsdachverband CGT (Confederación General del Trabajo) schätzt seinerseits, daß das Unterbeschäftigungsniveau bei etwa 12 bis 15 Prozent liegt, was insgesamt einen Anteil von 30 bis 34 Prozent prekärer Beschäftigungsverhältnisse ergibt, der regional in Provinzen wie Tucumán, Santa Fe und Chaco mit 40 bis 45 Prozent sogar noch übertroffen wird. (16)

Nach Angaben der venezolanischen Gewerkschaftszentrale CTV liegt die Arbeitslosigkeit in Venezuela bei circa 20 Prozent, während rund 50 Prozent der Beschäftigten im »informellen« Sektor tätig sind (La Jornada, 11.8.1996). Für Bolivien wird die Zahl der im »informellen Sektor« Tätigen auf 60 bis 65 Prozent der wirtschaftlich aktiven Bevölkerung kalkuliert, während nach OECD-Quellen der Anteil der Beschäftigung in diesem Sektor in Prozent der Gesamtbeschäftigung außerhalb der Landwirtschaft für Argentinien im Jahre 1992 auf 33,7% geschätzt wurde; für Brasilien auf 30,3%, für Chile auf 30,5% und für Mexiko auf 36%. Das Interessante an diesen Zahlen ist, daß sie gegenüber 1980, mit Ausnahme Chiles, signifikante Steigerungen verzeichnen (Globale Trends 1996, op.cit., S. 246 ff.).

Auf Grundlage der oben beschriebenen Methodologie hat die ILO folgende Arbeitslosenraten für verschiedene lateinamerikanische Länder ermittelt: Argentinien: 6,9%, Mexiko: 2,6%, Uruguay: 9,3%, Venezuela: 8% (jeweils 1990); Bolivien: 6,8%, Brasilien: 5,9%, Chile: 5,3%, Nicaragua: 14% (jeweils 1992). (17)

Man braucht keine vergleichende Analyse mit den Arbeitslosenraten der am weitesten entwickelten Volkswirtschaften des Planeten (Japan, Vereinigte Staaten, Europäische Union) und denjenigen der OECD (im Jahresdurchschnitt 1995: 10%) anzustellen, um zu erkennen, daß bei der Ermittlung dieser Zahlen der Bereich seriöser wissenschaftlicher Arbeitsweise in Richtung pseudowissenschaftlicher Fiktion verlassen wurde.

Einige Ursachen derartiger *ars poetica* sind offensichtlich. Die von den nationalen Regierungen veröffentlichten Raten offener Arbeitslosigkeit beziehen sich oftmals auf urbane Zentren, unter Vernachlässigung der ländlichen Bevölkerung. Aber es gibt noch eine weitere Einschränkung: Im allgemeinen werden nicht einmal 100 Prozent der städtischen Bevölkerung berücksichtigt, was die Gesamtanalyse in einigen Ländern auf circa 50 Prozent der Gesamtbevölkerung reduziert. (18)

Zweitens läßt sich beobachten, daß die Armutsraten – die direkt von der Beschäftigung abhängen – in ländlichen Gegenden wesentlich höher sind als in den Städten. Laut Datenerhebungen der ILO ergeben sich in zwölf lateinamerikanischen Ländern für die Zeit von 1981 bis 1990 folgende Anteile an städtischen bzw. ländlichen Armen: 15 bzw. 25% in Argentinien, 38 bzw. 66% in Brasilien, 23 bzw. 43% in Mexiko und 10 bzw. 23% in Uruguay; dies entspricht Unterschieden im Verhältnis Stadt-Land von 30 bis 130 Prozent. (19)

Der dritte und möglicherweise wichtigste Grund liegt in der konzeptuellen Basis der Datenerhebung, deren Definitionen wir bereits dargestellt haben. Personen, die im Bezugszeitraum (ein Tag oder eine Woche) eine Stunde oder einen Tag für Geld oder Naturalien oder ganz ohne Gegenleistung gearbeitet haben, als beschäftigte Personen zu bezeichnen, ist offensichtlich absurd.

Der Bezugsrahmen der Kategorie »Beschäftigung« wird von der ILO – von der die angewandte Definition für die offene Arbeitslosenrate stammt – so weit ausgelegt, daß ihr Anwendungsbereich von Gehaltseinkommen in Höhe mehrerer Tausend Dollar bis hin zur unbezahlten Arbeit (sic) reicht. Infolgedessen verliert die Kategorie ihre analytische Qualität und, anstatt Realitäten zu verdeutlichen, trägt sie zu deren Verschleierung bei.

Die Bedeutung, einer Beschäftigung, Erwerbstätigkeit oder einem Beruf nachzugehen, liegt eindeutig in der Reproduktion der Arbeitskraft in einem umfassenden Sinn, der die Familie, die Bildung, ein menschenwürdiges Auskommen, Sozialversicherung und anderes miteinschließt. Das Problem des neoliberalen Kapitalismus liegt darin, daß er diese Form der

Reproduktion nur einer privilegierten Minderheit von 10 bis 20 Prozent der lateinamerikanischen Bevölkerung bieten kann.

Die überwiegende Mehrheit der erwerbsfähigen Bevölkerung arbeitet nicht, weil sie einen unwiderstehlichen Drang nach formeller Beschäftigung verspüren würde, sondern weil diese eine Reproduktionsnotwendigkeit darstellt. Daß diese Reproduktion in der Realität eine derart atrophierte Form von Reproduktion ist, das ist der eigentliche Skandal des ökonomisch-politischen Systems, das über das Schicksal von 500 Millionen Bewohnern des Subkontinents entscheidet.

Neben der offenen Arbeitslosigkeit spielt die Unterbeschäftigung vieler Arbeiter eine wichtige Rolle bei der Erklärung der so weit verbreiteten Armut in Lateinamerika, was John Wells, einen Experten der ILO, zu der Aussage veranlaßte, der bestimmende Grund für das Versagen bei der Bekämpfung von Armut und extremer Einkommensungleichheit sei »die Fortdauer der hohen Unterbeschäftigungsraten in der Region«. (20)

In einer brillanten Arbeit, die 1987 veröffentlicht wurde, führt Wells die Persistenz der Unterbeschäftigung auf drei Ursachen zurück. Die erste bestehe in der »weit verbreiteten Übernahme – in der Industrie, in diversen landwirtschaftlichen Bereichen, aber auch im ›modernen‹ Dienstleistungssektor – von kapitalintensiven Produktionstechniken, die bei hoher Produktivität kaum Arbeitskraft benötigen«. Das führt dazu, daß der »moderne« Sektor »im Vergleich zum Umfang des Arbeitspotentials« einen überproportionalen Teil der Investitionsressourcen der Region absorbiert, und so »ein relativ kleiner Teil des verfügbaren Sozialkapitals bleibt, um die übrigen Arbeitsplätze zu erhalten«.

Eine weitere Erklärung ist die »außerordentlich hohe Wachstumsrate der Arbeitsbevölkerung, begünstigt durch hohe Geburtenraten, sinkende Sterberaten und, im Fall der städtischen Arbeitsbevölkerung, durch eine vermehrte Stadt-Land-Migration«. (21)

Die Beschäftigungsstruktur der lateinamerikanischen Bevölkerung eingeteilt nach Sektoren vermittelt einen quantitativen Eindruck von der Dimension des Problems. (Siehe nachfolgende Tabelle.)

Lateinamerika: Beschäftigungsstruktur 1980

Länder	Pro-Kopf-Einkommen 1980 (in US-$ von 1970*)	Beschäftigungsstruktur (in %)		
		Landwirtschaft	Industrie	Dienstleistung
Mexiko	1366	35,6	27,6	36,8
Argentinien	1334	13,1	33,6	53,2
Venezuela	1310	14,4	28,3	56,1
Panama	1174	31,5	18,1	50,6
Chile	1045	16,3	25,1	58,8
Costa Rica	974	28,7	24,9	46,5
Brasilien	887	30,4	27,1	42,6
Ecuador	723	34,8	20,3	44,8
Peru	690	39,6	18,1	42,5
Paraguay	642	45,0	19,2	35,9
Guatemala	589	56,2	17,0	26,8

* Zugrundegelegt wurde die Währungsparität von CEPAL.
Quelle: CEPAL 1984; für Mexiko und Venezuela: Berichte der Weltbank.

Der dritte Grund, den Wells anführt, besteht in der äußerst ungleichen Verteilung des Vermögens. Wie bekannt, ist Lateinamerika der (Sub-) Kontinent mit der weltweit extremsten Ungleichheit von Vermögen und Einkommen; wie erwähnt, haben sich die Disparitäten zwischen reich und arm während des vergangenen »verlorenen Jahrzehnts« sogar noch vergrößert.

Die Interaktionen zwischen den genannten drei Variablen, gemeinsam mit dem vorherrschenden Konsumprofil – das von der Höhe der Pro-Kopf-Einkommen und den Notwendigkeiten der Realisierung von Gewinnen seitens der transnationalen Unternehmen bestimmt wird – erklären, warum der größte Teil der bestehenden Nachfrage nach Lebensmitteln, Industriegütern und modernen Dienstleistungen »mit einem relativ geringen Teil der gesamten Arbeitskraft der Region« befriedigt werden kann.

Als Konsequenz kann sich nur ein geringer Teil der Arbeitsbevölkerung in »einigermaßen gut entlohnten, angemessen kapitalisierten und sozial produktiven« Beschäftigungsformen einbringen. Der Rest des Arbeitspotentials – ein viel größerer Teil als der sich angemessen reproduzierende – »übersteigt die [Arbeits-] Nachfrage, und angesichts des Nichtvorhandenseins eines staatlich garantierten Mindesteinkommens liegt sein einziges

Recht auf den wirtschaftlichen Überschuß in der Fähigkeit zu arbeiten; dies allerdings bei einem chronischen Überangebot [an Arbeitskraft] in verschiedenen schlecht bezahlten und kaum kapitalisierten Tätigkeiten«.

Natürlich wäre diese Bevölkerung nicht größer als die Nachfrage, wenn »ernsthafte Versuche unternommen würden, bei der Versorgung mit Gütern und grundlegenden Dienstleistungen für die gesamte Bevölkerung ein zivilisiertes Niveau zu gewährleisten...; angesichts der gegebenen Technologie und den zu erwägenden angemessenen Zielvorgaben hinsichtlich des Konsums muß die Region ... noch einen langen Weg zurücklegen, bevor es gerechtfertigt ist zu sagen, das Arbeitspotential überschreite tatsächlich die Nachfrage«. Das heißt, das Problem der ökonomischen Surplus-Bevölkerung ist ein ökonomisch-politisches Problem.

Das Recht dieser Bevölkerung – die wir als prekär oder überflüssig oder wirtschaftlich nicht überlebensfähig bezeichnen –, am wirtschaftlichen Mehrprodukt teil zu haben, ist im wesentlichen zweitrangig: Sie hat teil an einer bestimmten Form der Einkommensumverteilung des Privatsektors, die »von den oberen 20 Prozent« ausgeht und größtenteils von den »sozialen Gepflogenheiten der Mittel- und Oberschichten« abhängt, die zwischen 50 und 60 Prozent aller Güter und »modernen« Dienstleistungen konsumieren. (22)

Die empirische Evidenz der Unterbeschäftigungsstrukturen der Region, wie sie von Wells für den Zeitraum von 1950 bis 1980 erfaßt wurden, zeigt folgendes Profil. (Vergleiche Tabelle)

Die Essenz der Informationen der Tabelle liegt, laut Wells, in folgendem: In den rasch wachsenden Volkswirtschaften (Gruppe A) scheint eine bemerkenswerte Reduzierung der Unterbeschäftigung stattgefunden zu haben; jedoch »erfuhr die absolute Zahl derer, die als arbeitslos gelten, einen beträchtlichen Anstieg« während des Betrachtungszeitraums. In den Ländern der Gruppe B hat sich die Unterbeschäftigungsrate kaum verändert, und in denjenigen Ländern, die zur Gruppe C gehören, hat die Unterbeschäftigung zugenommen.

In bezug auf die zukünftigen empirischen Tendenzen der Unterbeschäftigung schrieb der Professor der Universität von Cambridge 1987, daß die seit 1982 erlebte schwere Rezession in den Ökonomien der Gruppe A »die vorhergehenden Fortschritte bei der Reduzierung der Unterbeschäftigung vermindert oder sogar ganz zunichte gemacht hat«. Was die Länder der

Lateinamerika: Anteil und Art der Arbeitslosigkeit 1950-80

Gruppe A

		Anteil der Arbeitslosigkeit 1950	1970	1980
Mexiko	Total	56,9	43,1	40,4
	Agrar	44,0	24,9	18,4
	Nicht-Agrar	12,9	18,2	22,0
Panama	Total	58,8	47,5	36,8
	Agrar	47,0	31,7	22,0
	Nicht-Agrar	11,8	15,8	14,8
Costa Rica	Total	32,7	31,5	25,1
	Agrar	20,4	18,6	9,8
	Nicht-Agrar	12,3	12,9	15,3
Venezuela	Total	38,9	42,3	31,1
	Agrar	22,5	19,9	12,6
	Nicht-Agrar	16,4	22,4	18,5
Brasilien	Total	48,3	48,3	35,4
	Agrar	37,6	33,4	18,9
	Nicht-Agrar	10,7	14,9	16,5
Kolumbien	Total	48,3	40,0	41,0
	Agrar	33,0	22,3	18,7
	Nicht-Agrar	15,3	17,7	22,3

Gruppe B

		Anteil der Arbeitslosigkeit 1950	1970	1980
Guatemala	Total	62,7	59,0	56,7
	Agrar	48,7	43,0	37,8
	Nicht-Agrar	14,0	16,0	18,9
Ekuador	Total	50,7	64,9	62,0
	Agrar	39,0	41,2	33,4
	Nicht-Agrar	11,7	23,7	28,6
Peru	Total	56,3	58,4	51,6
	Agrar	39,4	37,7	31,8
	Nicht-Agrar	16,9	20,7	19,8
Bolivien	Total	68,7	73,1	74,1
	Agrar	53,7	53,5	50,9
	Nicht-Agrar	15,0	19,6	23,2
El Salvador	Total	48,7	44,6	49,0
	Agrar	35,0	28,0	30,1
	Nicht-Agrar	13,7	16,9	18,9

Gruppe C

		Anteil der Arbeitslosigkeit 1950	1970	1980
Argentinien	Total	22,8	22,3	28,2
	Agrar	7,6	6,7	6,8
	Nicht-Agrar	15,2	15,6	21,4
Chile	Total	31,0	26,0	29,1
	Agrar	8,9	9,3	7,4
	Nicht-Agrar	22,1	16,7	21,7
Uruguay	Total	19,3	23,7	27,0
	Agrar	4,8	6,9	8,0
	Nicht-Agrar	14,5	16,8	19,0
Lateinamerika (14 Länder)	Total	46,1	43,8	38,3
	Agrar	32,5	26,9	18,9
	Nicht-Agrar	13,6	16,9	19,4

Gruppen B und C angeht, hat die Rezession »dazu geführt, daß wahrscheinlich jeglicher Fortschritt zwischen 1950 und 1986 im Endeffekt in einen realen Anstieg der Unterbeschäftigung umgewandelt wurde.«

Über die Aussichten, das Problem der Unterbeschäftigung zu überwinden, schrieb der Experte: »Wenn wir unseren Blick in die Zukunft richten, müssen wir sagen, daß die Beschäftigungsaussichten in der Region und daher auch die Möglichkeiten jeder weiteren Reduktion der Unterbeschäftigung in weiter Ferne liegen. Zumindest kurz- und mittelfristig läßt sich in der internationalen wirtschaftlichen Entwicklung kein Anzeichen für ein wirtschaftliches Wachstum der Region erkennen, wie es etwa in den Jahrzehnten vor 1980 der Fall war. Daher ist es unwahrscheinlich, daß selbst die wirtschaftlich erfolgreichen Sparten der Region ihre Leistungen aus der Zeit zwischen 1950 und 1980 wiederholen können, was bedeutet, daß sich auch der damalige Erfolg in der Reduzierung der Unterbeschäftigung nicht fortschreiben läßt.« (23)

Wenn wir die Zahlen der offenen Arbeitslosigkeit in Lateinamerika, wie sie von der ILO für 1990 bzw. 1992 (im Durchschnitt 8,11%) erstellt wurden, durch die Zahlen der Unterbeschäftigung von 1980 (im Durchschnitt 38,3%) ergänzen, dann ergibt sich ein durchschnittlicher Anteil von 46,4% prekärer Bevölkerung an der Gesamtbevölkerung Lateinamerikas.

Allerdings ist zu berücksichtigen, daß die Verheerungen, die der reaktionäre Staatskapitalismus seit der Veröffentlichung von Wells Studie unter der arbeitenden Bevölkerung angerichtet hat, die Unterbeschäftigungsraten heute offensichtlich weit höher getrieben hat als in der Zeit zwischen 1950 und 1980. Daher sollen im folgenden die heuristischen Konzepte erklärt werden, mit deren Hilfe wir versuchen wollen, uns an diese aktuellen Werte anzunähern.

In der Studie der PREALC, die Wells verwendete, umfaßt die Unterbeschäftigung die Summe aller unabhängigen Arbeiter (abzüglich der Professionellen), nicht bezahlte Familienmitglieder und Hausangestellte. (24)

Im Bericht der ILO über *Beschäftigung in der Welt 1995* wird unterschieden zwischen einem strukturierten und einem nicht-strukturierten Sektor, wobei sich letzterer eindeutig auf den Bereich, der im allgemeinen Diskurs »informeller Sektor« genannt wird, bezieht. Es findet sich keine Definition dieser Kategorien, sondern lediglich eine Aufzählung der enthaltenen Betätigungen. In ländlichen Gegenden werden das traditionelle Kunsthandwerk und die Herstellung »sehr einfacher Produkte, wie wichtige Möbel und landwirtschaftliches Gerät für Konsumenten mit geringen Einkommen« genannt. »In urbanen Zonen ist die Auswahl größer und geht von den bekannten Schuhputzern und Zigarrettenverkäufern bis hin zu innovativen Metallwerkstätten mit Arbeitsverträgen und Lehrlingen, Aufträgen aus dem strukturierten Sektor und der Entwicklung eigener Produkte.«

Der nicht-strukturierte Sektor besteht laut ILO in der Regel aus »einigen Tätigkeiten, die das unmittelbare Überleben sichern, und anderen von geringerer Tragweite, die die Möglichkeit von Erweiterung und technischer Verbesserung bieten.« Schließlich wird der Sektor unterteilt in einen »parasitären« und einen modernisierenden oder dynamischen Bereich. (25)

Es erscheint sinnvoll, nun die Kategorien »erwerbstätige Bevölkerung« und »prekäre Beschäftigung« in die Analyse der zukünftigen Beschäftigungspyramide einzuführen. Während das Konzept der erwerbstätigen Bevölkerung den Vorteil hat, daß alle beschäftigten Personen unabhängig von ihrer sektoralen Zugehörigkeit (formeller oder informeller Sektor) und ihrem wirtschaftlichen Status (angestellt oder selbständig) erfaßt werden, vermeidet die Kategorie prekäre Beschäftigung die Unzulänglichkeiten von Begriffen wie: informeller Sektor, verdeckte Ökonomie und Unterbeschäftigung, die in den siebziger Jahren im Zusammenhang mit dem Entwicklungsparadigma des *desarrollismo* aufgekommen sind.

In einer hervorragenden Arbeit zu diesem Thema bestimmen Fernando Talavera und Martín Rodríguez die quantitative Ausdehnung der prekären Beschäftigung mit Hilfe von vier Variablen: in bezug auf das Einkommensniveau werden alle Personen einbezogen, die bis zu zwei oder zweieinhalb Mindestlöhnen verdienen; nach diesem Kriterium befanden sich 1990 rund 65 Prozent der mexikanischen Erwerbstätigen (PO) in einem prekären Beschäftigungsverhältnis. Das zweite Kriterium bezieht sich auf die durch bundesstaatliche und Ländergesetzgebung bewilligten Sozialleistungen und direkten oder indirekten Subsidien. Das dritte untersucht den Arbeitszeitraum, der im formellen Sektor rechtlich zwischen einem Maximum von 48 Stunden und einem Wochenminimum von 35 Stunden schwankt. Der in diesen gesetzlichen Grenzen nicht enthaltene Teil der Bevölkerung gilt als prekär beschäftigt. Der letzte von den Autoren angewendete Parameter betrifft die Unternehmensgröße, da Kleinunternehmen mit weniger als fünf Angestellten eine der wesentlichen Quellen prekärer Beschäftigungsverhältnisse sind.

Auf Grundlage dieser Methodologie und unter Verwendung offiziellen statistischen Zahlenmaterials folgern die Autoren, daß sich im August 1994 ungefähr 16 Millionen (50 Prozent) der gesamten beschäftigten Bevölkerung der mexikanischen Wirtschaft in einer prekären Beschäftigungssituation befanden. Wenn man dieser Zahl die Zahl der Arbeitslosen hinzufügt, ergibt sich, daß im August 1994 mehr als 50 Prozent der arbeitsfähigen mexikanischen Bevölkerung »nicht genügend verdienten, um zu leben und den Unterhalt ihrer Familie zu sichern«. (26)

Seit dem Beginn der Wirtschaftskrise im Dezember 1994 hat sich die Situation unter anderem wegen der Kaufkraftverluste des gesetzlichen Mindestlohns – nach Studien der Privatwirtschaft hatte im August 1996 (verglichen mit 1980) ein Peso nur noch einen Kaufkraftwert von 34 Centavos –, des Anstiegs der offenen Arbeitslosigkeit, der exorbitanten Zahlungen der Auslandsschulden – rund 97 Milliarden Dollar von 1996 bis zum Jahre 2000 – sowie des hohen Zinsniveaus dramatisch verschlechtert. Zudem ist offensichtlich, daß niemand in Mexiko-Stadt von zwei Mindestlöhnen leben kann. Gemäß Artikel 123, Abschnitt 6 der mexikanischen Verfassung »müssen die allgemeinen Mindestlöhne ausreichen, um den normalen Bedarf eines Familienoberhauptes hinsichtlich materieller, sozialer und kultureller Bedürfnisse sowie hinsichtlich der Pflichtausbildung der Kinder zu befriedigen«. Dies ist nicht der Fall: Eine neuere Studie der Wirtschaftswissenschaftlichen Fakultät der Nationaluniversität (UNAM) kommt zu dem Schluß, daß der nominale gesetzliche Mindestlohn im Mai 1995 den Erwerb von lediglich 30 Prozent des Grundwarenkorbes (canasta obrera indispensable, COI) ermöglichte, der die für einen Haushalt unentbehrlichen Güter enthält. (27) Das staatliche Mexikanische Sozialversicherungsinstitut (Instituto Mexicano del Seguro Social, IMSS) errechnete seinerseits, daß 1988 durchschnittlich 4,78 Mindestlöhne notwendig waren, um die Versorgung mit den Gütern eines Basiswarenkorbes zu gewährleisten. Nach offiziellen Angaben der mexikanischen Gewerkschaftsorganisation CTM waren 1993/1994 drei Mindestlöhne für ein notwendiges Mindesteinkommen nötig, während es im Juni 1995 realistisch erschien, von sechs Mindestlöhnen auszugehen, um den Anforderungen des Verfassungsartikels gerecht zu werden.

Infolgedessen ist eindeutig, daß sich Mitte 1995 mehr als 50 Prozent der Bevölkerung in einer prekären sozio-ökonomischen Situation befanden; d.h. beide geschilderten Berechnungsmethoden führen unabhängig voneinander *grosso modo* zum gleichen Ergebnis.

Definieren wir schließlich, im Rahmen einer abschließenden Überlegung zu dieser Problematik, den Begriff der prekären Bevölkerung als den Teil der wirtschaftlich aktiven Bevölkerung, der über ein Einkommen zwischen einem und drei Mindestlöhnen verfügt, unabhängig davon, ob er fest angestellt ist oder nicht. Wenn wir die prozentuale Verteilung der erwerbstätigen Bevölkerung in Mexiko-Stadt, eingeteilt nach der Höhe des Einkommens, für den April 1995 untersuchen, erhalten wir folgendes Resultat (siehe Tabelle): Von allen Erwerbstätigen der Stadt verdienten 11,4 Prozent weniger als einen Mindestlohn; 36,2 Prozent verdienten zwischen einem und zwei Mindestlöhnen (eine entsprechende Kategorie für zwei bis drei Mindestlöhne existiert nicht), und 5,5 Prozent waren ohne Einkommen. Rechnet man dieser Zwischensumme von 53,1 Prozent die Rate der offenen Arbeitslosigkeit vom Mai 1995 – 6,6 Prozent – hinzu, erreicht die städtische prekäre Bevölkerung 59,7 Prozent. (28) Wenn eine solche Situation in einem Land mit Erdölvorkommen und einer relativ entwickelten Industriestruktur möglich ist, dann ist außerordentlich wahrscheinlich, daß die prekäre Bevölkerung in Ländern wie Haiti, Bolivien, Guatemala, Peru usw. noch weitaus größere Proportionen erreicht.

Prozentuale Verteilung der städtischen Bevölkerung nach Einkommen in 39 Stadtbezirken (Angaben in %)

Zeitraum in 1995	Total	Einkommensniveau (Anzahl der Mindestlöhne)				keine Einkünfte	nicht spezifiziert
		Weniger als 1	1 bis 2	2 bis 5	mehr als 5		
Januar	100	8,6	33,3	37,7	11,5	5,4	3,2
Februar	100	8,7	32,7	37,7	12,4	5,3	3,2
März	100	8,4	33,1	37,9	12,1	5,5	3,0
I	100	8,6	33,0	37,8	12,1	5,4	3,1
April	100	11,4	36,2	32,5	11,4	5,5	3,0

Quelle: Nationales Statistikinstitut

Aus den empirischen Daten und Tendenzen der globalen wirtschaftlichen Entwicklung läßt sich der die gegenwärtigen Bildungsreformen bestimmende Bedarf der transnationalen Unternehmen an Beschäftigten erschließen. Für leitende Funktionen in Wirtschaft und Staat (Direktoren, Minister usw.) werden wahrscheinlich zwischen 0,1 und 0,3 Prozent der inländischen Erwerbsbevölkerung gebraucht. Zusätzlich werden viele Führungspositionen in den Filialen der transnationalen Unternehmen von aus den Konzernzentralen entsandtem ausländischem Personal besetzt werden. Trotz der multikulturellen Ideologie der transnationalen Konzerne und ihrer zunehmenden Globalisation – z.B. ist im vergangenen Jahrzehnt die Zahl der Länder, in denen die Aktien der 10 weltweit größten Unternehmen gehandelt werden, von 58 auf 70 angestiegen (29) – sind ihre Führungsapparate weiterhin überwiegend monokulturell ausgerichtet. Nach Untersuchungen zu diesem Thema liegt der Anteil von ausländischen Vorstandsmitgliedern in den 500 wichtigsten Unternehmen der Vereinigten Staaten bei 2,1 Prozent, genau wie vor zehn Jahren. In Frankreich wurden die Hälfte aller Unternehmensleiter der 200 größten Konzerne aus dem »inzestuösen« Elitekreislauf der sechs »grandes écoles« rekrutiert. (30)

Für die mittlere Führungsebene der Unternehmen und des Staates (Ingenieure, Volks- und Betriebswirte, Anwälte usw.) werden wohl etwa 10 bis 15 Prozent der Erwerbstätigen benötigt, und in den industriellen Montagebetrieben und einigen TNK-Bereichen des primären und tertiären Sektors können vielleicht 20 bis 30 Prozent der arbeitsfähigen Bevölkerung Anstellung finden.

Die übrige Erwerbsbevölkerung, also 55 bis 70 Prozent, werden sich als prekär Beschäftigte reproduzieren müssen oder als Arbeitslose ganz aus dem Erwerbsprozeß ausgeschlossen bleiben. Eine letzte Schicht dieses Sektors entspricht dem Lumpenproletariat. Zusammenfassend stellen diese 55 bis 70 Prozent eine relative Überschußbevölkerung dar, die dem Kapital eine fast unerschöpfliche Reserve billiger Arbeitskraft bietet und daher als ständiges Druckmittel zur Lohnsenkung für fest angestellte Arbeiter benutzt werden kann.

Natürlich bedeutet das edukative »Brachliegen« dieses enormen Humanpotentials unter nationalen wie Gattungsgesichtspunkten eine schwerwiegende Zerstörung von Kreativität und Begabung. Das System ist jedoch bereit, diesen Preis zu zahlen, da die Funktion Lateinamerikas innerhalb der internationalen Arbeitsteilung nicht darin besteht, wissenschaftlich-technologische Neuerungen zu entwickeln – womit die Region zu einem gefährlichen Konkurrenten am Weltmarkt werden könnte –, sondern darin, billige Arbeitskräfte und Rohstoffe zu liefern. Die Talente, die es zu verteidigen gilt, sind die der Metropolen, nicht die der Dritten Welt.

Wir können nun modellhaft die Beschäftigungs-Bildungs-Pyramide eines lateinamerikanischen Landes (mit Ausnahme Kubas, Chiles und Costa Ricas) innerhalb der globalen Ökonomie des 21. Jahrhunderts entsprechend der kapitalistisch-wirtschaftlichen Systemlogik skizzieren, d.h. unter Vernachlässigung der Variablen »Widerstand und/oder politische Dissidenz« (siehe Grafik).

Dies ist das quantitative Beschäftigungs-Bildungspanorama für Lateinamerika, das sich aus einer ersten Analyse der vorherrschenden ökonomischen Tendenzen in der globalen Gesellschaft unter der Voraussetzung ergibt, daß gesellschaftlicher und politischer Widerstand sein Entwicklungsprofil nicht verändern. Betont werden muß, daß wir uns hier ausschließlich auf den quantitativ-kausalen Aspekt des Phänomens konzentrieren. Die Unzahl menschlicher Tragödien, die die prekäre Lebenssituation der Mehrheiten verursacht, kann in ihrer qualitativen Dimension nicht in der abstrakten Sprache der Statistik erfaßt werden, wenngleich im Anstieg der Kriminalitätsraten, inner- und außerfamiliärer Gewalt, Selbstmorden, Alkoholismus, Zerfall von Familien und Beziehungen usw. die gesellschaftlichen und menschlichen Kosten des reaktionären Staatskapitalismus deutlich werden.

Unter den immanenten Entwicklungstendenzen des Weltsystems läßt sich keine wesentliche ausmachen, die diese Prognose falsifizieren oder auch nur in wesentlichem Maße verändern könnte; so wie sich auch innerhalb der ökonomischen Strategien des Kapitals, sei es der des Neoliberalismus wie der des Keynesianismus, wenig Hoffnung auf positive Veränderung finden läßt.

Die einzige Antwort, die das Kapital auf das Problem der wachsenden Arbeitslosigkeit und Verarmung gibt, ist nicht-ökonomischer Natur: die Kontrolle des Bevölkerungswachstums. Da die Architekten des globalen Dorfes nicht in der Lage sind, das Angebot an Arbeitsplätzen und damit letztlich den Lebensstandard der Mehrheiten in der Dritten Welt, zu ver-

bessern, versuchen sie, das destabilisierende Potential des Elends von der Nachfrageseite her zu desaktivieren, um den *status quo* zu erhalten.

Vor dem Hintergrund der globalen ökonomischen Logik scheint es angebracht, die wichtigsten Entwicklungstendenzen im Bereich lateinamerikanischer Bildung kurz aufzuzeigen. Ein Überblick über wichtige normative und empirische Tendenzen ergibt folgendes Profil: Eine der besorgniserregendsten Entwicklungen besteht in der sich weiter öffnenden Bildungslücke zwischen den Industrieländern und den Ländern der Dritten Welt. 1960 investierten die Industrieländer vierzehnmal mehr in die Grundschulbildung als die unterentwickelten Länder. 1985 war es bereits 50 mal soviel. 1985 entsprachen die öffentlichen Ausgaben für Grundschulbildung in Niedrigeinkommensländern 1,3 Prozent des Bruttosozialprodukts (BSP). Dies entsprach umgerechnet 31 Dollar je Schüler, was einer Verminderung um 25 Prozent im Vergleich zu 1975 entspricht, als für denselben Zweck noch 41 Dollar ausgegeben wurden. (31)

Zu Beginn dieses Jahrzehnts waren insgesamt 113 Millionen Lateinamerikaner in einer der vier Ebenen des formalen Bildungssystems eingeschrieben. Davon konzentrierten sich 65 Prozent (73 Millionen) auf den Bereich der Grundschulbildung (primaria), 20 Prozent (22,6 Millionen) auf den Bereich der weiterführenden Schulbildung (secundaria), 6 Prozent (6,78 Millionen) auf den Bereich der höheren Bildung und 9 Prozent auf den Bereich der Vorschule. Diese Verteilung der Schülerschaft bringt einerseits zum Ausdruck, was die UNESCO-Experten des *Prinzipiellen Bildungs-Projektes für Lateinamerika und die Karibik* »die pyramidale und segmentierte Form des Bildungssystems« nennen, und bestätigt andererseits, »daß die kostenlose öffentliche Bildung sich hauptsächlich auf die Grundausbildung konzentriert« (32).

Laut den Spezialisten der UNESCO sowie der oben genannten Studie läßt sich eine Verringerung der Anzahl an absoluten Analphabeten auf dem Subkontinent beobachten. Trotz dieses Trends gibt es in Lateinamerika noch immer rund 42,5 Millionen erwachsener Menschen, also 15 Prozent aller über 15-jährigen, die weder schreiben noch lesen können. Nach Angaben der UNESCO werden in Ländern mit besonders hohem Anteil an absolutem Analphabetentum (Bolivien, Brasilien, El Salvador, Guatemala, Haiti, Honduras und indigene Gruppen Ecuadors, Mexikos und Perus) verschiedene Anstrengungen unternommen, um dem Problem zu begegnen, während die restlichen Länder die ersten Schritte unternehmen, um sich »der wichtigsten Jahrhundertaufgabe auf diesem Gebiet zu stellen: den funktionalen Alphabetismus zu erreichen« (33).

Die dritte wichtige Tendenz im Bildungsbereich ist die Korrelation zwischen Grundschuljahren und sozioökonomischem Niveau der Schüler. Die vorliegenden Daten zeigen, daß die Retentions-Kapazität des Schulsystems den Zeitraum von sechs Jahren nicht übersteigt. Acht von zehn Schülern bleiben »mindestens sieben Jahre in der Schule, auch wenn einige von ihnen zeitweise nicht erscheinen und deshalb das Jahr wiederholen müssen. So erreichen die Schüler im Durchschnitt lediglich die Reife von 4,2 Schuljahren«. Schüler, die eine der ersten Klassen mehrfach wiederholen mußten, bleiben dem Unterricht oft ganz fern. Dies ist besonders bei den ärmsten Schülern zu beobachten, die eine hohe Rate an Wiederholungen aufweisen und die häufig »außerhalb der 42,7 Prozent der Schüler bleiben, die ihre Grundschulausbildung von sechs Klassen beenden«. »Von diesen Glücklichen [42,7 Prozent] schafften nur ein Viertel den Abschluß ohne Verzögerung oder mit einem Jahr Verspätung, und von diesen kommen fast alle aus mittleren und hohen sozioökonomischen Schichten«. Das bedeutet, daß das Grundschul-Bildungssystem nur »für eine kleine Gruppe der Bevölkerung in der Region« effizient ist. Mit anderen Worten, »es ist unequitativ und selektiv«. Die zusätzlichen Kosten, die die durchschnittliche Dauer der Klassenwiederholungen von 1,7 Jahren in der Grundschulausbildung verursacht, belaufen sich auf jährlich ca. 3,5 Milliarden Dollar. (34)

Eine weitere wichtige Tendenz ist die Anwendung der sogenannten Frontalmethode, bei der sich der Lehrer an einem durchschnittlichen Schüler orientiert und der Rest der Klasse passiv zuhört. Es überrascht nicht, daß das zeitweise und ständige Fernbleiben vom Unterricht vor allem in den einkommensschwachen Gruppen verbreitet ist, weswegen viele dieser Schüler »zwar in der schulischen Einrichtung bleiben, aber nur selten das Klassenziel erreichen und nur ein niedriges Lernniveau aufweisen«. Auf diese Weise verringern sich die Fortschritte der einkommensschwachen Gruppen hinsichtlich des allgemeinen Zugangs zu den Schulen durch die Anwendung der Frontalmethode, da die Orientierung des Unterrichts an einem »Durchschnittsschüler« die Fähigkeiten vieler Schüler übersteigt und somit »die Qualität und Chancengleichheit der Grundschulausbildung einschränkt«. (35)

Dazu kommen andere Faktoren, die »in den offiziellen Statistiken nicht erscheinen: die geringe Zahl an Schultagen (150 Tage mit 3 bis 4 Stunden pro Tag, von denen nur die Hälfte für den Unterricht wahrgenommen wird) und das Fehlen von Textbüchern sowie die Tatsache, daß viele Lehrer keine pädagogische Ausbildung haben«.

Curriculare Mängel stellen ein weiteres allgemeines Charakteristikum des lateinamerikanischen Bildungssystems dar. Die Wissenschaftler der UNESCO bemerken, daß die Studien über die Prozesse im Unterrichtswesen darin übereinstimmen, daß »sich keine Gelegenheiten bieten, um systematisch nachzudenken; bereits existierende Kenntnisse der Schüler zu einem Thema zu nutzen, mit dem lokalen Kontext in Beziehung zu bringen, in kleinen Gruppen über die unterschiedlichen Gesichtspunkte zu diskutieren und die betreffenden Überlegungen mit der Familie und der Gemeinschaft zu teilen«. Die Lehrpläne nutzen außerdem weder »Volkswissen« noch die »mündlichen Überlieferungen der Gemeinschaft«. (36)

Eine weitere bedeutende Entwicklung im Bildungsszenarium ist die wachsende Anerkennung der Bedeutung vorschulischer Erziehung. Bisher war, wie die UNESCO feststellt, die Familie »der Hauptansprechpartner« für die Befriedigung der Lerngrundbedürfnisse der Kinder zwischen 0 und 6 Jahren. Doch diese Rolle »teilt sie sich in zunehmendem Maße mit öffentlichen vorschulischen Einrichtungen«. Während sich die privaten Aktivitäten auf »das Alter von 4 bis 6 Jahren konzentriert haben und auf die Familien, die sich die Schulgebühren leisten können, um danach ihre Kinder an private Grundschulen schicken«, haben sich die öffentlichen Aktivitäten vor allem auf die armen Schichten orientiert. Wie eine Vielzahl von Studien bewiesen hat, hängt der schulische Erfolg eines Kindes maßgeblich von seiner vorschulischen Sozialisation ab, die sein kognitives Geschick und seine sozialen Lernfähigkeiten determinieren. (37)

Die Aufteilung des Bildungssystems in einen privaten und einen öffentlichen Sektor ist eine Entwicklung von außerordentlicher Bedeutung, die, wie bereits ausgeführt, in einigen Ländern bereits zu einer Beteiligung des Privatsektors am höheren Schulwesen von über 50 Prozent geführt hat (Brasilien, Kolumbien usw.). Die Privatisierung der Bildung spiegelt ihre wachsende Elitisierung wider, in der die Persönlichkeitsentwicklung von einer Art Lotterie des biologischen Zufalls abhängt: Ein Kind, welches das Glück hat, in eine reiche Familie geboren zu werden, kann seine Bildungsodyssee in einer geeigneten Umgebung beginnen; das Kind armer Eltern muß – bestenfalls – gegen die Strömung sozialer Ungleichheiten schwimmen.

Damit verbunden ist die zunehmende Aufzwingung erstweltlicher Lehrplanstandards und ihrer Effizienz-, Wettbewerbs- und Qualifizierungs-Kriterien auf das lateinamerikanische Bildungswesen. Diese kulturellen Standards – die im wesentlichen Herrschafts- und Dependenzmittel sind, nicht aber Effizienzmedien (38) – dominieren in wachsendem Maße die Formen und Inhalte der Lehre, von der Vorschulerziehung bis zum Doktoranden-Niveau. (39)

Im Rahmen der kulturellen Hegemonialisierung der Länder der Dritten Welt spielt die Weltbank eine zentrale Rolle. Bevor die 700 Wirtschaftler, Banker, Diplomaten und Politiker die kostituierende Sitzung der Institution 1944 verließen, sagte ihnen John Maynard Keynes, sie müßten »als von Eifer und Glauben inspirierte Missionare« gehen. »Wir haben all dies nun uns selber verkauft, jetzt gilt es, die ganze Welt davon zu überzeugen«. Derzeit findet die Überzeugung der Welt fruchtbaren Boden im Bildungswesen, wo die Missionare »technische Unterstützung gewährleisten, politische Analyse und Forschung leiten, ihre Erkenntnisse verbreiten, mit Regierungen politische Diskussionen führen und helfen, ausländische Bildungshilfe zu mobilisieren und zu koordinieren«. (40) Laut den Berichten der Bank konzentrierte sie sich ursprünglich auf die Ausdehnung der Bildungsinfrastruktur, in den siebziger Jahren weitete sie ihre Politik auf alle Bereiche von (Aus-)Bildung aus, und seit Ende der achtziger Jahre widmet sie sich bevorzugt der Grundschulausbildung und der Betreuung der Ärmsten.

Seit dem Ende des europäischen Sozialismus hat die Weltbank ihre Aktivitäten im Bildungsbereich, mit Konzentration der finanziellen Aufwendungen auf Lateinamerika, enorm verstärkt; im Zeitraum 1990-1994 ist der Subkontinent zum größten regionalen Empfänger von Weltbank-Bildungsfonds geworden. Hierbei spielt wahrscheinlich die regionale Integration eine erhebliche Rolle und, insbesondere, das nordamerikanische Freihandelsabkommen NAFTA, welches Mexiko in eine US-Wirtschaftskolonie verwandelt und es zwingt, seine Bildungsstandards denen der herrschenden Metropolen anzunähern. Generell ist die Institution inzwischen zur »größten individuellen externen Finanzquelle für Bildung in Ländern niedrigen und mittleren Einkommens geworden«. (41)

Eine letzte zu beobachtende strukturelle Tendenz ist die der Reduzierung des staatlichen Einflusses auf den Bildungsbereich, der durch den Einfluß von europäischen, US- und japanischen Großkapitalgruppen ersetzt wird, wenn es den herrschenden Interessen konveniert. Dieser sich verstärkende Zugriff des internationalen Kapitals erfolgt entweder direkt oder indirekt über die kollektiven organischen Intellektuellen des Systems, wie die OECD, den Weltwährungsfonds oder die Weltbank.

In einer 1995 veröffentlichten Überarbeitung ihrer globalen Edukationspolitik haben die Weltbank-Missionare ihr Credo noch einmal mit aller

Deutlichkeit formuliert. Nach eigenen Angaben ist es Ziel der Institution, ökonomisches Wachstum und verringerte Armut mittels des Gebrauchs produktiver Arbeitskraft hervorzurufen. Bildung ist notwendig zum Erreichen beider Zielvorstellungen, weshalb Bildung und Bildungsreform eine wichtige Ergänzung ökonomischer Reformprogramme darstellen. Die schnelle Veränderung der technologischen Wirtschaftsbasis, der Wissensindustrie und der ökonomischen Reformen haben die Möglichkeit »kontinuierlichen (sustained) wirtschaftlichen Wachstums mit häufigeren Job-Wechseln für die Individuen« geschaffen. Daraus resultieren »zwei zentrale Prioritäten für das Bildungswesen: Es muß die wachsende Nachfrage der Ökonomien für anpassungsfähige Arbeiter ... sowie die kontinuierliche Expansion des Wissens« befriedigen. (42)

Die US-Arbeiterschaft »hat sich bereits der Idee angepaßt, daß sie nicht für immer den gleichen Job haben wird«, berichtet das Magazin Time mit unverhohlener Freude. »Sie hat gelernt, die unvermeidlichen Arbeitsplatzwechsel zu akzeptieren und ist entschlossen, ihr Leben weiterzuleben, so gut es eben geht« – *and are determined to get on with their lives as best they can.* Die »Arbeitskräfte in Europa und Japan haben nicht diese Beweglichkeit oder Anpassungsfähigkeit gezeigt«. (43)

Dies ist die große Aufgabe der Bildungsreformer der Weltgesellschaft: den anpassungsfähigen Arbeiter zu schaffen, der wie der elektrische Universal-Adapter in jede regionale Steckdose und Energieversorgung paßt, ohne Schwierigkeiten zu verursachen. Oder auch, wenn wir den euphemistisch-demagogischen Diskurs professoraler und journalistischer Sykophanten des Großkapitals beiseite lassen (44), den Wegwerf-Arbeiter, der nach gebrauchter Benutzung und Ablauf seines produktiven Lebenszyklus aus dem umweltfreundlichen grünen Recycling-Programm des globalen Dorfes herausfällt.

Die reaktionäre Utopie des Kapitals nähert sich damit ihrem totalitären Ziel, Menschen in »Humankapital« zu verwandeln. Ungewollt rehabilitiert sie dabei den Theoretiker und Politiker Marx – nach dem »Ende« des Marxismus – auf nachdrückliche Weise und fügt dem variablen Kapital eine neue Bedeutungsdimension zu. Ironien der Weltgeschichte, vor denen selbst die bildungspolitischen Mandarine des globalen Kapitals nicht gefeit sind.

4. Sozialisation im Cyberspace (homo oeconomicus)

Die von Henry Ford entwickelte Technik der Massenproduktion, der sogenannte Fordismus, verbunden mit der von F. W. Taylor vorangetriebenen psychologisch-wissenschaftlichen Ausbeutung des Menschen im Betrieb (Taylorismus), revolutionierte die Produktivkräfte und industriellen Produktionsverhältnisse in der ersten Hälfte des 20. Jahrhunderts. Doch blieb der Effekt des Fordismus-Taylorismus darauf nicht begrenzt. Die spezifische Warenform und die Produktionsbedingungen des nationalen Industrialismus produzierten ebenfalls seine notwendige anthropologische Korrespondenz, d.h. den Typus des Menschen, den die industrielle Massenproduktion erforderte. Der Wert dieses »fordistischen Menschen« war durch zwei Kriterien definiert: seine Fähigkeit, als tayloristischer Produzent von Waren Mehrwert zu erzeugen – unsterblich gemacht durch Charlie Chaplins Darstellung des entfremdeten Proletariers in »Modern Times« –, und seine Kapazität, als Konsument Mehrwert zu realisieren; das heißt, wie im Märchen von Dornröschen den in den Waren schlummernden Profit des Kapitalisten mittels des Kaufaktes in Geldform erscheinen zu lassen.

In dieser Reduktion des *homo sapiens* auf den *homo oeconomicus* – dessen Wert für die soziale und politische Gemeinschaft ausschließlich von den genannten Rollen bestimmt wird – kommt der Fetisch-Charakter der bürgerlichen Gesellschaft zum Ausdruck, in der die Bedürfnisse und Potentiale menschlicher Evolution den Notwendigkeiten erweiterter Reproduktion des Kapitals unterworfen sind. Der Mensch bleibt Sklave seiner eigenen ideellen und materiellen Erzeugnisse, wie schon während seiner vorbewußten geschichtlichen Existenz in der Prähistorie.

Das Verhältnis zwischen der kapitalistischen Hardware – der Technologie im Dienst der Profitmaximierung – und ihrer komplementären menschlichen Software, d.h. dem anthropologischen Paradigma, das erstere operativ werden läßt, ihm gleichsam Leben einhaucht, muß in der globalen kybernetischen Gesellschaft notwendig ein anderes Profil annehmen als in der fordistischen Epoche. Diese Notwendigkeit ist vor allem drei neuen Realitäten geschuldet. Erstens sind die transnationalen Konzerne, in finanzieller Hinsicht wie in bezug auf Produktion und Handel, zu den bestimmenden Akteuren der forcierten Neugestaltung nationaler und internationaler Wirtschaftsbeziehungen geworden. Die Äußerungen ihrer Vertreter lassen daran keinen Zweifel. US-Vizepräsident Al Gore, zuständig für das Medienwesen in der Regierung Clinton, geht davon aus, daß die »Information Super-Highways« der »wichtigste und lukrativste Markt des 21. Jahrhunderts« seien; Mark Wössner, Direktionsmitglied eines der wichtigsten transnationalen Unternehmen der Branche (Bertelsmann), geht noch einen Schritt weiter: »Die Informations- und Unterhaltungsindustrie hat die Rolle als führende Wachstumsbranche übernommen, die bisher die Rüstungsgüterindustrie innehatte«. (1) Das ist natürlich nur die halbe Wahrheit, weil der militärisch-industrielle Komplex in den Vereinigten Staaten nach wie vor eine wesentliche Rolle in der Dynamisierung der dortigen Volkswirtschaft spielt – mit einem Budget, das dreimal so groß ist wie das Rußlands und doppelt so groß wie das Englands, Frankreichs, Deutschlands und Japans zusammen (2) – und zusammen mit der französischen Rüstungsindustrie im Verkauf von Waffen weltweit führend ist. Dennoch, die transzendentale Bedeutung der Informationsbranche ist unzweifelhaft, da es sich um eine sogenannte Querschnittstechnologie handelt, deren Anwendung die Produktivität und Qualität der Waren in allen Wirtschaftsbereichen entscheidet erhöht. Nach einer Studie des Autokonzerns Ford beträgt der Elektronik-Kostenanteil in Autos bereits 1500 bis 1700 Dollars; das ist das Doppelte dessen, was an Stahlkomponenten im Auto existiert. (3) Auf der makroökonomischen Ebene sind die Wachstumsperspektiven der kybernetischen Industrie ebenfalls enorm. Schätzungen gehen davon aus, daß in den nächsten zehn Jahren rund 1,4 Billionen Dollar in informationsbezogene Technologien investiert werden, also circa 140 Milliarden Dollar pro Jahr. Im Jahre 1993 hatte dieser Bereich bereits ein Weltvolumen von 2,23 Billionen Dollar erreicht, und in Hinsicht auf die Beschäftigtenzahl zeigen die offiziellen Projektionen, daß in einem Jahrfünft es mehr Arbeiter und Angestellte in diesem Sektor geben wird als in der Autoindustrie. Kein Wunder also, wenn das Großkapital hofft, daß die Innovationen dieser Technologie einen langen Wachstumszyklus des Kondratieff-Typs hervorruft, ähnlich derjenigen, die die akademische Wirtschaftsgeschichte der

Dampfmaschine (1800-1850), den Eisenbahnen (1850-1900), dem Automobil (1900-1950), den Flugzeugen und der synthetischen Materialien (1945-1970) zuschreibt.

Im Rennen um die Aneignung der Früchte des erhofften Wirtschaftsbooms liegen die Vereinigten Staaten auf fast allen Gebieten vorn. Zum Beispiel beträgt die Zahl der Mobiltelefone in den USA 58 für je 100 Einwohner, während Japan und Deutschland nur auf 48 bzw. 46 Apparate kommen. Für PCs gilt das Gleiche: Im statistischen Durchschnitt besitzen 34 von 100 Bürgern der USA einen eigenen Computer; die Vergleichszahlen für Deutschland sind 19 zu 100 und für Japan 8 zu 100. Der Weltmarkt für Computerprogramme wird zu 80% von US- und kanadischen Firmen beherrscht. Die Europäer kontrollieren einen Marktanteil von 16%, die pazifischen Länder 4% und der Rest der Welt kaum 1%. Lediglich auf dem Gebiet des Glasfasernetzes liegt die BRD an der Spitze.

Die zweite neue Realität besteht darin, daß für die Gestalter der globalen Gesellschaft der nationale Markt nicht länger der dominierende Ort der Reproduktion ihres Kapitals ist, wie im ersten Kapitel ausgeführt; und die dritte liegt darin, daß im Bereich der Kommunikation eine substantielle Verwandlung der Schriftkultur in eine visuelle oder Bildkultur stattfindet, in der die immer perfekteren mimetischen Verfahren der elektronischen Medien eine eigenständige, virtuelle Realität schaffen, die global und hegemonisch-normativ gegenüber den nationalen Gesellschaften auftritt.

Das neue anthropologische Paradigma, das die Subsysteme Erziehung und Kultur durchsetzen sollen, realisiert sich im Spannungsfeld dieser Variablen. Die Essenz des Entwicklungsprozesses und der Aufzwingung des neuen Paradigmas läßt sich aus der von den transnationalen Konzernen gewünschten Anthropologie des Cyberspace ableiten und folgendermaßen benennen: Erzeugung des semiotischen Menschen mittels Sozialisierung im Cyberspace; dieser semiotische Mensch ist seinem Wesen nach *homo oeconomicus* und lebt determiniert von der »Diktatur der Oberflächen« in einer homogenisierten Weltkultur und in einem Medium strukturgewandelter Öffentlichkeit, gegen das sich die von Habermas untersuchte wie ein Sturm im Wasserglas ausnimmt.

Die alten Schimären des »Unternehmens mit Herz« haben in diesem Zusammenhang ihre Funktionalität verloren und sind konsequenterweise aus dem ideologischen Arsenal der Sieger verschwunden. Die Apologien eines A. A. Berle und G. C. Means, die in ihrem klassischen Werk *The Modern Corporation and Private Property* (1932) behaupteten, daß die moderne Aktiengesellschaft ein qualitativ anderes Verhalten zeige als der kapitalistische Kleinbetrieb, sind heutzutage überflüssig. Es ist wahrscheinlich – ja, es scheint sogar fast unvermeidlich, wenn das aktuelle System der Aktiengesellschaften fortbestehen soll –, daß »die ›Kontrolle‹ der großen Konzerne zu einer völlig neutralen Technokratie evolutioniert, die die Ansprüche der verschiedenen sozialen Gruppen im Gleichgewicht hält und jeder dieser Gruppen einen Teil der Einkünfte zuspricht, und die mehr auf den Prinzipien des allgemeinen Wohlstands als auf denen privater Besitzmehrung beruht«. (4)

Carl Kaysen behauptete 1956 auf dem Jahreskongreß der US-Unternehmerverbände, eine der grundlegenden Eigenschaften des Unternehmens sei ihr verantwortungsvolles Verhalten. »Das Management ist nicht länger der verlängerte Arm der Rentabilitätsmaximierung, sondern trägt die Verantwortung für Aktionäre, Angestellte, Kunden, das Gemeinwohl und insbesondere für das Unternehmen als Institution... Unter diesem Gesichtspunkt läßt sich das Verhalten als verantwortlich bezeichnen: Es zeigt weder Habgier noch Geiz; es wird nicht versucht, einen Teil der sozialen Kosten eines Unternehmens auf die Arbeiter oder die Bevölkerung allgemein abzuwälzen. Das moderne Unternehmen ist ein Unternehmen mit Herz.«

Auf ähnliche Weise äußerte sich 1960 der Vorstandsvorsitzende der Standard Oil of New Jersey, als er behauptete, »das große Unternehmen genießt weniger Entscheidungsfreiheit als der Kleinbetrieb«. (5) Diese alten Ikonen der kapitalistisch-fordistischen Indoktrinierung werden ersetzt durch Ideen, Symbole und Stereotype, die den Bedürfnissen der globalen Informationsgesellschaft entsprechen. Bei der Unterscheidung zwischen den substantiellen (konstanten) und transitorischen Elementen dieses ideologischen Prozesses hilft eine kurze Reflexion über die anthropologischen Paradigmen des Westens. Diese Reflexion zeigt, daß die Vielfalt der im Verlauf der Geschichte entwickelten Weltbilder auf zwei grundlegenden Konzepten beruhen: dem utilitaristischen und dem humanistischen oder romantischen, wobei sich das romantische Konzept wie etwa im deutschen Sturm und Drang durch eine von Idealen und ethischen Prinzipien bestimmte Lebensanschauung auszeichnet; im Unterschied zur utilitaristischen Konzeption, die den Menschen grundsätzlich als ein um das Erreichen des eigenen Wohls bemühtes egozentrisches Wesen versteht.

Das klassische Symbol der humanistischen Vision ist, selbstverständlich, der griechische Prometheus, dessen Axiologie (Werte) in militanter Weise in der politischen Philosophie der Jakobiner, Marx', Lenins usw. erhalten ist, während ihre nicht-militante Weltanschauung in Persönlichkeiten wie Jesus, Gandhi und anderen weiterlebt. Gleichwohl, die politische Gedankenwelt, von der die anthropologische Konzeption des herrschenden reaktionären Staatskapitalismus zehrt, beruht, wie ohne weiteres erkennbar, auf dem utilitaristischen Paradigma.

Das Menschenbild des *homo homini lupus* (»der Mensch ist des Menschen Wolf«) und der Gesellschaft als *bellum omnium contra omnes* (»Krieg aller gegen alle«), so wie es Thomas Hobbes in seiner politischen Dimension im *Leviathan* entwickelt, findet seinen utilitaristisch-merkantilen Ausdruck im Werk *Ökonomische Schriften* des Utilitaristen Jeremy Bentham (1748-1832). »Meine Vorstellung vom Menschen«, sagt Bentham, »ist die eines Wesens, welches die Glückseligkeit erstrebt, im Erfolg wie im Mißerfolg, und das in all seinem Tun so fortfahren wird, solange es Mensch bleibt.« Im generellen Verlauf der Existenz, »dominiert in jedem menschlichen Herzen das Interesse an ichbezogener Erwägung gegenüber allen anderen zusammen. Kurz gesagt: die Selbstachtung überwiegt; oder auch: die Selbstbevorzugung findet sich überall.« Das Prinzip der Selbstbevorzugung »sollte als Neigung der menschlichen Natur verstanden werden, deretwegen, im Vollzug einer jeden Handlung, sich jedes menschliche Wesen zu dem Verhalten hingezogen fühlt, das, in seiner unmittelbaren Einschätzung des Falles, in einem möglichst hohen Grad zu seiner eigenen höchsten Glückseligkeit beiträgt, gleich wie er dem Glück anderer gegenübersteht, seien es Einzelpersonen oder die Gesamtheit«. Der einzige effiziente Grund einer Handlung »ist das Interesse... Lediglich durch ein Interesse, aufgrund der letztlichen Erwartung von Vergnügen oder Schmerz, kann das menschliche Verhalten in jedem Fall beeinflußt werden.« (6)

Die Konzeptualisierung des Menschen als ein wesentlich egoistisches und egozentrisches Tier, dessen Handeln – gleich einer Laborratte im Labyrinth – grundsätzlich den Stimuli von Belohnung und Strafe folgt, wirft das

Problem einer Ordnungsinstanz auf, die sein geordnetes und friedliches Zusammenleben ermöglichen könnte. Die historisch-systematische Antwort, die der Mensch gefunden hat, ist der Staat. Der Staat ist der zivilisatorische Agent, der den Bürgerkrieg verhindert: in seiner absoluten Form wie der Leviathan bei Hobbes; »domestiziert« wie im konstitutionellen Staat Lockes oder als ethisches Prinzip in der Philosophie Hegels, erreicht seine Entwicklung ihren Höhepunkt im Rechtsstaat – der Versöhnung zwischen absoluter Macht und individuellem Recht – oder, wie bei Marx, in seiner Obsoleszenz (Unnützigkeit) in der klassenlosen Gesellschaft.

Der Weg zur Barbarei im menschlichen Zusammenleben steht offen, wenn der Staat zur totalitären Macht wird und die Gesellschaft »absorbiert«, wie im Faschismus oder Stalinismus; oder wenn er seine zivilisatorischen Funktionen verliert und sich in simples Exekutionsinstrument einer übergeordneten Instanz – Gott, der »Markt« usw. – verwandelt. Letzteres ist der Fall des reaktionären Staatskapitalismus oder neoliberalen Staates, der die aktuelle Herrschafts- und Ausbeutungs-Form der Bourgeoisie darstellt und nicht länger mehr Wohltäter und Beschützer des *demos* (Volk) und des Gemeinwohles ist. Seine Macht wird für die Interessen der dominierenden Minderheiten benutzt, nicht für das öffentliche Wohl; sie schützt die Reichen vor den Widrigkeiten der Marktwirtschaft und setzt die Wehrlosen dem Terror des »freien Marktes« aus. Um dies zu erreichen, haben das Großkapital und seine politischen und intellektuellen Verbündeten eine dauerhafte propagandistische Kampagne gegen den Staat durchgeführt, die in den Vereinigten Staaten bereits zu einem erheblichen Erfolg geführt hat. Während 1963 noch drei Viertel der US-Bevölkerung ihrer Bundesregierung eine positive Rolle innerhalb der Gesellschaft bescheinigten, war dieser Anteil im Jahr 1993 auf ein Viertel gesunken. (7)

Die brutale Logik des Neoliberalismus erkennt als einzig legitime Gestalt des *homo sapiens* seine grotesk utilitaristische Karikatur an, den *homo oeconomicus,* und als einzig genuines Menschenrecht dasjenige, welches er auf dem Markt erobern kann. Die formalen sozialen und kollektiven Menschenrechte haben nur eine praktische Gültigkeit, soweit sie sich im Markt validieren (geltend machen) lassen; sonst sind sie nichts als Floskeln.

Bertolt Brecht hat in einem Aphorismus davon gesprochen, daß arm sein das schlimmste Verbrechen im Kapitalismus sei. Doch hat niemand diese Logik des Klassen-Krieges genauer auf den Punkt gebracht als der fromme

Wirtschafts-Pfarrer Robert Malthus (1766-1834), dessen Ideologie die zweite Quelle der Inspiration der Neoliberalen im allgemeinen und der US-Republikaner im besonderen darstellt. In seinem *Essay on Population* (1798) verlangt Malthus im Kapitel über den »Plan zur allmählichen Abschaffung der Wohlfahrtsgesetze« eine Befreiung der Gesellschaft von »der Tyrannei, der Abhängigkeit und dem Unglück«, das die öffentliche Wohlfahrt erzeuge, und es scheint ihm, daß »die Gerechtigkeit und die Ehre uns verpflichten, den Armen jegliches *Recht* auf Unterhalt aufs förmlichste zu verweigern«. Sich zu verheiraten, ohne über die notwendige »Sicherheit, den Kindern Unterhalt gewähren zu können«, zu verfügen, sei unmoralisch. Um dergleichen zu verhindern, schlägt er vor, »kein Kind einer Ehe, die ein Jahr nach der ... Verkündung des Gesetzes [zur Abschaffung der Wohlfahrt] ... geschlossen wurde, und kein uneheliches Kind, das zwei Jahre nach diesem Datum geboren wurde, hätte jemals Recht auf gemeindlichen Beistand«. Auf diese Weise »wäre eine ganze werdende Generation von ihrer miserablen Abhängigkeit von der Regierung und den Reichen befreit; eine Befreiung, deren moralische und materielle Folgen sich gar nicht hoch genug einschätzen lassen«.

Obwohl der Akt der Eheschließung der Armen »in jedem Fall unmoralisch« sei, ist es gesellschaftlich gesehen nicht angebracht, ihn zu bestrafen. In der praktischen Vernunft des Staatsterroristen kommt die schmutzige Arbeit des Auslöschens der »Unmoralischen« den, demagogisch verstandenen, »Naturgesetzen« zu. Wenn »die Natur an unserer Stelle und anstelle der Regierung die Bestrafung übernimmt, wäre es falscher Ehrgeiz, ihr den Knüppel aus der Hand nehmen zu wollen und den Haß, der den Vollstrecker der Justiz immer trifft, auf uns zu ziehen. Man wird ihn [den Armen, der sich verheiratet] also der natürlichen Strafe, der Bedürftigkeit, überlassen müssen... Jegliche Gemeinde-Hilfe soll ihm verweigert werden, so daß er der unsicheren Unterstützung der privaten Caritas ausgeliefert bleibt. Man muß ihm zeigen, daß die Gesetze der Natur, die die Gesetze Gottes sind, ihn und seine Familie zum Leiden verurteilt haben... daß er, über das hinaus, was er durch seine Arbeit verdienen kann, kein *Recht* hat, von der Gesellschaft auch nur die kleinste Menge an Nahrung zu verlangen...«

Was die unehelichen Kinder angeht, so »sollte ihnen jegliche gemeindliche Unterstützung verweigert werden... Wenn die Eltern ihr Kind im Stich lassen, sollten sie für dieses Verbrechen verantwortlich gemacht werden. Das Geschöpf ist für die Gesellschaft von relativ geringem Wert, da schnell andere seinen Platz einnehmen werden.« (8)

Die Verabsolutierung und Mystifizierung des Marktes, seine wahrhafte Transsubstantiation (Wesensverwandlung) durch Malthus und seine ideologischen Bettgenossen der Gegenwart, ist die Grundlegung einer neuen, reaktionären Metaphysik, die das durch Säkularisierung und Entmythologisierung entstandene herrschaftsideologische Vakuum der nach-feudalen Gesellschaft – nur mühsam gefüllt durch naturrechtliche und vertragstheoretische Konsensustheorien der politischen Aufklärung sowie der Öffentlichkeit als Medium der Durchsetzung der Vernunft – stabilisieren soll. Den malthusianischen Architekten des *global village* geht der Gedanke des *Contrat social* Rousseaus oder die liberalen Habermasschen Vorstellungen der Lebenswelt – mit grundsätzlich geteilten Hintergrundüberzeugungen – noch zu weit in Richtung demokratischer Einflußnahme des Citoyen. Alle Spuren der Volkssouveränität sollen getilgt werden. An ihre Stelle tritt die neue metaphysische Referenz – der jüdisch-christliche Stammesgott Jahwe in seiner alttestamentarischen Brutalität und Unbegreiflichkeit. Verliert jemand seinen Arbeitsplatz, d.h. seine bürgerliche Existenz, so ist das dem Weltmarkt geschuldet. Gelingt es einem Jugendlichen mangels »angemessener« Ausbildung nicht, einen Arbeitsplatz zu finden, so liegt das daran, daß er im Markt nicht »konkurrenzfähig« ist. Gehört jemand mit 50 Jahren zum unproduktiven »alten Eisen«, dann muß er das als unbegreifliche Entscheidung des neuen Gottes akzeptieren; ohne Appellations- und ohne Erkenntnisinstanz. Der blinde Schicksalsschlag der griechischen Tragödie oder des zürnenden allmächtigen Gottes, welcher individuelle Subjekte wie ganze Völker – der Dritten Welt – in den Staub tritt, heißt heute Markt.

Mit der typischen Arroganz der Sieger verkünden die Apostel des Goldenen Kalbs das neue Evangelium. »Jeder der denkt, daß die Globalisierung unterbrochen werden könnte, sollte uns sagen, wie er den ökonomischen und technologischen Fortschritt einfrieren will. Das wäre, als versuchte man, die Rotation der Erde zu stoppen«, pontifizierte Renato Ruggiero, Chef der Welthandelsorganisation, vor schwedischen Unternehmern. (9) Sein Kollege Michel Camdessus, Banker und Direktor des Internationalen Währungsfonds, unterstreicht die erzieherischen Leistungen des Marktes:

»Wenn die Wirtschaftspolitik solide ist, werden Investitionen (im Land) bleiben und wachsen. Doch wenn sie nicht richtig konzipiert werden und die ökonomische und zivile Ordnung gefährden, dann geht das Kapital natürlich weg. Diese Tatsache, und das sollte uns nicht überraschen, lastet auf den Regierungen wie ein Gewicht, damit sie sich korrekt verhalten.« (10) Das ist die Lektion, die die »Kellner des Kapitals« – wie der Spiegel die Beziehung zwischen Bundesregierung und deutschem Großkapital charakterisierte (11) – lernen müssen und die die Mobil Oil Corporation folgendermaßen formuliert: »Einige Märkte sind profitabler als der US-Markt. Globale Investoren gehen dahin, wo die Profitraten höher sind und die Regierungen ein gastfreundliches Geschäftsklima garantieren.« (12)

Der Staat ist in der neuen Religion des Marktes und Konsumismus nur noch als Servicebetrieb des Großkapitals vorgesehen, die Demokratie erscheint überhaupt nicht mehr im Dekalog der Architekten der globalen Gesellschaft. Der *Global Competitiveness Report 1996*« herausgegeben von der »The World Economic Forum«-Stiftung in Genf, enthält einen Wettbewerbfähigkeits-Index für 49 Länder, der aus empirischen Daten und Interviews mit führenden Kapitalisten zusammengestellt wird. Acht Charakteristika tragen zur Konkurrenzfähigkeit eines Landes bei: Marktoffenheit für Außeninvestitionen und Welthandel; die Ausgaben-, Steuer- und Regulationspolitik der Regierung; Qualität der Finanzmärkte und der Infrastruktur; wissenschaftlich-technologische und Management-Qualität; Flexibilität des Arbeitsmarktes und Qualität der juristischen und politischen Institutionen, d.h. ist das »Rechtssytem effizient, werden Verträge respektiert und sind Eigentumsrechte gesichert?« (13) Der Staat erscheint nur noch als Vollstrecker der Interessen von Big Business, seine demokratischen Qualitäten werden nicht einmal mehr erwähnt.

Die Ausbreitung der neuen Metaphysik ist rapide, nicht nur in der Dritten Welt, sondern auch in der Ersten, wie der Kommentar von Daimler Benz-Chef Jürgen Schrempp zeigt, in dem Sinne, daß »Profitmaximierung gegenüber dem Umsatz den Vorrang übernehmen muß« – was u.a. zur Entlassung von 70.000 Beschäftigten geführt hat (14) –; oder auch in Japan, wo die vielbewunderte lebenslange Loyalität der Arbeiter zu »ihrem« Betrieb sich unter der Politik des »downsizing« (»Gesundschrumpfens«) zunehmend auflöst. Meinungsumfragen des japanischen Arbeitsministeriums zeigen folgenden Trend: 1987 erklärten 42,3% der Befragten, es wäre »O.K.«, einen Arbeitsplatz zu wechseln, gegenüber 52,6%, die es vorzogen, so lange wie möglich an einem Arbeitsplatz zu bleiben. Im Jahre 1995 stieg der Anteil der Erstgenannten auf 63,4%, während die »Loyalitäts-Vertreter« auf 31,4% sanken. (15) Die Anpassungstendenzen des sogenannten »rheinischen« Kapitalismus – einer durch Jean-Jacques Servan-Schreibers *Le Défi Américain* oder Michel Alberts *Capitalisme contre Capitalisme* publizistisch in die ideologische Weltdebatte katapultierten Kategorie – an die von den USA vorgegebene »Wirtschaftskultur« sind überdeutlich, und die disziplinierende Sozialisierung mittels Arbeitslosigkeit und Sozialabbau zum Schutz des »Standorts Deutschland-Europäische Union« schreitet zügig voran. Trotz aller Rhetorik europäischer Unionspolitiker imitieren immer mehr transnationale Konzerne der »Alten Welt« den »American way of business«, handeln ihre Aktien an der New Yorker Börse, übernehmen US-Buchführungsstandards, benutzen US-Consultingfirmen und »Investment Banks«, restrukturieren ihre Konglomerate und öffnen ihren Aktienbesitz ausländischen Investoren. Nach Angaben der britischen Wirtschaftszeitung The Economist (13.7.1996) hat sich der ausländische Aktienbesitz in Schweden zwischen 1990 und 1994 mehr als verdoppelt und beträgt gegenwärtig 22%; in Frankreich stieg er im gleichen Zeitraum von 15% auf 25%, und in Deutschland stieg er von fast Null auf circa 20%. Unter dem doppelten Druck geringerer Profitmargen (gegenüber US-Firmen) und neuer Kapitalmarktinstrumente verändert sich das enge Verhältnis zwischen europäischem Finanz- und Industriekapital – exemplarisch etwa zwischen Deutscher Bank und Mercedes Benz –, und der *homo oeconomicus* made in USA setzt sich durch. In den Worten Jean Estins, Manager eines führenden US-Consultingunternehmens: »Alle internationalen Management-Consulting Firmen sind assoziiert mit der US-business culture«.

Wie weit die gutverdienenden Mandarine der Globalisierung in Weltbank, Weltwährungsfonds und anderen *Think tanks* des modernisierenden Großkapitals die Uhr des gesellschaftlichen Fortschritts bereits zurückgedreht haben, zeigt sich im Vergleich mit dem frühbürgerlichen »idealistischen Reaktionär« Hegel. Während der Philosoph des aufgeklärten preußischen Despotismus die Französische Revolution als eine herrliche Morgenröte begrüßte, die die Aussöhnung absoluter Staatsmacht und individueller

Freiheit des Bürgers in greifbare Nähe rückte – ein eminent ethisches Ziel –, erkennen die neuen Exorzisten der Hoffnung und Vernunft lediglich das an, was ihr neues Totemtier in seiner unerschöpflichen Weisheit realisiert. Dem *homo sapiens* bleibt keine andere Rolle in der historischen Entwicklung, als unterwürfig die Strafen und Gratifikationen göttlicher (merkantiler) Prädestination zu akzeptieren, die über ihn verfügt wie in den dunkelsten Zeiten seiner Vorgeschichte.

Das Sozialisations-»Angebot« des Kapitalismus besteht im bedingungslosen Rückschritt des Subjekts – der einzigen mit Vernunft ausgestatteten Entität des Universums – zur Prosternation vor dem Wertgesetz, welches in der Doppelmaske abstrakter Ideologie der Marktentscheidungen und sozialdarwinistischer »Philosophie« sein globales Unwesen treibt. Die derzeitige Offensive des reaktionären US-Etatismus (Neoliberalismus) gegen den Staat als ethisches Prinzip und Wohltäter der Bedürftigen spiegelt die extreme Brutalität und Aktualität neomalthusianischer Globalisierungslogik wider. In einer der entsprechenden Aktivitäten des US-Kongresses hat die überwiegende Mehrheit der Abgeordneten und Senatoren für ein Gesetz gestimmt, welches das von F. D. Roosevelt vor sechzig Jahren im Rahmen des New Deal eingeführte System sozialer Sicherheit und Wohlfahrt (welfare) praktisch eliminiert.

Unter den Maßnahmen des Gesetzes befinden sich folgende: das Recht, staatliche Unterstützung (welfare) zu beanspruchen, wird einem »lifetime limit« von fünf Jahren für alle Familien unterworfen. Im Wahlkampf hatte Clinton sogar angeboten, diese Frist auf zwei Jahre herunterzusetzen, um »Arbeit und Verantwortung zum Gesetz des Landes zu machen« und den Sozialhilfeempfängern zu sagen, daß sie in zwei Jahren »Lohnempfänger sein müssen, nicht Sozialhilfeempfänger«. (16) Nach zweimonatigem Sozialhilfeempfang haben die Bundesstaaten das Recht, die Bedürftigen zu Gemeindediensten zu verpflichten. Die Garantie der Bundesregierung, den einzelnen Staaten die notwendigen Finanzmittel zur Unterstützung der Armen zuzuteilen, entfällt. Die Bundesstaaten, die nicht die vorgesehene Transformationsrate von Sozialhilfeempfängern in Arbeitende erfüllt, verlieren progressiv die Unterstützung aus Bundesmitteln: der Verlust an Subsidien steigt von 5 Prozent im ersten Jahr auf 21 Prozent im neunten Jahr. Wie und mit welchen Mitteln die Empfänger von »welfare« in Beschäftigte verwandelt werden sollen, wird nicht gesagt. Und das, obwohl die von

Arbeitslosigkeit verursachte Armut generell keine Folge von Arbeitsunwilligkeit, sondern von Mangel an Arbeitsplätzen ist. Eine Studie über das Arbeitsangebot in New York aus dem Jahr 1989 zeigt zum Beispiel, daß für 770.000 Personen, die Arbeit suchten, nur 57.000 offene Stellen vorhanden waren. (17) Eine andere empirische Untersuchung in derselben Stadt widerlegt einen weiteren Mythos der neoliberalen Staatsreaktionäre hinsichtlich der Betrügermentalität der Empfänger staatlicher Unterstützung. Die Stadt führte ein neues Identifikationssystem auf der Basis von Fingerabdrücken ein, um zu verhindern, daß Sozialhilfe mehrfach ausgezahlt wurde. Das System kostete zwischen 40 und 50 Millionen Dollar und sein Effekt war praktisch null: der Anteil betrügerischer Anträge lag bei 0,3 Prozent oder 43 von insgesamt 148.502 Fällen. (18)

Das Gesetz sieht außerdem eine Reduzierung der Lebensmittelmarken für Arbeitslose ohne Kinder und legale Immigranten vor. Finanzielle Hilfe für alleinstehende Mütter unter 18 Jahren wird nur gewährt, falls sie die Schule besuchen und mit einem Erwachsenen leben. Strengere Auswahlkriterien werden viele behinderte Kinder in armen Familien von zusätzlicher staatlicher Hilfe (Supplemental Security Income) ausschließen. Gleichzeitig sind Einschnitte im Programm staatlicher Krankenversorgung für Minderbemittelte (Medicaid) vorgesehen, und der Juristische Ausschuß des Unterhauses hat sich für die Abschaffung der Vereinigung Juristischer Dienste (Legal Services Corporation), die mittels eines staatlichen Zuschusses von 415 Millionen Dollar die juristische Beratung Bedürftiger gewährleistete, ausgesprochen. Durch diese Maßnahme blieben Millionen von Bürgern ohne jeden Rechtsschutz ihrer Zivilrechte. Von den 1,7 Millionen Fällen, die die Anwälte der Vereinigung betreut haben, betrafen 33 Prozent familiäre Angelegenheiten, wie Unterhalt von Kindern, Mißbrauch von Frauen oder Scheidungen. 22 Prozent waren Mietstreitigkeiten, 16 Prozent Probleme im Zusammenhang mit welfare oder anderen staatlichen Leistungen. Der Rest hatte mit Ausbildung, Konsum, Beschäftigung, medizinischer Versorgung und individuellen Rechten zu tun.

Die Abschaffung der staatlichen Verpflichtungen vollzieht sich unter dem Banner von Effizienz und Demokratie. Zentralstaatliche Verantwortlichkeiten des entfernten und »bürokratischen« Washington werden zugunsten der effizienten und demokratischen Bundesstaaten, die die Probleme bürgernah lösen, neu verteilt. Diese Politik der »Föderalisierung« bedeutet in der Realität, daß die staatliche Gewährleistung der Menschenrechte aus der nationalen öffentlichen Diskussion verschwindet und den Interessen der lokalen Oligarchien untergeordnet wird. Die Gesetzgebung der Bundesstaaten im Umweltbereich etwa zeigt, daß die Klüngeleien zwischen lokaler Exekutive, Legislative und dem Großkapital sogar noch verbreiteter sind als in Washington, so daß der Bürger im allgemeinen, und der Arme im besonderen, letztlich ohne Rechte bleibt. (19) Im gleichen Zeitraum haben dieselben Republikaner das Budget des Pentagons um 7 Milliarden Dollar aufgestockt, ohne daß die Militärs dies beantragt hätten. (20)

Die Maßlosigkeit des Großkapitals und seiner politischen Angestellten ist nicht etwa eine Folge der wirtschaftlichen Krise des Systems, sondern ihrer Überzeugung, zur ökonomischen Diktatur des Frühkapitalismus zurückkehren zu können. Wie bereits geschildert, sind die US-Unternehmensgewinne so hoch wie nie zuvor, und das Inlandsprodukt je Einwohner wächst; gleichzeitig haben sich jedoch die Durchschnittseinkünfte von weißen, männlichen Angestellten von 34.000 Dollar im Jahr 1973 auf 30.407 Dollar im Jahr 1993 reduziert, ein Vorgang, der in der Geschichte des Landes einzigartig ist. (21)

Das von Clinton während der Drucklegung dieser Arbeit unterzeichnete Gesetz – mit den oben erläuterten Inhalten – wird die Mehrheit der 12,8 Millionen Sozialhilfeempfänger und fast die Gesamtheit der 25,6 Millionen Personen, die mit Lebensmittelmarken überleben, betreffen. Nach der Unterzeichnung des Gesetzes, dessen Inspiration unverkennbar die Arbeitshaus- und Armenhaus-Gesetzgebung und Ideologie des Manchester-Kapitalismus des frühen 19. Jahrhunderts ist – man vergleiche etwa die entsprechende Gesetzgebung aus dem Jahre 1834 –, bemerkte Clinton mit der ihm üblichen Demagogie, daß dieses Gesetz »ein wirklicher Schritt nach vorn ist, für unser Land, unsere Werte und für die Sozialhilfeempfänger«. Und fuhr fort, mit malthusianischem Zynismus und malthusianischem Diskurs: »Wir müssen bereit sein zu experimentieren ... und Wege zu finden, um den Zirkel der Abhängigkeit, der die Leute hinabzieht«, zu durchbrechen. Sein republikanischer Kollege und Vorsitzende des Finanzausschusses, John R. Kasich, erklärte die Maßnahme, die den Leuten, »die zählen«, in den nächsten sechs Jahren 55 Milliarden Dollar ersparen wird, mit kartesianischer Klarheit: *People are not entitled to anything but opportunity. You can't ty. You can't be on welfare for generations.* »Das einzige Recht der Leute besteht in der Chancengleichheit. Sie können nicht für Generationen von der Wohlfahrt leben« – ausgenommen die Reichen natürlich, die sich am Trog staatlicher Wohlfahrt generationsüberschreitend und chancengleich »mästen« (New York Times, 1.8.1996).

Die Durchsetzung der neuen Human-software – des neuen anthropologischen Paradigmas – drückt sich bereits im Erziehungswesen und der formalen Ausbildung in zwei wichtigen Dimensionen aus: a) der Anwendung der neoliberalen Logik auf die Ausbildung und ihre Konzeptualisierung als eine Ware unter anderen, sowie b) dem Gebrauch formaler und informaler Sozialisationssysteme als Instrument der Realisierung des neuen homo oeconomicus, wie ihn die Globalisation des Kapitals verlangt.

Die Transformation der Bildung (Edukation) aus einem Vehikel ganzheitlicher Lebensperspektive in Ware bedeutet, daß der Prozeß der Ökonomisierung des Lebens bis in den letzten Winkel menschlicher Essenz vordringt, ganz ähnlich wie es in der biologischen Dimension mit der Biotechnologie geschieht. Diese ermöglicht, in die Pläne biologischer Evolution des Menschen manipulierend einzugreifen; jene gestattet das Gleiche im Bereich der psycho-sozialen Architektur der Persönlichkeit. Mit der Übertragung weitreichender Entscheidungskapazitäten an die organischen Intellektuellen der transnationalen Konzerne wie Weltbank, Weltwährungsfonds, UNESCO usw. verlagert sich die Kontrolle über die psychosoziale »Genetik« der Individuen in substantieller Weise in die Verfügungsgewalt der Globalisierer. Diese Kontrolle über die psycho-soziale Architektur der Menschheit ist für den globalen Kapitalismus ein unentbehrliches Mittel, um, in Übereinstimmung mit seiner Systemlogik, die Ökonomisierung aller gesellschaftlichen Beziehungen durchzusetzen; d.h. sie und ihre handelnden Subjekte im Rahmen des Kosten-Nutzen Kalküls zu bewerten und somit als Ware zu identifizieren.

Dies ist das Wesen der Bildungsreformen, die das neoliberale Paradigma verlangt. Und aus dieser Sicht ist die Erhaltung einer allgemeinen, öffentlichen und kostenlosen Bildungsstruktur in Lateinamerika und anderen Drittweltregionen eine nutzlose Ausgabe, wenn man davon ausgeht, daß mehr als die Hälfte der Auszubildenden für den nachfolgenden Produktionsprozeß überflüssig sind.

Die empirischen Tendenzen dieses Prozesses wurden bereits im vorhergehenden Kapitel angesprochen; erwähnen wir hier nur, daß sich in Ländern wie Brasilien, Kolumbien und der Dominikanischen Republik bereits mehr als 70 Prozent der höheren Ausbildung in Händen privater Organisationen befinden; in Chile, El Salvador und Peru liegt der Anteil bei 30 Prozent, und in Mexiko, Costa Rica, Argentinien, Ekuador, Bolivien und Uruguay nähert er sich 20 Prozent an. Gleichzeitig ist der Zugang zu den Universitäten erschwert worden, wie der relative Rückgang in den Studentenzahlen zeigt: In den sechziger Jahren betrug das durchschnittliche jährliche Wachstum der Immatrikulationsquote mehr als zehn Prozent; in den siebzigern überstieg es die 15-Prozent-Marke; in den achtzigern ging es zurück auf 3 Prozent und bei diesem Wert ist es auch während der neunziger Jahre geblieben. (22)

Diese Mehrheit der Erwerbstätigen in Lateinamerika, die im sogenannten formellen Bereich der Wirtschaft keine Arbeit findet, benötigt weder Alphabetisierung noch eine höhere Schulbildung. Für ihre Beschäftigung im prekären Sektor (Straßenverkäufer von Süßigkeiten oder Zeitungen, gelegentliche Arbeiten als Handlanger, Autowäscher, usw.) oder – schlimmer noch – als von struktureller Arbeitslosigkeit Betroffene, sind ihre rudimentären formalen Qualifikationen mehr als ausreichend.

Für diese industrielle Reservearmee und das wachsende Heer von Verelendenden und sich Kriminalisierenden übernehmen Fernsehen, Alkohol und Drogen die Bildungsfunktion. Eine der wesentlichen Funktionen der audiovisuellen Kommunikationsmedien ist es zu verhindern, daß die wachsende Desintegration der Familien, die versagende schulische Sozialisation, die zunehmende Gewalt und das individuelle Scheitern – die eine Folge struktureller Arbeitslosigkeit und verkümmerter Reproduktion sind –, ein unkontrollierbares, destabilisierendes Potential für das Regime erzeugen.

In seinem klassischen (bejahenden) Essay über die notwendige Indoktrinierung der Massen in der liberalen Demokratie definierte Edward L. Bernay die Massenmedien als »open doors to the public mind«, offene Türen zur Beeinflussung und Kontrolle der Öffentlichkeit, die die herrschende Elite zur »manufacture of consent« – zur Fabrikation des Konsenses – benutzen solle, welche die »wahre Essenz des demokratischen Prozesses« darstellt.

(23) Heute stehen diese Türen weltweit den transnationalen Medienkonzernen offen, die im »public mind« ein und aus gehen, als wären diese Türen ihre eigenen Haustüren, und die dabei die »wahre Essenz des demokratischen Prozesses« bis in den letzten Winkel der kapitalistischen Infrawelt verbreiten.

Die Summen, welche die »Fabrikation des Konsenses« für merkantile und politische Zwecke verschlingen, sind enorm. Die kommerziellen Werbeausgaben im *global village* des Jahres 1995 betrugen 360,1 Milliarden Dollar; für 1996 wird diese Summe auf rund 386 Mrd. Dollar ansteigen und für 1997 sind rund 412 Milliarden Dollar projektiert. Davon entfallen für 1996 und 1997, 172,8 und 183 Mrd. Dollar auf die USA. (24) Große transnationale Konzerne geben zum Teil bis zu 25 bis 30% ihres Gesamtumsatzes für Werbung aus. Procter & Gamble, beispielsweise, hatte 1995 einen Jahresumsatz von 33 Milliarden Dollar und investierte 8,3 Milliarden Dollar in ihre Werbung. (25)

Das zentrale Thema dieser Werbespots ist die Legitimität der Befriedigung eigener Bedürfnisse, so extravagant oder verschwenderisch sie auch sein mögen. Führte Erich Fromm in den siebziger Jahren noch die Diskussion des »to have or to be« (»Haben oder Sein«), so ist die Entscheidung längst für das Haben gefallen. Und es kommt nicht auf die Legitimität des Habens an. Ob Waffenhändler oder Grundstücksspekulant, was zählt ist der Ist-Bestand, nicht seine Herkunft. Dem entspricht, daß eine positive Korrelation zwischen den Einkommen wirtschaftlicher Führungskräfte und der Firmeneffizienz statistisch nicht nachweisbar ist. Eine 1994 in 484 kleineren US-Unternehmen durchgeführte empirische Untersuchung der Beziehung zwischen direkten Kompensationen der Führungskräfte und der Effizienz »ihrer« Unternehmen zeigte, daß zwischen beiden Variablen keine Abhängigkeit besteht. (26) Während Vespasians *non olet* mehr denn je gilt, ist der Kaufakt zu einem Akt der Demokratie geworden; was erklärt, warum in Gesellschaften wie Kuba keine Demokratie herrscht. Der Diskurs der transnationalen Konzerne rotiert um die Achse der Verkaufsindoktrination, doch seine kommerziellen Implikationen transzendieren bei weitem die darauf begrenzten Sendezeiten. Durch das Privateigentum an den Medien und die Patronage der großen Werbekunden erfolgt eine generelle Anpassung der Programmausrichtung an die Bedürfnisse der großen Firmen, denen die Medien Marktsegmente potentieller Käufer vermitteln. Der

Marktwert eines Mediums wird von seiner Profitrate bestimmt und diese – abstrahieren wir von der internen Kosten-Nutzenstruktur des Mediums – hängt im wesentlichen vom Volumen und der sozialen Komposition (Kaufkraft) der veräußerbaren Marktsegmente ab, welche die Tarife der Werbezeiten bestimmen. Das zentrale Operationsziel des Massenmediums liegt daher in der Erhöhung der Zahl seiner Hörer, Leser oder Zuschauer, nicht in einem breiten Angebot hochwertiger Unterhaltung und Information. Sendungen, die wenig Publikum anziehen, d.h. vor den Zensurinstanzen der Einschaltquoten und »ratings« versagen, finden keine Werbefinanzierung und fallen früher oder später aus dem Programm heraus. Das Programm-Resultat dieser kommerziell-quantitativen Logik ist der sichere Dreischritt zum Profit der Aktionäre: Sport, Gewalt und Sex.

Die politische Indoktrinierung ist Teil dieser größeren Aufgabe der Massenmedien. Sie können die politischen Anzeigen in »Großbritannien, Deutschland und einschließlich Südamerika ansehen und werden feststellen, daß sie denen der Vereinigten Staaten sehr ähneln«, schreibt Zoe Ingalls über »Oklahoma's Archive of 50.000 Radio and TV Commercials for Political Candidates«. Und er erklärt warum: »Wir exportieren unsere politischen Propagandatechniken in alle Welt«. (27) Einer der letzten Importeure politischer US-Propagandatechniken war Boris Jelzin, für den ein US-Propagandateam mit Unterstützung des Weißen Hauses eine Popularitätsrate von nur 6 Prozent im Februar 1996 in einen Präsidentschafts-Wahlsieg im Juni/Juli verwandelte. »Stalin hatte höhere positive und niedrigere negative Werte als Jelzin«, kommentiert einer der US-Propagandisten das Indoktrinierungsproblem und fügt hinzu: »Über 60 Prozent der Wähler hielten Jelzin für korrupt.« Doch eine Mischung aus »dirty tricks«, falschen Meinungsumfragen, ständiger Wiederholung der Bürgerkriegsgefahr im Falle eines Wahlsiegs der Kommunisten, die offene Verletzung der Wahlgesetzgebung und Verwandlung der Massenmedien in staatliche Propagandaapparate führten zu dem, was Präsident Clinton gerührt eine »Konsolidierung des demokratischen Prozesses in Rußland« nannte. Er hatte nicht ganz unrecht: im *Newspeak* des Westens sind sowohl die Wahlmanipulation als auch der Prozeß in Rußland demokratisch – solange sie den richtigen Kandidaten an die Macht bringen. (28)

Die Organisation der Parteiversammlung der Republikaner in den USA, die ihren Präsidentschaftskandidaten nominieren wird, ist ein weiteres gutes Beispiel für die »politische Kultur« der Manipulation, die die Repräsentanten der plutokratischen Demokratie zunehmend perfektionieren. »Wir haben moderne Fernsehprogramme untersucht, um herauszufinden, was die Aufmerksamkeit der Leute fesselt«, sagt der verantwortliche Manager Paul J. Manafort. Und wir haben versucht, ein »Programm zu kreieren, das genau wie ein Fernsehprogramm ist – mit einer politischen Botschaft«. Das Podium der Republikaner wird ein »Erzählpunkt« sein, und alle in der Halle versammelten Akteure fungieren in einer Produktion, deren »Choreographie überzeugte Republikaner mobilisieren soll«. Die Organisation des Konvents dreht sich nicht um Ansprachen, sondern um fünfminütige Stories, die die Aufmerksamkeitsspanne der Zuhörer nicht überfordern. Die Anzahl der Mitglieder im Kommunikationsteam wird daher die des politischen Teams überschreiten. (29)

Die Mediensozialisation einer ihren Traditionen entwurzelten Bevölkerung, die der neuen visuellen Kommunikation (Bildkultur) ohne objektive Interpretationsmuster der Wirklichkeit und historisches Bewußtsein ausgeliefert ist, stellt das Opium für jene dar, die den Platz von Victor Hugos *Les misérables* eingenommen haben, wie die Vielzahl von Fernsehantennen auf den Behausungen der Elendsviertel, Slums und Favelas der Dritten Welt bezeugt. Konservative oder rationalistische Kritik daran, daß die Slumbewohner ihr Geld besser in andere Sachen investieren sollten, geht an der Lebenssituation dieser Menschen vorbei. Die Antenne zur virtuellen Realität ist die Brücke zwischen hoffnungs- und sinnlosem Da-Sein und dem Traum von einer menschenwürdigen Existenz: das Blochsche Prinzip Hoffnung in der kapitalistischen Infrawelt des *global village*. In der Anthropologie des Cyberspace ist die Telekratie das Opium der Armen, so wie der Konsumismus das Opium der Mittelklasse ist.

Diese Affirmationen sind nicht als Teil einer Verschwörungstheorie zu verstehen, die behauptet, daß eine dominierende Gruppe von Personen einen bis ins Detail ausgefeilten diabolischen Plan durchführt. Eine solche Position wäre ähnlich naiv-extrem wie die Luhmanns, in dessen abstraktem Kategorienkarussell die Funktion der Massenmedien »im Dirigieren der Selbstbeobachtung des Gesellschaftssystems liegt« und sich alle konkreten Herrschafts- und Ausbeutungszusammenhänge verflüchtigen in einen »Effekt der funktionalen Differenzierung der modernen Gesellschaft ... also von rekursiv stabilisierten Funktoren, die auch dann stabil bleiben, wenn ihre Genetik und ihre Funktionsweise aufgedeckt sind«. (30) Das wird den transnationalen Medienkonzern Bertelsmann, der Luhmanns Opus in seiner »Fachinformation« mit dem Hinweis veröffentlicht, daß »jede Verwertung (des Buches) außerhalb der engen Grenzen des Urheberrechtsgesetzes ohne Zustimmung des Verlags unzulässig und strafbar ist«, freuen zu hören.

Der zu beobachtende objektive Prozeß der Medien läßt sich vielmehr als eine Kombination der aus den Notwendigkeiten der Mehrwertproduktion herrührenden Imperative und der ideologischen Herrschaftsnotwendigkeiten der Benefiziare des *global village* verstehen. In seiner Totalität ist der Prozeß eine resultierende Kraft aus den Dynamiken anarchischer Kapitalexpansion und kalt berechneter strategischer Planung. Das Internet etwa entstand ursprünglich (in den 60er Jahren) als ein nuklearkriegsresistentes dezentralisiertes Kommunikationssystem des Pentagons, welches sich später verselbständigte. Die Globalisierung der Kapitalmärkte und des Spekulativkapitals andererseits ist ein Produkt des organischen Wachstums des Kapitals, dem die G-7 – nach der mexikanischen Krise und der der »emerging markets« vom Dezember 1994 – einen normativen Bezugsrahmen zu geben versucht, um eventuelle Weltfinanzkrisen zu verhindern.

Die Konstruktion des *homo oeonomicus* – von den prinzipiellen Protagonisten des Systems wie Werbefirmen, Managementberater, Akademiker, Medienmitarbeiter usw. unermüdlich vorangetrieben (31) – verwirklicht sich auf zwei Ebenen der Realität: in der täglichen sozio-ökonomischen Existenz wie in der virtuellen Realität des Cyberspace. Was erstere angeht, so sozialisiert die gesellschaftliche Reproduktions-Umwelt das Individuum ständig innerhalb der Disziplin und des Kanons des Establishments. Diese Sozialisation – begründet in der normativen und doktrinären Kraft der Verhältnisse der Arbeitswelt – wird ergänzt durch die des Cyberspace.

Das Aufkommen instantaner (sofortiger oder unmittelbarer) Kommunikation, live und weltweit – der Cyberspace – ist die bisher letzte von fünf großen informatorisch-kulturellen Revolutionen der Moderne. Die erste resultierte aus der Erfindung des Buchdrucks durch Johann Gutenberg (1445), die eine universale Schriftkultur der Informationselite ermöglichte. Mit der Einführung des Radios in den zwanziger Jahren dieses Jahrhunderts entwickelte sich eine auditive Massenkultur – deren politisch-propagandistisches Potential zum erstenmal systematisch von den Nazis ausgebeutet wurde –, der die kommunikative Revolution der Fernsehbilder in den fünfziger Jahren folgte. Die vierte Revolution begann mit der weiten Verbreitung des Computers Anfang der achtziger Jahre, dessen rudimentäre Ursprünge sich zu den Rechenmaschinen Blaise Pascals (1642) und Charles Babbages (1822) zurückverfolgen lassen. Der große Sprung nach vorn erfolgte jedoch erst während des Zweiten Weltkriegs in den USA (Eckert und Mauchly), Großbritannien (Turing) und Deutschland (von Zuse), und nach dem Krieg mit der Einführung des ersten »disk drives« durch IBM im Jahr 1956. Die gegenwärtig erlebte Revolution findet im Bereich der Multimedien statt; der Terminus bezieht sich auf die Konvergenz (zusammenlaufende Entwicklung) von Telefon, Fernsehen und Computer in einem einzigen technischen Medium, welches mittels der Übertragung von Bildern, Daten und Sprache eine rasche und unmittelbare Kommunikation erlaubt. Mit dieser letzten Entwicklung entsteht die kybernetische Kultur, die die erste wirklich universale Kultur in der Geschichte des Menschen ist. Es handelt sich um ein wahrhaft weltweites neuronales System – ein gigantisches Netz von Sendern und Empfängern, welche über elektronische Neurotransmitter miteinander in Verbindung stehen –, das den Menschen erlaubt, realzeitlich und räumlich miteinander zu kommunizieren; ähnlich dem menschlichen Gehirn, dessen Netz von über hundert Milliarden Neuronen mit Hilfe chemischer Neurotransmitter Information überträgt.

Während die technologischen Grundlagen des kybernetischen Raums – heute allgemein nach dem 1984 von dem kanadischen Schriftsteller William Gibson geprägten Terminus »Cyberspace« genannt – in der Digitalisierung (binäre Informationsverarbeitung) und der Multimediatechnik liegen, besteht ihr enormes Indoktrinationspotential in der Möglichkeit eine neue, eigenständige und globale Welt zu schaffen: die virtuelle Realität.

Damit realisiert sich ein Traum ideologischer Kontrolle für die wirtschaftlichen und politischen Eliten der globalen Gesellschaft. Ist im Mythos der jüdisch-christlichen Schöpfungsgeschichte die Welt geschaffen nach dem Bild des Demiurgen, so gilt dies für die Realität der neuen Genesis in besonderem Maße. Die neue Ökumene wird konstruiert auf der Basis der Vorstellungen und Interessen einer Handvoll transnationaler Unternehmen, die jenseits jeder demokratischen Kontrolle operieren und die Mehrheiten zu einem bloßen Objekt ihrer Aktivitäten degradieren.

Die Sozialisation des semiotischen Weltbürgers – des netizen (Wortbildung aus internet und citizen) – durch die virtuelle Realität des Cyberspace weist einen quantitativen und eine qualitativen Aspekt auf. Bevor wir auf diese eingehen, ist jedoch ein kurzer Exkurs zu den abstrakten Begriffen Cyperspace und virtuelle Realität angebracht. Die didaktisch einfachste Möglichkeit, den neuen kybernetischen Raum zu verstehen, ist die der Analogie zu anderen Kommunikationssystemen. Die weltweite Straßeninfrastruktur erlaubt es theoretisch jedem Bürger, mittels eines Automobils mit jedem anderen Bürger in Kontakt zu treten (zu ihm zu fahren). Man könnte dieses Verkehrssystem als »erdgebundenen Verkehrsraum« bezeichnen, ebenso wie man vom Luftverkehrsraum spricht. Der Cyberspace ist ein ähnliches Kommunikationssystem, dessen Infrastruktur von Telefonleitungen, Satellitenverbindungen und Computern gebildet wird, so daß jeder, der über die entsprechenden technischen und ökonomischen Mittel verfügt, mit jeder anderen Person in gleicher Situation weltweit in Verbindung treten kann.

Der Begriff »virtual reality« bezog sich ursprünglich auf die getreue Reproduktion einer realen Situation mittels Bild und Ton sowie die Fähigkeit des Subjektes, innerhalb dieser elektronisch rekonstruierten Wirklichkeit zu agieren. Diese parallele Realität reproduziert die gleichen erkenntnistheoretischen Schwierigkeiten, die der »gesunde Menschenverstand« vorfindet, wenn er die vor-elektronische Realität analysiert. Die virtuelle Realität als Schein-Realität abzutun ist ebenso falsch, wie sie als Verdoppelung der Wirklichkeit zu bezeichnen. Die Kreation der virtuellen Realität, sagen wir, eines Bürgers im antiken Rom – in der der Zuschauer durch die Straßen Roms wandern kann –, ist eben nicht bloß eine Mimesis oder Reproduktion der (historischen) Wirklichkeit, sondern ein genuiner Schöpfungsakt menschlicher Produktion. Und sie als fiktive oder Schein-Realität zu begreifen, heißt ihre Dialektik oder ihren Doppelcharakter zu verfehlen, wie folgendes Beispiel klarmacht. Milliarden Menschen sehen jeden Tag, wie die Sonne vor ihren Augen auf- und untergeht. Diese Wahrnehmung ist objektiv falsch; in astrophysischen Termini wird dieses Phänomen durch die Rotation des Planeten Erde hervorgerufen, doch existiert keine vertikale Bewegung des Auf- und Untergehens der Sonne. Die subjektive

Interpretation des Phänomens steht also im Gegensatz zur objektiven Realität – ist objektiv unwahr; doch die subjektive Interpretation der zyklischen Sonnenbewegung ist, andererseits, Ausdruck der neurologischen und sensoriellen Struktur des Menschen und daher Teil der objektiven Wirklichkeit. Anders gesagt, für ihn ist das, was er (theoretisch) unvermittelt sieht – der Sonnenaufgang –, eine mentale Realität, die den Charakter objektiver Wirklichkeit oder Wahrheit besitzt und folglich verhaltensleitend wird. In dem Maße, wie die technische Qualität der erzeugten virtuellen Realität sich perfektioniert, wird dieses Attribut des kybernetischen Raumes also in ständig neue Lebensbereiche des *homo sapiens* vordringen und verhaltensbestimmend werden, tendenziell in dem Sinne, wie es in der »Brave New World« Huxleys über das Medium biogenetischer Determinierung erreicht wird. Die entsprechende Computerkapazität ist im wesentlichen abhängig von zwei Faktoren: der Geschwindigkeit, mit der ein Computer bestimmte Operationen durchführen kann, sowie von seinen Speicherkapazitäten. Nach dem sogenannten Gesetz von Moore (Moore's Law), verdoppelt sich die Operationsgeschwindigkeit der Computer alle 18 Monate, während die Speicherkapazität der »disk drives« von 1956 bis 1996 um das 650.000fache stieg. (32)

Damit wird deutlich, daß die Durchdringung traditioneller Lebensbereiche durch den kybernetischen Raum mit außerordentlicher Schnelligkeit vor sich gehen wird.

Wir hatten gesagt, daß die Sozialisation des semiotischen Weltbürgers durch die virtuelle Realität und die übrigen Kapazitäten des Cyberspace einen quantitativen und einen qualitativen Aspekt aufweist. Was ersteres betrifft, läßt sich eine wachsende Ausdehnung des Fernsehprogrammangebots beobachten, dergestalt, daß es möglich ist, sich täglich 24 Stunden ununterbrochen vom Fernsehgerät unterhalten zu lassen. Mit der bereits begonnenen Symbiose – im Jargon der Branche: Synergie – von transnationalen Telekommunikationsanbietern (Telefongesellschaften) und elektronischen wie gedruckten Kommunikationsmedien (Fernsehgesellschaften, Filmstudios, Zeitungen usw.) wird der Zuschauer sein Unterhaltungsprogramm aus 200 oder 300 verschiedenen Kanälen zusammenstellen können, einschließlich der Auswahl von in Videotheken gespeicherten Programmen. Beispiele dafür sind der kürzliche Erwerb der drei wichtigsten Kabelfernsehgesellschaften New Yorks (ComCast, Cox Cable Communications und Tele Communications) durch die US-Telekommunikationsgesellschaft Sprint, zusammen mit dem Erwerb von 29 der 99 Lizenzen der sogenannten Personal Communication Systems (PCS – drahtlose individuelle Kommunikationssysteme), zu einem Preis von 2,1 Milliarden Dollar; oder auch der 19 Milliarden Dollar-Kauf von Capital Cities/ABC durch die Walt Disney Company und die Fusion von Time Warner Inc. und Turner Broadcasting System Inc. (beide 1996), welche den größten Medienkonzern der Welt geschaffen hat. (33)

In Hinsicht auf die Inhalte wird der Cyberspace dichotomisch gestaltet sein, ähnlich wie in den aktuellen Pressemedien: eine Ebene für die Informationselite, der Datenbanken, Zeitungen gehobenen Niveaus, aktuelle Wirtschaftsnachrichten, Hintergrundinformation und Analysen zur Verfügung stehen, und eine zweite für die Indoktrinierung der Massen.

Der Übergang von der Schriftkultur zur Bildkultur in der Massenindoktrinierung ist rapid und damit der Verlust von Fähigkeit und Bereitschaft, irgendeinen Text substantieller Länge zu lesen, der Konzentration erfordert. »Kürze. Fünf-Sekunden sound bites. TV-Kanal-surfing. Instantane Gratifikation. Sich schnellbewegende Imagos (Bilder). Konstante Stimulation. Kürzere Aufmerksamkeits-Spannen. Eine Welt, in der das Schlimmste darin besteht, langweilig zu sein.« (34) Wo Bedürfnisbefriedigung und zunehmend auch berufliche Tätigkeit über die enorme sensorielle Expansion des Cyberspace von einem stationären geographischen Ort aus realisiert werden: virtuelles Büro, virtuelle Gemeinschaft, virtuelles Reisen, virtuelle Liebe. Bereits heute verbringen US-Schulkinder ebensoviel Zeit vor dem Fernsehschirm wie im Klassenraum, während der US-Bürger im Durchschnitt über 30 Wochenstunden Fernsehen schaut und der Verkauf elektronischer Enzyklopädien bei weitem den der gedruckten Lexika übersteigt. Der Vergleich zu Ray Bradburys *Fahrenheit 451* drängt sich auf, einer futuristischen Vision aus den fünfziger Jahren, in der die Massen einer Abneigung gegen die Lektüre von Büchern frönen, ihre libidinöse Beziehung zu Bildschirmen genießen und sich freuen, wenn die Feuerwehr Bücher verbrennt.

Es ist wichtig, diese elitäre Dimension des Internet und Cyberspace einer tiefgehenden Kritik zu unterziehen, angesichts der offiziellen Propaganda und der Apologien der System-Intellektuellen, welche die zukünftige kybernetische Kultur als eine »Kultur für alle« oder als Prozeß unvermeidlicher Demokratisierung menschlicher Interaktionen bezeichnen. Ein Beispiel dieser Ideologie lieferte der deutsche Wirtschaftsminister Rexrodt auf dem letzten G-7 Gipfel in Brüssel, als er sagte, daß der Vorteil der globalen Informationsgesellschaft darin bestünde, daß »die Menschen in aller Welt zu jeder Zeit miteinander kommunizieren könnten«. (35) Thabo Mbeki, der Vizepräsident Südafrikas, kommentierte diese demagogische Aussage in adäquater Weise, indem er daran erinnerte, daß »die Hälfte der Menschheit noch nicht einmal einen Telefonhörer in der Hand gehalten hat«. (36) Dem ist hinzuzufügen, daß rund 30% der Bewohner der Dritten Welt Analphabeten sind. Neuere Studien über die 24 Millionen Nutzer des Internets in den Vereinigten Staaten und Kanada zeigen, daß das Durchschnittseinkommen der US-Haushalte, die Zugang zum meistfrequentierten Teil des Netzes haben – dem World Wide Web –, bei 67.000 Dollar liegt; also den reichsten 20 Prozent der Bevölkerung entsprechen. (37) Das gegenwärtig in Lateinamerika angebotene digitale Fernsehen, DirectTV, illustriert das gleiche Phänomen. Das transnationale Konsortium, an dem venezolanische, brasilianische, mexikanische und US-Firmen beteiligt sind, bietet über 100 Kanäle an, zu folgenden Kosten (in Mexiko): eine Subskription für 300 Dollar, 95 Dollar für die Technik und eine monatliche Miete von 60 Dollar. Der gesetzliche Mindestlohn in Mexiko beträgt circa 60 Dollar, und etwa 70 Prozent der 100 Millionen Mexikaner verdienen im Monat zwischen Null und 120 Dollar. Damit dürfte der demokratische Charakter der kybernetischen »Kultur für alle« ziemlich klar umrissen sein, selbst wenn die Luhmänner – im Gegensatz zu den Bertelsmännern – dies nicht verstehen.

In der Dimension der Massen-Indoktrinierung wiederholt sich zum Teil das *panem et circences* der römischen Kaiser; teilweise deshalb, weil im Gegensatz zum städtischen Proletariat des Alten Roms dem Proletariat der globalen Gesellschaft das Brot fehlt, das das Imperium an diejenigen Bürger, die vor 2.000 Jahren als einkommens- und berufslos galten, zu verteilen wußte.

Was den Zirkus angeht, so wird auch heutzutage der Sport eine herausragende Rolle bei der notwendigen allgemeinen ideologischen Betäubung spielen. Kanäle, die täglich 24 Stunden Sportereignisse übertragen, wie die Kanäle 30 und 16 der mexikanischen Multivision, oder die tägliche Ausstrahlung von Fußballspielen in Brasilien, mit Komplettangebot am Wochenende, zeigen den Trend an.

Seichte Serien, soap operas, Zeichentrickfilme für Kinder, Kriminal- und Actionfilme, Dokumentarbeiträge und Warenverkauf per Bildschirm (tele marketing) zusammen mit »interaktiven« Programmen, bei denen dem Zuschauer bei Anruf des entsprechenden Kanals ein Gewinn versprochen wird, komplettieren das von den Kommunikationsexperten für die 50 Prozent der marginalisierten Ghettobewohner des globalen Dorfes zusammengestellte ideologische Menü. Der Einfluß dieser Programme ist enorm, wie der Erfolg des Zeichentrickkanals von CNN (Cartoon Network) zeigt. Vor drei Jahren ins Leben gerufen, erreicht der Sender derzeit 21,5 Millionen Haushalte in den Vereinigten Staaten, 26 Millionen in Europa und 4,2 Millionen in Lateinamerika. (38) Auch die Einschaltquoten des Nachrichtenkanals von CNN, die bei 100 Millionen Haushalten in 210 Ländern der Welt liegen, zeigen dieselbe Tendenz.

Es ist offensichtlich, daß die umfassende ideologische Kontrolle durch eine systematisch entpolitisierende Bildkultur nicht garantiert, daß es in Zukunft keine Rebellionen und keinen Aufruhr mehr geben wird; doch trägt sie wesentlich dazu bei, organisierte, einheitliche und ausdauernde Anstrengungen revolutionärer Veränderung der herrschenden sozialen Beziehungen in der globalen Gesellschaft zu verhindern. Dieser Herrschafts- und Konditionierungscharakter westlicher Massenmedien ist *ad nauseam* empirisch belegt worden. In den siebziger Jahren beispielsweise haben Manfred Päffgen und François Bürki den Chauvinismus der westdeutschen Presse gegenüber Afrika dokumentiert, und Daniel Glass ist in einer Dissertation über das Bild der Dritten Welt in der Westdeutschen Allgemeinen Zeitung, der Bild, der Quick und der IG-Metall Zeitung Metall zu folgenden Ergebnissen gelangt: »Viel Aufmerksamkeit erhalten die Länder der (Dritten Welt), die für die Metropolen eine große Rolle spielen... Länder, die für die Bewegung zur Befreiung der Dritten Welt aus Abhängigkeit und Ausbeutung von Bedeutung sind, und Länder, die Alternativen zum Dependenzsystem verkörpern, werden aus der Berichterstattung ausgeblendet.« Inhaltliche Charakteristika des Dritte-Welt-Bildes sind folgende: »Ökonomische Unterentwicklung, Armut und Stagnation erscheinen als interne Probleme der Dritten Welt. Bei Kriegen mit internationalen Dimensionen werden Feindbilder im Interesse der Metropole aufgebaut. Die autochthone Geschichte der Dritten Welt und der internationalen Abhängigkeit wird verschwiegen. Über die Mehrheit der Menschen in der Dritten Welt schweigen sich die Zeitungen aus. Die Haltungen ihnen gegenüber reichen von der Herablassung des ›zivilisierten‹ Europäers bis zum unverhüllten Rassismus. Über Gewalt wird nie in ihrer Ausprägung als struktureller, sondern nur als direkter Gewalt berichtet. Über direkte Gewalt wird selektiv berichtet: Repressive Gewalt zur Herrschaftssicherung kommt kaum zur Sprache. In ihrer Gesamtheit ist die Dritte-Welt-Berichterstattung (mit Ausnahme von Metall – H.D.) eher geeignet, Gefühle der Überlegenheit, der Konkurrenz und der Angst gegenüber der Dritten Welt zu mobilisieren als Solidarität oder auch nur Ansätze zu Verständnis.« (39)

Die Eigentümer dieser Medien haben keine Bedenken, ihre doktrinäre Funktion gegenüber den Massen zu erfüllen, wie die folgenden Zitate zeigen. Emilio Azcarraga, Eigentümer des transnationalen mexikanischen Medienkonzerns »Televisa« – dessen Privatvermögen von Forbes auf 5,4 Milliarden Dollar geschätzt wird –, beschreibt seine kommunikative »Mission« folgendermaßen: »Mexiko ist ein Land mit einer breiten, verarmten Klasse von Verlierern..., die Verlierer bleiben werden. Das Fernsehen ist verpflichtet, diese Leute zu unterhalten und sie aus ihrer tristen Realität und schwierigen Zukunft herauszuholen. Die Mittelschicht, die untere Mittelschicht, die gehobene und die obere Mittelschicht, die Reichen, wie ich, wir sind keine Kunden, weil wir Reichen diesen Dreck nicht kaufen. Kurz gesagt, unser Markt in diesem Land ist ganz klar die Unterschicht.« (40)

Ricardo Salinas Pliego, Hauptaktionär des transnationalen mexikanischen Medienkonzerns »Television Azteca«, der sich in einer der betrügerischen Privatisierungen öffentlichen Vermögens mehrere staatliche Fernsehkanäle aneignete, enthüllte in einem Interview seine Vorstellung von Demokratie und Fernsehen: »Wenn man mich fragt, zu welcher Zeit ich gerne gelebt hätte, würde ich antworten, zur Zeit der Eroberung Amerikas, auf der Seite der Eroberer. Ich glaube nicht an die Demokratie; in Mexiko gibt es keine Demokratie, und ich hoffe, daß noch viel Zeit vergeht, bis es sie geben wird, denn die Mexikaner sind noch nicht vorbereitet für die Demokratie.« (41)

Ohne Zweifel unterscheidet sich die »Philosophie« der Multimedia-Magnaten in Europa und den Vereinigten Staaten nicht wesentlich von der ihrer mexikanischen Kollegen. Für die bundesdeutsche Szene ist dies unmittelbar evident durch das gesamte Rechts-Liberal-Pseudolinks-Spektrum hindurch, welches von Axel Springers Imperium und Rudolf Augsteins Nachrichtenblatt über Süddeutsche Zeitung, Frankfurter Rundschau und Die Zeit bis zur taz reicht. Doch eine Episode aus einem der wichtigsten transnationalen europäischen Medienkonzerne mag diesen Punkt abschließend erläutern. In der europäischen Medienszene formieren sich gegenwärtig zwei dominierende Blöcke: einer, der sich um Bertelsmann, Frankreichs Canal Plus und die British Sky Broadcasting zentriert, und der andere, dessen Gravitationszentrum die deutsche Kirch-Gruppe, Berlusconis italienische Fininvest und Hollands NetHold bilden.

Als Anfang August 1995 das Bundesverfassungsgericht entschied, daß die öffentlichen Schulen in Bayern – Sitz des Kirch-Imperiums – sämtliche Kruzifixe zu entfernen haben, verteidigte einer der Herausgeber der konservativen Tageszeitung Die Welt in Hamburg in einem Artikel das Urteil. Kirch, der 35 Prozent der Aktien des Verlages besitzt, verlangte die »sofortige Entlassung« des Verantwortlichen. (41)

5. Globalisierung und Humanismus

Wir haben die Essenz des Bildungsprojektes der globalen Gesellschaft aus drei strategischen Variablen des Prozesses abgeleitet: a) den transnationalen Unternehmen sowie der von ihnen repräsentierten Systemlogik; b) den dominierenden Nationalstaaten und c) dem entstehenden kapitalistischen Weltstaat.

Die globalen Systemimperative dieser drei Entitäten des Großkapitals treiben die bürgerliche Gesellschaft zur Vollendung zweier historischer Entwicklungstendenzen: der Inthronisierung des Tauschwerts, dessen Biographie sich mit den ersten jungfräulichen Tauschakten vor 5000 Jahren initiierte und der heute seinen Triumphmarsch durch die Ossarien der Opfer zivilisatorischen Fortschritts vollendet, sowie der gewaltsamen Durchsetzung des von Wertgesetz und *homo oeconomicus* beherrschten anthropologischen Paradigmas (Menschenbildes), welches sein praktisches Verhalten als fundamental utilitaristisch bestimmt und in offenem Widerspruch steht zu jedwedem humanistischen Sozialisationsprojekt menschlicher Architektur. In der schönen neuen Welt des *hungry spirit*, in der die Aktienkurse steigen, wenn die Arbeitslosenzahlen zunehmen (1), und der Bürger »kein anderes Recht besitzt als das der Chancengleichheit«, sind soziale Werte wie Solidarität und demokratisches Verhalten dysfunktional: »Kein Klient hat mir jemals gesagt«, erinnert sich einer der führenden Personalvermittler in den USA, »er wünsche einen führenden Angestellten mit gutem Sozialverhalten.« (2)

Der globale Dorfbürger des 21. Jahrhunderts muß in seinem realen Alltagsleben ein profiterzeugender Arbeiter und ein konsumistischer Agent der Wertrealisierung sein, dessen geistiger Horizont die Unmittelbarkeit seines Daseins nicht überschreitet. In seiner existentiellen Dimension droht seine lange geschichtliche Evolution zum sinnhaften, konkret-gesellschaftlichen Subjekt in der tristen Beckettschen Wirklichkeit des *homo abstractus* zu enden.

Die von den Architekten des *global village* vorgesehene menschliche Kondition steht der Leibnizschen Monade nahe: eine selbstgenügsame Existenz, deren Leben sich in »prästabilisierter Harmonie« in einer Welt vollzieht, die »die beste aller möglichen ist«, da von Gott geschaffen. Die Rolle des Demiurgen, die Gott in Leibniz' *Theodizee* einnimmt, übernehmen in der globalen Gesellschaft die transnationalen Konzerne – »they are the world« –; insbesondere jene, welche elektronisches Heim und Herd in der virtuellen Realität des kybernetischen Raumes schaffen, in der die Identität des *homo abstractus* eine elektronische Adresse ist und die gesellschaftlichen Beziehungen elektronisch konstituiert und mediatisiert werden.

Der Solipsismus (3) des ontologischen Weltprojekts ist die ideale funktionale Grundlage für die Realisierung der drei großen literarischen Visionen menschlichen Glücks in der Zukunftgesellschaft: der Orwellschen Bestimmungen terroristisch determinierten gesellschaftlichen Glücks *(1984)*, des gemanagten Hedonismus Huxleys *(Brave New World)* und des dumpfglücklichen Da-Seins des Individuums in Bradburys *Fahrenheit 451*. Die definitive Auflösung der Bande historischen Bewußtseins und gesellschaftlicher Solidarität – welche die letzte Verteidigungsposition der Entrechteten auf Weltebene darstellt –, ist die notwendige Bedingung für die endgültige Durchsetzung der regressiven Marktutopie und den Rückschritt der Massen der Dritten Welt in das geistige Evolutionsstadium des Paläolithikums, in der die Kinderstufe rationaler Entwicklung den *homo sapiens* unvermeidlich zum Sklaven unbegriffener objektiver Kräfte und subjektivistischer Projektionen degradierte.

Selbst das Absurde, welches »aus der Gegenüberstellung des Menschen, der fragt, und der Welt, die vernunftwidrig schweigt« (Camus), entsteht, wird noch zum Trivialen angesichts instantaner marktpsychologischer Lebensrezepte und der schnellebigen »Diktatur der Oberflächen«, welche vulgärhedonistisch jeden Zugang zur Transzendenz zu schließen versucht.

Dies alles ist natürlich nicht Verantwortlichkeit der Demiurgen des *homo oeconomicus*. In der selbstgefälligen Apologie ihres Wirkens schaffen sie lediglich die Mythen, die die Massen wünschen. In enger Zusammenarbeit mit der politischen Klasse und den übrigen organischen Intellektuellen des Systems erklären sie enorme Sektoren der Wirklichkeit für inexistent oder un-denkbar. Der Häretiker, der es wagt, Tabus zu verletzen oder un-denkbare Realitäten in denkbare Wirklichkeiten zu restituieren, wird unterschiedlichen Sanktionen unterworfen: In der Ersten Welt wird er als Romantiker oder Träumer lächerlich gemacht oder als Radikaler oder Dogmatiker stigmatisiert; als Strafe für seine Häresie wird er zur Orwellschen Un-Person, die aus der notwendigen logistischen Infrastruktur intellektueller Arbeit (Stipendien, Veröffentlichungen, Kongreßeinladungen usw.) ausgeschlossen wird. In der Dritten Welt, in der die bürgerliche Demokratie *sans phrase* operiert, sind die Konsequenzen in der Regel drastischer und schließen häufig den politischen Mord mit ein.

Die systematische Durchsetzung des Tabus und die Schaffung von Herrschaftsmythen werden mit der Funktionalität des Totems ergänzt. Wie im primitiven Totemismus fühlen sich auch die gegenwärtigen ideologischen Exorzisten der globalen Realität und ihre politischen Herren als Progenitur (Nachkommenschaft) des zivilisatorischen Fortschritts, dessen Banner sie stolz vor sich hertragen: der Markt oder, wenn der Diskurs akademisch zu sein hat, die Moderne oder Postmoderne, je nach Couleur.

Das neu geschaffene ontologische Wirkensfeld des *homo sapiens* reflektiert die Ungerechtigkeitsstrukturen kapitalistischer Wirklichkeit. Das heißt im politischen, daß die virtuelle oder parallele Realität nicht demokratischer sein kann als die liberale Demokratie, und in der Tat beschränkt sie sich auf die Chancengleichheit im abstrakt-formalen Sinn. Demokratie im Cyberspace bedeutet, daß der analphabetische Saisonarbeiter des brasilianischen Sertao mit einem Tageseinkommen von einem Dollar das gleiche Recht besitzt, mit seinen IBM-Laptop Computer mit 14.400 bps Modem über das Internet die Börsenkurse in New York einzusehen oder den Spiegel »online« zu lesen wie Fernando Henrique Cardoso oder Carlos Menem.

Die Staatsbürger-Monaden des Internets, genannt »netizens« und ausgestattet mit der Magna Charta des Cyberspace, werden also, wie auch in der real existierenden bürgerlichen Demokratie, in einer dichotomischen Welt leben, in der die Eliten sich materiell und geistig über die Informations- und Kommunikationsmöglichkeiten des globalen kybernetischen Raums bereichern, während die Mehrheiten über die konstante Sozialisierung durch die virtuelle Realität in einem funktionalen Analphabetismus »verankert« bleiben.

Dies ist, kurz skizziert, das Zukunftspanorama der Menschheit, wenn die Systemimperative des Großkapitals und ihrer »politischen Kellner« sich ungebrochen durchsetzen. Doch realisieren sich diese Imperative mittels individueller und kollektiver sozio-politischer Subjekte, personifiziert, beispielsweise, in den achtziger Jahren in den Metropolen in Figuren wie Ronald Reagan, Margaret Thatcher und George Bush; heute sind es Newt Gingrich, Robert Dole und der Rest der Führungsriege der Republikanischen Partei zusammen mit US-Präsident Bill Clinton. In Lateinamerika sind die Exekutoren des imperialistischen Großkapitals Politiker wie Fujimori in Peru, Menem in Argentinien, Cardoso in Brasilien und Zedillo in Mexiko; in einem Wort: die politische Klasse des Subkontinents.

Doch auf die gleiche Weise, wie es gesellschaftliche Agenten – Charaktermasken des Kapitals nannte Marx sie – des imperialistischen Binoms Destruktion-Modernisation gibt, existieren Subjekte des Widerstands gegen die Anmaßungen des globalen Kapitals. Diese bestehen im wesentlichen aus zwei Entitäten: kritische Intellektuelle und gesellschaftliche Massen. Und die Herrschaftseliten der globalen Gesellschaft zeigen sich besorgt über die vielfachen Manifestationen der Unzufriedenheit beider Sektoren, wie die folgenden Zitate zeigen:

Die Internationale Arbeitsorganisation konstatierte 1995, daß das globale Pro-Kopf-Einkommen sich 1993 zum vierten Mal hintereinander reduziert hatte, und bezeichnete das Problem der Arbeitslosigkeit »als eine weltweite Krise, die weitaus ernsthafter ist als die Wirtschaftskrise der achtziger Jahre«. (4)

Joao Baena Soares, der frühere Generalsekretär der Organisation Amerikanischer Staaten, kam in seinem letzten Jahresbericht über die Situation in Lateinamerika zu der Schlußfolgerung, daß »die Produktivität und ökonomische Effizienz weitaus schneller vorangeschritten sind als die soziale Gerechtigkeit«, und bemerkt, daß obgleich der »Reichtum zu wachsen beginnt, die Armut nicht abnimmmt« und es daher »notwendig sei, diesen fundamentalen Widerspruch zu korrigieren«. Die auf die Person bezogene Entwicklung »ist die einzige dauerhafte Basis der Demokratie«, und während »die Freiheit zu leben für große Bevölkerungsgruppen Amerikas unmöglich ist, wird die Demokratie, die die anderen Bürger des Kontinentes genießen, unvollständig und unvollkommen sein und der Gefahr des Zusammenbruchs unterliegen«. (5)

Die OECD, die 26 der fortgeschrittensten Industrienationen umfaßt, präsentierte auf ihrem jährlichen Ministertreffen 1994 einen Bericht über »strukturelle Arbeitslosigkeit« und wies darauf hin, daß angesichts von 35 Millionen Arbeitslosen in den Mitgliedsländern die Arbeitslosigkeit »wahrscheinlich das am meisten gefürchtete Phänomen unserer Zeit« sei. Diese Situation, warnten die Funktionäre, »impliziert eine Auflösung des sozialen Gewebes, einschließlich eines Autoritätsverlusts des demokratischen Systems«. (6)

Auch die Interamerikanische Verteidigungs-Junta (IADC) in Washington DC zeigt sich besorgt über die soziale Situation im Hinterhof der USA. »Die lateinamerikanischen Demokratien stehen verschuldet und mit ungelösten Konflikten zwischen den sozialen Klassen vor der Herausforderung, die von ihren Gesellschaften reklamierten Bedürfnisse zu befriedigen.« Und in einem vertraulichen Dokument formulieren die Militärs der Hemisphäre, daß die Macht der Vereinigten Staaten in einer Welt operiert, die »einem Vulkan unterdrückter Notwendigkeiten gleicht«. (7) Ähnlich drückt sich die G-7 Gruppe auf ihrer Gipfelkonferenz in Halifax (Kanada) aus, in der sie die Armut als »eines der großen Probleme unserer Zeit« bezeichnet und vor ihren »globalen Konsequenzen« warnt. (8)

Der reaktionäre Staatskapitalismus (Neoliberalismus) ist das Gesicht, das die westliche Modernität zu Beginn des neuen Jahrtausends annimmt. Es ist der Januskopf der Modernisierung durch Zerstörung, die seit 1492 periodisch Lateinamerika heimsucht, um die autochthonen Strukturen zugunsten der jeweiligen Herren des globalen Ausbeutungssystems zu refunktionalisieren. Und wie in den vorhergehenden historischen Perioden lassen die Demiurgen der globalen Gesellschaft den Autochthonen erneut nur die Alternative zwischen einem »insane life in Utopia« oder einem »life of a primitive in an Indian village«; letzteres ein Leben, das »in gewisser Hinsicht humaner ist, aber in anderen Aspekten kaum weniger verrückt und anormal« als ersteres. Der Totalitarismus großkapitalistischer Globalisierung tendiert dazu, die zwischen dem »utopischen und primitiven Horn des Dilemmas« des Autochthonen liegende dritte Option – die Alternative, etwas über die Natur einer Gesellschaft zu lernen, in der freie Individuen »sich der Suche der Vernunft widmen« – zu negieren, und damit die Möglichkeit, Wissenschaft und Technologie so zu gebrauchen, »als ob sie für

Menschen gemacht wären, und nicht, wie heute der Fall ... als ob der Mensch ihnen angepaßt und ihr Sklave sein müßte«. (9)

Gleichwohl hängt der Grad, in dem die General-Direktoren, die Generäle, die Politiker und die organischen Intellektuellen des globalen Kapitals ihre Interessen durchsetzen können, zu einem bedeutenden Teil von der Organisationsfähigkeit und der Kapazität gemeinsamen Handelns einer demokratisierenden Massenbewegung ab. Der kategorische Imperativ Kants in weltbürgerlicher Absicht bedeutet heute, das Projekt der globalen Gesellschaft – früher Imperialismus genannt – zu demaskieren und ein weltweites historisches Projekt zu konstituieren, welches die Verwandlung des *homo sapiens* in eine merkantile Monade mit elektronischer Identität verhindert.

Dies ist die zentrale politische und philosophische Aufgabe an der Schwelle des 21. Jahrhunderts, denn die Schaffung eines anthropologischen und edukativen Paradigmas für die globale Gesellschaft ist zu wichtig, um sie in den Händen der Manager von General Motors, Coca Cola und Mercedes Benz zu lassen.

»Incipit vita nuova« (10) ist die vom großen Florentiner Dante Alighieri übernommene Sentenz der Architekten des *global village*, die die neue Welt nach ihrem Bilde formen wollen: Investoren, Spekulanten, Manager, Kapitaleigner, Banker und transnationale Politiker sind dabei, nach Maßgabe der biblischen Genesis autokratisch und fern jeder demokratischen Kontrolle der Weltbevölkerung, das neue Haus der Menschheit zu bauen. Auf dem Spiel steht die Zukunft der Menschheit, die nicht von utilitaristischen Köpfen und schäbigen Interessen bestimmt werden kann, welche ihre Ausbeutungserfolge mit göttlicher Prädestination und das Wertgesetz mit der menschlichen Essenz verwechseln. Folglich ist es notwendig, eine weltweite Bewegung zu schaffen, die aus der Perspektive des Humanismus und der Solidarität den Kampf gegen das Wertgesetz wieder aufnimmt. Dies ist die einzige Alternative, um die reaktionäre Utopie aus Orwell, Huxley und Bradbury zu stoppen, die das transnationale Kapital zu verwirklichen sucht.

6. Demokratie in Lateinamerika – und anderswo

Die heute weltweit vorherrschende abendländisch-politische Modernität konkretisierte sich als Staatsverfassung im Prozeß der antikolonialen US-Revolution von 1776 und der französischen Revolution von 1789. Seit ihrer Entstehung oszillieren Theorie und Praxis dieser Staatsverfassung um die Frage der Repräsentation dessen, was Rousseau die *volonté générale* nannte: die Souveränität des Volkes. Um einen Pol des Souveränitätsproblems organisierten sich die Vertreter der direkten oder Volksdemokratie und um den anderen die Parteigänger der liberalen oder formalen Demokratie. Die entscheidende Differenz zwischen beiden entsprang der Interpretation der Beziehung zwischen der operativen Macht des Staates und den realen öffentlichen Gestaltungsmöglichkeiten nationaler Entwicklung durch die Mehrheiten. In der direkten Demokratie ist die Mehrheit, zumindest ihrem Begriff nach, der wirkliche Souverän des demokratischen Prozesses; in der liberalen Demokratie liegt die reale ausübende Macht des Staates in den Händen der dominierenden Klasse, während die Bevölkerung im wesentlichen auf eine akklamierende und legitimierende Funktion begrenzt bleibt.

Während die erste Form politischer Organisation mit historischen Traditionen, Persönlichkeiten und Kollektiv-Subjekten wie J. J. Rousseau, den Jakobinern, Karl Marx und W. I. Lenin verbunden ist – neuerdings auch mit der politischen Programmatik der Nationalen Zapatistischen Befreiungsarmee (EZLN) in Mexiko –, leitet sich letztere hauptsächlich aus den politischen Philosophien Alexis de Tocquevilles, John S. Mill, Montesquieus, Elite-Theoretikern wie W. Pareto und ihren zeitgenössischen Repräsentanten wie Walter Lippman, Edward L. Bernay et al. ab

Mit der Auflösung des europäischen Sozialismus und seinen politischen Überbauten – geringfügig unterschiedliche Versionen der sogenannten Volksdemokratie – setzte sich weltweit die liberale oder formale Demokratie als dominierende durch; schlimmer noch, das historische Bewußtsein alternativer Demokratieformen ist mit dem Untergang des europäischen

Sozialismus und der korrespondierenden Diskreditierung der Marxschen politischen Philosophie unter die Mahlsteine bürgerlicher Propaganda und Geschichtsklitterung gekommen; dergestalt, daß wenn heute von Demokratie die Rede ist, der Citoyen (Bürger) mit quasi-pavlowschem Reflex auf den politischen Organisationstyp der Bourgeoisie verweist.

Die demokratische Idee

Die offizielle Akzeptanz der formalen Demokratie als weltweites Paradigma fortgeschrittener Staatsverfassung kann nicht darüber hinwegtäuschen, daß sie schwerwiegende Strukturdefizite aufweist, die ihre Angemessenheit als Organisation des politischen Gemeinwesens des 21. Jahrhunderts ernsthaft in Frage stellen.

Als real existierende Demokratie teilt sie mit dem real existiert habenden Ex-Sozialismus eine substantielle Charakteristik: ihre Distanz zum Ideal der Gründungsväter. Eine Ferne, die für jeden kritischen Beobachter nicht geringer ist als jene, die den real existierenden sowjetischen Sozialismus von, sagen wir, dem grandiosen Entwurf sozialistischer Gesellschaft in den Pariser Manuskripten Karl Marx' trennte. In diesem Zusammenhang werden wir kurz auf einige axiomatische Prämissen der liberalen Demokratie eingehen.

Eine der philosophischen Prämissen der liberalen Demokratie resultierte aus der Idee, daß Gesetze aus dem rationalen Dialog von Meinungen und Argumenten geboren werden, nicht aus dem kleinlichen Kampf der Interessen. Doch unter den Parteien des modernen Parlaments der industriellen Demokratie hat die instrumentelle Rationalität der Interessen und Machtvorteile den Platz der Argumente eingenommen. Und im Umgang mit den Massen dominiert, sowohl seitens der Parteien als auch der Regierungen, die Manipulation und die Fabrikation des Konsensus, die mittels einer auf vor-rationale Persönlichkeitsstrukturen zielenden Symbolik erreicht wird, so wie einer der großen Ideologen der US-Bourgeoisie, Walter Lippman, bereits im Jahre 1922 in seiner klassischen Arbeit *Public Opinion* prognostizierte.

Während ersteres *a priori* offensichtlich ist, läßt sich die zweite Feststellung mit einem aufschlußreichen Beispiel der brasilianischen Wahlkampagne von 1994 illustrieren, in der der Kandidat der Elite, Fernando Henrique Cardoso, in acht Monaten einen Nachteil in der Wählergunst von 20 Punkten gegenüber dem Volkskandidaten Luis Inácio da Silva zu seinen Gunsten umkehren konnte.

Cardoso erklärt seine erfolgreiche Wahlstrategie auf diese Weise: »Meine Erfahrung aus der Kampagne ist folgende: Alles ist symbolisch. Man muß einen Mythos schaffen. Und du mußt dieselbe Geschichte erzählen, wiederholend, wer der Gute ist und wer der Böse. Du mußt beide haben und du tauscht sie aus, wie die Struktur eines Mythos bei Lévi-Strauss. Das Ganze ist binär: der Gute und der Böse. Und du mußt während der ganzen Kampagne auf verschiedene Weisen denselben Mythos erzählen. In unserem Fall ist es das Geld. Was ist das Böse? Die Inflation. Und was ist das Gute? Die Stabilisierung... Und bei jeder Gelegenheit erwähne ich wieder den Hauptmythos; Mythos im anthropologischen Sinne. Du mußt auf die elementarste Struktur kommen und auf ihr beharren.« (1)

Das von Cardoso verwendete Modell ist offensichtlich das gemeinsame Paradigma der politischen Kampagnen im kybernetischen Zeitalter, so wie es die politische Karriere Silvio Berlusconis in Italien oder die des republikanischen Führers Newt Gingrich in den Vereinigten Staaten zeigen. »Mein Ziel ist es«, äußerte Gingrich einmal dazu, »...die ganze Nation mittels der Kommunikationsmedien neu zu strukturieren«, und er versteht, kommentierte ein Beobachter, daß, wenn man »dem Massenpublikum etwas vermitteln will, mehr emotionaler Symbolismus nötig ist als für die Verständigung mit der Elite des Landes«. (2)

Die politische Rolle der Massen in den herrschenden Machtstrukturen entspricht, *au fond*, jener, die das CIA-Handbuch für »Psychologische Operationen im Guerrillakrieg« den antisandinistischen Söldnern erklärte. Guerrillakrieg ist ein »politischer Krieg«, der darauf abzielt, die »politische Entität selbst zu durchdringen: das, was Aristoteles das ›politische Tier‹ nannte. In der Tat sollte in einem politischen Krieg der Mensch als das prinzipielle Ziel betrachtet werden. Und betrachtet man ihn als militärisches Ziel des Guerrillakrieges, so liegt sein kritischster Punkt in seinem Denken und Fühlen. Dringt man bis zu seinem Denken und Fühlen vor, dann ist das ›politische Tier‹ besiegt, ohne daß es notwendigerweise eine Kugel erhält.« Um die »Präkonditionierung der Massen zu begünstigen ... werden unsere psychologischen Kriegsführungskader vorübergehende kompulsive Obsessionen ... erzeugen«, indem sie »ständig die gleichen Themen einhämmern«. (3)

Die Tatsache, daß sich in der Praxis die politischen Parteien nicht in objektiver Debatte auseinandersetzen, sondern als Repräsentanten politisch-ökonomischer Interessengruppen, sowie die herrschende Vorstellung, daß die Mehrheiten eine Markt-Klientel darstellen, die mittels Marketingstrategien zu kontrollieren ist, verwandeln das Parlament der liberalen Demokratie aus einer prätendierten Institution sich offenbarender Wahrheit in ein technisch-praktisches Medium der Verteilung von Macht und Mehrprodukt zwischen den verschiedenen Fraktionen der dominierenden Klasse. Das Diktum Jeremy Benthams: »Im Parlament treffen sich die Ideen, die Berührung der Ideen schlägt Funken und führt zur Evidenz«, ebenso wie die Erkenntnis Cavours, daß die Differenz zwischen dem konstitutionellen Regime und dem absolutistischen darin besteht, daß der konstitutionelle Minister davon überzeugt, daß er Recht hat, während der absolutistische anordnet; oder Postulate wie: government by discussion (Regierung durch Diskussion); imperatives Mandat, d.h. unmittelbare und primäre Verantwortlichkeit des Abgeordneten gegenüber seinen Wählern – nicht vor seiner Partei, das Fehlen von *arcana imperii* (Staatsgeheimnisse) und so fort, sind heute nur noch romantische Erinnerungen und Lettern der Vergangenheit, völlig losgelöst von der Praxis der *res publica*.

Wenn dies für die exemplarische Institution der formalen Demokratie gilt, dem Parlament, dann überrascht wenig, daß das System der Gewaltenteilung, welches die Achse des bürgerlichen Rechtsstaats darstellt, ähnliche Defizienzen aufweist. Die Doktrin Montesquieus über die Gewaltenteilung als Kontrollinstrument staatlicher Macht kann ihre Aufgabe in der politischen Praxis nur dann erfüllen, wenn die drei Gewalten in zwei Dimensionen voneinander getrennt sind: der juristisch-organisatorischen und der sozialen. Benthams Zweifel gegenüber Montesquieu, formuliert in der Frage »Wie die Gewaltenteilung die Freiheit garantieren kann, wenn die drei Gewalten nur von einer sozialen Gruppe kontrolliert werden?«, hat eine einfache Antwort: Sie kann nicht.

Das konstitutionelle Prinzip der Gewaltenteilung muß durch das soziologische Prinzip des Gleichgewichts der sozialen Kräfte ergänzt werden, eine Problematik, die Montesquieu als reale anerkennt, wie aus den folgenden Passagen seiner klassischen Arbeit hevorgeht: »Sobald in ein und derselben Person oder derselben Beamtenschaft die legislative Befugnis mit der exekutiven verbunden ist, gibt es keine Freiheit.« Ebenso, wenn die Rechtsprechung nicht klar von der Legislative abgegrenzt ist, »würde die Macht über Leben und Freiheit der Bürger unumschränkt sein... Der Richter hätte die Zwangsgewalt eines Unterdrückers, wenn jene mit der exekutiven Gewalt gekoppelt wäre.« Und er faßt zusammen: »Alles wäre verloren, wenn ein und derselbe Mann bzw. die gleiche Körperschaft entweder der Mächtigsten oder der Adeligen oder des Volkes (die) drei Machtvollkommenheiten ausübte.« Das Ergebnis, seinerzeit zu beobachten in der Türkei, wäre »ein schrecklicher Despotismus«. (4)

Um diesen Despotismus zu verhindern, setzt der Autor die drei Gewalten mit drei verschiedenen sozialen Gruppen in Beziehung: Der Monarch – die Exekutivgewalt – verkörpert unterschiedliche gesellschaftliche Interessen gegenüber der Legislative. Diese setzt sich aus einer großen Kammer (dem Senat) zusammen, der die Interessen der Aristokratie repräsentiert und einer kleinen Kammer (Abgeordnete oder Repräsentanten), die die Delegierten des Bürgertums vereint; die Richter repräsentieren die Gesamtheit und deshalb niemanden. (5)

Wenn wir den *status quo* des Prinzips der Gewaltenteilung in den neokolonialen Staaten betrachten, ist offensichtlich, wie wenig dieser mit dem ursprünglichen Vorhaben ihres Schöpfers zu tun hat. Unter stabiler Kontrolle der Oligarchie wird dem Prinzip im politischen Diskurs der herrschenden Eliten ein Ehrenplatz zugebilligt, aber in der Praxis nicht angewendet.

Es gibt ein drittes problematisches Phänomen in den liberalen lateinamerikanischen Demokratien und im neuen weltweiten politischen Paradigma im allgemeinen, welches John Locke das »Prärogativ der Macht« nannte; diese können wir als die vierte Gewalt innerhalb der Herrschaftsstruktur der Bourgeoisie verstehen. In seinem System staatlicher Gewaltenteilung unterscheidet der Philosoph zwischen der legislativen, der exekutiven und der föderativen Gewalt. Die erste ist jene, welche »das Recht hat anzuordnen, wie das politische Gemeinwesen und die Mitglieder desselben die Macht anwenden sollen«. Die Exekutive sorgt im Innern des Gemeinwesens für »die Einhaltung der Gesetze, solange sie gültig sind«, und die föderative Gewalt hat für »die Sicherheit und die Interessen der Bevölkerung gegenüber anderen Staaten« zu sorgen.

Aber im Unterschied zu Montesquieu berücksichtigt Locke eine vierte politische Kraft, die aus der doppelten Unmöglichkeit entsteht, »alle Vorkommnisse und Bedürfnisse vorherzusehen, die das öffentliche Interesse betreffen können, sowie die Gesetze so zu gestalten, daß sie keinen Schaden anrichten, wenn sie mit unflexibler Strenge in allen Fällen und auf alle Personen, die von ihnen betroffen sind, angewendet werden.« Diese vierte Gewalt ist das Prärogativ der Macht, welches darin besteht, »dem Diktat der Diskretion folgend zu Gunsten des öffentlichen Wohles zu wirken, ohne die Anweisungen des Gesetzes abzuwarten oder sogar gegen sie tätig zu werden«. (6) Um den Mißbrauch dieser vierten Staatsgewalt zu verhindern, bleibt Locke kein anderes Mittel, als eine Identitätsprämisse zwischen dem Verhalten des Fürsten und dem allgemeinen Interesse zu konstruieren: »Das Volk urteilte zu recht, daß, wenn jene Fürsten so vorgingen, es nicht zum Nachteil der Gerechtigkeit gereichte, denn sie stützten sich auf das, was Fundament und Ziel aller Gesetze ist: das öffentliche Wohl.« Und an anderer Stelle heißt es: »Das Prärogativ der Macht ist nichts anderes als die Macht, das öffentliche Wohl ohne vorgegebene Norm zu realisieren.« (7) Aber: Wer richtet darüber, ob dieses exekutive Privileg richtig angewendet wird? Die Antwort ist: der Himmel. »Zwischen der legislativen Macht und dem Volk kann es keinen Richter geben, wenn diese autorisierte exekutive oder legislative Macht (gegen das Volk) intriguiert oder versucht, es zu zerstören oder zu versklaven. In diesem Fall, genauso wie wenn es keinen Richter auf der Erde gibt, bleibt dem Volk keine andere Lösung, als auf den Himmel zurückzugreifen.« (8)

Dieses Prinzip exekutiver Prärogative – losgelöst vom ethischen Primat des Gemeinwohls, des öffentlichen Amtes und der demokratischen Volkssouveränität Lockes – findet bei den Theoretikern des Faschismus, wie Carl Schmitt, seine juristische Verselbständigung und politische Hybris in der Doktrin des »Führerprinzips«. In vielen lateinamerikanischen Staaten hat es sich zu einem wesentlichen Element der liberalen Demokratien verwandelt, wie die autoritäre Regierungspraxis ihrer Exekutivgewalten zeigt.

Am 18. April 1995 erklärte der bolivianische Präsident Gonzálo Sánchez de Losada den Ausnahmezustand – der die Aussetzung des Versammlungsrechts und des Habeas corpus-Rechts einschließt – in dem Land, das den Namen des antikolonialen Befreiers *Unseres América* trägt: Simón Bolívar. Nach langen Streiks und Verhandlungen für eine Erhöhung des Mindestlohns um drei Dollar (!) und ersten Schritten zu einer Vereinbarung, die am Montag den 17. April 1995 erreicht wurde, überfielen Hunderte von Polizisten begleitet von Vermummten die Gewerkschaften und die Universität von La Paz. Mehr als dreihundert Personen, in ihrer Mehrheit Gewerkschafter, wurden ohne Haftbefehle festgenommen und in Militärflugzeugen in die entlegensten Regionen des Landes verschleppt – ohne Gerichtsprozeß. Es handelte sich in den Worten des Arbeitsministers Reynaldo Peters »um einen vorbeugenden Ausnahmezustand, um künftige soziale Unruhen zu vermeiden«; dieser vorbeugende Ausnahmezustand wurde über mehrere Monate aufrechterhalten. (9)

In der venezolanischen Hauptstadt Caracas regierte seit Juni 1994 Präsident Caldera, ausgestattet mit weitreichenden Notstands-Vollmachten und in ständiger Verletzung der Menschenrechte. Am 22. Februar 1995 gab seine Regierung bekannt, daß sie auf das Militär zurückgreifen würde, um Probleme mit den Gewerkschaften des öffentlichen Dienstes zu lösen, die durch den Dialog nicht gelöst werden könnten. (10)

Das hauptsächliche Regierungsinstrument des argentinischen Präsidenten Carlos Menem, der im wesentlichen über die wirtschaftliche Destabilisierung seines Vorgängers Alfonsín an die Macht gekommen war, ist ebenfalls Lockes vierter Gewalt entlehnt, die der überzeugte Neoliberale und Rechtsperonist mittels der sogenannten »Dekrete der Notwendigkeit und Dringlichkeit« in die Tat umzusetzen wußte. Dieses Rechtsinstitut stellt juristisch eine Verfassungsausnahme dar, was erklärt, weshalb der Amtsvorgänger Menems, Raúl Alfonsín, während seiner sechsjährigen Regierungszeit lediglich zehn Dekrete der Notwendigkeit und Dringlichkeit benutzte. Menem dagegen hat die »Verfassungsausnahme« 360 mal in vier Jahren seiner Regierungszeit genutzt, im wesentlichen dafür, um seine unpopulären neoliberalen Wirtschaftsreformen durchzuführen. (11)

Brasiliens Staatspräsident Fernando Henrique Cardoso praktizierte sein wirtschaftliches Reformprogramm »Plan Real« (zur Stabilisierung der nationalen Währung, des Reals) etwa ein Jahr lang ohne Ratifizierung durch den Kongreß. Anstelle der Autorisierung durch die Legislative stützte er sich auf das Rechtsinstitut der sogenannten provisorischen Maßnahmen, d.h. Präsidentschaftsdekrete, die wiederholt erneuert werden können. Nachdem Cardoso am 1. Januar 1995 die Macht übernommen hatte, nutzte er bis 15. Mai 1995 mehr als 150 mal die exekutiven »provisorischen Maßnahmen«, um seine »Modernisierungs«-Initiativen, die von der Schaffung neuer Regierungsagenturen bis zur Zuwendung staatlicher Fonds reichten, durchzuführen. (12)

In Peru löste Präsident Alberto Fujimori im April 1992 in einem Staatsstreich das Parlament und den Obersten Gerichtshof auf, um acht Monate lang mittels Präsidentschaftserlasse zu regieren. Danach ließ er sich eine Verfassung nach Maß schreiben, organisierte betrügerische und von der Regierung in allen Bereichen kontrollierte Wahlen und wurde mit einer soliden demokratischen Mehrheit gewählt. Dies alles mit Zustimmung und Komplizenschaft der Organisation Amerikanischer Staaten (OAS).

Am Vorabend der Wahlen wurde ein Wahlbetrugsversuch in der Stadt Huánuco entdeckt. Von 500 illegal ausgefüllten Wahlprotokollen waren 370 zugunsten des zur Wiederwahl stehenden andinen Duce mit etwa 75.000 Stimmen gefüllt worden. Die Wahlprotokolle befanden sich in den Händen von Personen der Regierungsallianz »Wandel 90 / Neue Mehrheit«. César Gaviria, Generalsekretär der Organisation Amerikanischer Staaten, der am 8. April als Wahlbeobachter nach Peru kam, bestätigte, daß man in den Städten Pasco und Huancavelica ähnliche Vorkommnisse wie in Huánuco entdeckt hatte. Trotzdem informierte der Funktionär nach dem Wahltag, daß der Wahlprozeß normal abgelaufen sei und das peruanische Wahlsystem über eine gute Struktur verfüge. Damit bestätigte der höchste Funktionär der einzigen hemisphärischen Organisation den Kommentar einer OAS-Beobachterdelegation, die noch kurz zuvor das ruhige Wahlklima hervorgehoben hatte. (13) Trotz des Placets Gavirias und seiner Beobachter sah sich die Nationale Wahlleitung sieben Tage später in der peinlichen Situation, 2.988.897 Parlamentsvoten – rund 24,07 Prozent der Gesamtstimmen – für ungültig zu erklären, weil den BürgerInnen Fehler beim Ausfüllen der Stimmzettel unterlaufen waren. Die Zahl der als ungültig qualifizierten Stimmen überstieg die Zahl der 2.280.018 Stimmen für die Siegerliste der offiziellen Koalition »Wandel 90 / Neue Mehrheit«. (14)

In der ersten Runde der allgemeinen Wahlen Kolumbiens vom Mai 1994 erreichte die Wahlenthaltung 66 Prozent. Nach dem Ex-Präsidenten und derzeitigem Generalsekretär der OAS, César Gaviria, war der hohe Grad der Enthaltungen der Tatsache geschuldet, daß jetzt »...die Wähler größere Freiheit haben, ihre Repräsentanten in der Regierung zu wählen«. Nicht weniger originell war die Lesart der Ergebnisse durch den liberalen Kandidaten Ernesto Samper, dessen Wahlkampagne sich einer 50 Millionen Dollar-Spende aus dem Drogenhandel (Cali-Kartell) erfreut hatte. Die Wahlen hätten gezeigt, bekräftigte er, daß das Land »einen Wandel will und ihn mit mir als Präsidenten erreichen kann«. (15) Eine realistischere Erklärung ist in der sozio-ökonomischen Situation des Landes zu finden: 50 Prozent der Bevölkerung leben im Elend; der Staatsterrorismus, der jede reale politische Alternative zum Zweiparteiensystem der Liberalen und Konservativen ausschließt, ist endemisch, ebenso wie die Tatsache, daß »in den letzten 42 Jahren die Regierung 35 Jahre unter Ausnahmezustand funktionierte, der der Exekutive eine breite Machtbasis gab, um Dekrete auszustellen, von denen einige die Grundrechte verletzten...« (16) Es handelt sich, in wenigen Worten, um eine 36-jährige offene Diktatur der kolumbianischen Oligarchie, die sich der dauerhaften Unterstützung der USA erfreut.

Ähnlich ist die Situation in Guatemala, das seit der CIA-Intervention der Vereinigten Staaten im Jahre 1954 unter der staatsterroristischen Diktatur der Elite leidet. Manchmal üben die Militärs diese Diktatur offen aus und andere Male ziehen sie eine zivile Fassade vor. Da es dem Boß der Hemisphäre gegenwärtig angemessen erscheint, mittels »Demokratien« zu herrschen, sah sich die guatemaltekische Oligarchie gezwungen, die zweite Option zu benutzen; aus diesem Grund wurden am 14. August 1994 Parlamentswahlen durchgeführt. Doch die Mehrheiten reagierten undankbar auf die unverhofften demokratischen Neigungen ihrer Herren: Rund 80 Prozent der wahlberechtigen Bevölkerung blieben der Wahlfarce fern. Die Guatemaltekische Republikanische Front (FRG) des Generals und Ex-Diktators Efrain Ríos Montt, der Guatemala zwischen 1982 und 1983 in ein Schlachtfeld verwandelt hatte, erreichte 33 Prozent der Stimmen, gefolgt von der rechten Partei des nationalen Fortschritts (PAN) mit 26 Prozent. Wenn der Putschist es zur Präsidentschaft gebracht hätte, würde er 6,6 Prozent der gesamten Wählerschaft repräsentieren. Wenn beide Parteien sich dafür entschieden hätten, eine Allianz zu bilden, würde die Regierung der guatemaltekischen Demokratie 11,8 Prozent der Wählerschaft des Landes repräsentieren. (17)

Ähnlich ist die Situation u.a. in Nicaragua, El Salvador, Panama und

Chile, wo US-Interventionen und systematischer Staatsterrorismus die Quislinge des Imperiums an die Macht brachten, um sie später mit Mussolini-style »freien Wahlen« in die hemisphärische Familie demokratischer Nationen aufzunehmen. (18)

Die »vierte Macht« der lateinamerikanischen Staaten zusammen mit dem Gebrauch manipulierter oder illegitimer Wahlen – wie des großen Wahlbetrugs durch die Staatspartei PRI in Mexiko im Jahre 1988 (19) –, um außerhalb der Mehrheitsinteressen zu regieren, sind de facto die dominanten Mechanismen der Machteliten, für die die geschriebenen und ungeschriebenen Normen eines demokratischen Gemeinwesens ohne Bedeutung sind.

Ein weiteres konstitutives Element bürgerlicher politischer Philosophie, das es lohnt zur Kenntnis zu nehmen, betrifft den ethischen Charakter des Staates, so wie er bei Hegel und Kant analysiert und postuliert wird. Wie bereits im ersten Kapitel erwähnt, repräsentierte der Staat für Hegel das ethische Moment im Leben der Nation, notwendig angesichts der Polarisierung in Reiche und Arme und der Klassenwidersprüche des bürgerlichen Systems. Daher die grandiose Idee des Staates als Garant des öffentlichen Wohls vis-à-vis den Partikularinteressen.

In Kants Konzeptualisierung des öffentlichen und privaten Gebrauchs der Vernunft des Citoyen und des Rechts des Staates, diesen zu regeln, schreibt er: »Der Probierstein alles dessen, was über ein Volk als Gesetz beschlossen werden kann, liegt in der Frage: ob ein Volk sich selbst wohl ein solches Gesetz auferlegen könnte?... Ein Mensch kann zwar für seine Person, und auch alsdann nur auf einige Zeit, in dem, was ihm zu Wissen obliegt, die Aufklärung aufschieben; aber auf sie Verzicht zu tun, es sei für seine Person, mehr aber noch für die Nachkommenschaft, heißt die heiligen Rechte der Menschheit verletzen und mit Füßen treten. Was aber noch nicht einmal ein Volk über sich selbst beschließen darf, das darf noch weniger ein Monarch über das Volk beschließen; denn sein gesetzgebendes Ansehen beruht eben darauf, daß er den gesamten Volkswillen in dem seinigen vereinigt.« (20) Gibt es irgendeinen Zweifel über das amüsierte Gelächter, welches ein derartiges Argument gegenüber, sagen wir, den neoliberalen Reformmaßnahmen der Regierung Kohl auslösen würde?

Schließlich ist ideengeschichtlich axiomatisch für die liberale Demokratie das Widerstandsrecht des Volkes gegenüber dem Machtmißbrauch der Herrschenden. Kodifiziert in den konstitutiven Dokumenten der politischen Moderne wie in Lockes *Two Treatises of Government* (1690), Rousseaus *Contrat Social* (1762), der *Declaration of Independence* des »Kontinentalen Kongresses« von Philadelphia (1776) und der Erklärung der Menschenrechte der Französischen Revolution (1789) fristet dieses Grundrecht gleichwohl nur eine symbolische Existenz. Jede Gruppe oder soziale Bewegung, die die Souveränität des Volkes gegenüber einem illegitimen bürgerlichen Regime zu praktizieren wagt, verwandelt sich automatisch in eine Bande von Subversiven oder Terroristen, die zum Freibrief für die Repressionsapparate des Staates werden.

Im Licht der fünf Kriterien erscheinen die lateinamerikanischen Staaten – und in vielfacher Hinsicht ebenfalls die der Ersten Welt – wie eine Karikatur des ursprünglichen Gedankenguts der Klassiker. Weit davon entfernt, das Gemeinwohl zu repräsentieren, haben sie sich in die Beute oligarchischer Interessen verwandelt, die sie als Kaliban ihrer Ausbeutungspolitik benutzen.

Die real existierende Demokratie

Die Analyse des *status quo* der lateinamerikanischen Demokratie muß nicht von einer radikalen Position aus erfolgen. Gelegentliche Kommentare der Mitglieder ihrer politischen Führungsschicht – die, um mit Martí zu sprechen, im Innern des Ungeheuers lebt – lassen keinen Zweifel aufkommen über den Zustand der Demokratie im Hinterhof der Vereinigten Staaten.

Der frühere Verteidigungs- und Außenminister Venezuelas, General Fernando Ochoa Antich, erklärte in einem kürzlich erschienenen Interview, daß eines der größten Probleme des Kontinents das Weiterbestehen »einer servilen Oligarchie ohne Nationalgefühl ist. Es handelt sich um Oligarchien, die damit prahlen, daß sie englisch sprechen... Diese Gruppen lateinamerikanischer Oligarchien interessiert kein Wandel. Das ist der Grund, weshalb die Völker verzweifeln und weshalb die Wahlenthaltung jedesmal größer wird. Solange die Demokratie nicht unverfälscht partizipativ (teilhaberisch) ist und Chancengleichheit für alle politischen und sozialen Gruppen schafft, werden wir keinen sozialen Frieden haben. Es ist nicht damit getan, Wahlen zu veranstalten und Parlamente und Präsidenten zu wählen: Was fehlt, ist, daß die Gesellschaft tatsächlich über ihr Schicksal entscheidet, und dafür ist es notwendig, daß die Wahlen aufhören eine Formalität zu sein; sie müssen dazu dienen, der Demokratie Leben zu geben.« (21)

Nach dem argentinischen Ex-Präsidenten Raúl Alfonsín ist zu beobachten, »daß die Gefahr des Präsidentialismus stärker hervortritt und die Gewaltenteilung nicht klar umrissen ist. Der Konflikt wird als Unordnung wahrgenommen und die Ordnung als Nötigung; Stabilität und Regierbarkeit ... bleiben gefangen im engen Bewegungspielraum einer unglaublichen oligopolistischen Konzentration der ökonomischen Macht, der Transnationalisierung der Märkte und der Instabilität der Finanzströme. Mit Spielregeln, in denen eine wilde Konkurrenz und die Strategien des Überlebens und der Fragmentierung der Gesellschaft vorzuherrschen pflegen, sehen die Menschen sich zu einem autoritären Neo-Populismus gedrängt, der sich als natürliche Kontrolle der Gefahren und Gespenster der Vergangenheit und Gegenwart darstellt: Hyperinflation, soziale Desintegration, territoriale, gesundheitliche, existentielle und Arbeitsplatz-Unsicherheit. Im Fall Perus war die erlebte Unsicherheit so dramatisch, daß die einfache Tatsache, wieder mehr oder weniger ruhig durch die Straßen Limas gehen zu können, zum plebiszitären Erfolgskriterium für die Frage der Präsidentschaft wurde. Die Erklärung dafür ist einfach: Einem Gesellschaftsmodell, das sich in einen hobbesianischen Naturzustand verwandelt, dem folgt ein neuer Leviathan – mit der Dosis Ermessensfreiheit, die die Realität auferlegt – auf dem Fuße.« (22)

Die konkrete Erfahrung Argentiniens seit der Militärdiktatur beschreibt der Ex-Präsident so: »Wir Argentinier haben eine dreifache Transformation erlitten: von der Diktatur zur Freiheit, von der relativen Bedürfnisbefriedigung zur Verarmung und von einer annehmbaren Interdependenz zur Abhängigkeit.« Die politischen Parteien verfügen über keine umfassenden Doktrinen mehr, sondern reagieren pragmatisch auf nationale Probleme; die »Technik ersetzt die Politik und die Technokratie die Demokratie«; die »Menschen werden immer unbedeutender«. (23)

Der amtierende argentinische Präsident Carlos Menem präzisiert die interne ökonomische Macht, die mit der externen verbunden ist: »Die neoliberale Politik und die Privatisierungen« – die, wie selbst Menem zugibt, eine Arbeitslosigkeit von 18,6 Prozent in Argentinien produziert haben – »sind den Unternehmern, Produzenten und Finanzfunktionären geschuldet, die diesen Prozeß forderten«. (24)

Hernando de Soto, Direktor des konservativen »Instituts für Freiheit und Demokratie« in Lima und ehemaliger Berater für Drogenangelegenheiten des peruanischen Präsidenten Alberto Fujimori, kommentierte am 20. März 1992 aus Anlaß des gescheiterten venezolanischen Staatsstreichs, daß es in Lateinamerika »keine Marktwirtschaft für alle gibt, sondern nur für wenige« und daß die Mehrheit keinen Zugang zu Eigentum hat. Ebensowenig »existiert die Demokratie«. In allen Wahlen wählt man »einen Diktator«, dem man an den Urnen »einen Blanko-Scheck« ausstellt und der die Bevölkerung bis zum Ende seines Mandats nicht mehr befragt. Anstelle der Demokratie regiert die »Parteikratie« (partidocracia) in einem System der »politischen Apartheid«, in dem es keinerlei staatlichen Mechanismus gibt, der die legitimen Bedürfnisse der Bevölkerung aufnimmt und befriedigt. (25)

In ähnlicher Weise drückt sich der frühere Präsident Costa Ricas, Rodrigo Carazo, aus, der verneint, daß es in Lateinamerika Demokratie gäbe, und für den die politischen Parteien des Subkontinents »oligarchisch-elitäre Systeme« sind, denen jedweder Kontakt zur Bevölkerung fehlt. (26)

Oscar Arias, ebenfalls Ex-Präsident Costa Ricas und Friedensnobelpreisträger, kritisiert: wenn auch »die Pinochets und andere Diktaturen gegangen sind, so ist die zivile Macht doch weiterhin dem Militär untergeordnet«. In vielen Staaten gibt es keine »wirkliche Gewaltenteilung, und die individuellen und zivilen Freiheiten können nicht vollständig ausgeübt werden«. (27)

Der bolivianische Präsident Jaime Paz Zamora resümiert die Wertschätzung der lateinamerikanischen Eliten für ihre Demokratien – in der die Ermordung politischer Opponenten häufig Teil demokratischer Praxis ist (28) – wenige Tage nach Fujimoris Staatsstreich in Peru in angemessener Weise in einer Rede vor dem bolivianische Parlament: »Das Parlament sollte gut funktionieren«, warnte er die Abgeordneten, »um keinen Vorwand für seine Beseitigung zu liefern«. (29) Hitler und Mussolini hätten mit dieser Philosophie keine Probleme, die den »Geist der Gesetze« im Andenstaat ebenso widerspiegelt wie den Geist seines Rechtssystems. Der bolivianische Justizminister René Blattmann erkannte Mitte 1995 an, daß das juristische System des Landes entwürdigend und »nicht akzeptabel« sei, denn zuerst sperrt man eine Person ein und nach vielen Jahren, wenn sie Glück hat, kann sie ihre Unschuld beweisen. Daher, sagte er, sind 85 Prozent der in bolivianischen Gefängnissen Inhaftierten »in Vorbeugehaft«, ohne Gerichtsprozeß. (30) Nicht viel besser ist die Situation in Venezuela. Dort gibt es etwa 26.000 Inhaftierte, zusammengedrängt in 30 Gefängnissen, in denen im Durchschnitt täglich ein Gefangener stirbt. Zwei von drei Gefangenen werden ohne Urteil inhaftiert und ihrem Schicksal überlassen, weshalb Kriminologen die Gefängnisse des Landes als »Menschendeponien« (depósitos humanos) ansehen. (31)

Ähnliche Human-Deponien sind ebenfalls die marginalen Randzonen, in denen ein Großteil der indigenen Bevölkerung Amerikas dahinvegetiert. Niemand weiß genau, ob es sich um 50, 60 oder 70 Millionen Menschen handelt – weil es niemanden, außer ein paar Humanisten, wirklich interessiert und zuviel Information über das Problem die »Endlösung der Indigena-Frage« behindern könnte, die auch ohne Wannsee-Konferenz gut vorankommt. Für diese Bevölkerung in ihren de facto-Reservationen gilt, was der mexikanische Präsident Ernesto Zedillo im August 1995 über die nationale Indigena-Bevölkerung bemerkte: »Die Verfassung ist heute toter Buchstabe für die Indigenas«. (32)

Daran wird sich, trotz aller Erstwelt-Schwärmerei für den Subkommandanten Marcos, wohl auch in Zukunft wenig ändern, in einer globalen Gesellschaft, in der der Rassismus eines der wesentlichen Herrschaftsmittel ist und die allgemeine Kultur wie ein roter Faden durchzieht. Bill Gates in Lateinamerika vertriebenes Microsoft-Programm »Word« ist exemplarisch dafür. Zum Zeitpunkt der Fertigstellung dieses Buches erscheinen in seinem Synonym-Wörterbuch als Äquivalente für Apache: Bandit, Ganove, Faulenzer, Pervertierter. Ein »Indio« ist u.a. gleichzusetzen mit einem Wilden, Menschenfresser und Primitiven. Ein »Westlicher« (occidental) hingegen ist: arisch, weiß, zivilisiert und kultiviert.

Auch die mexikanische Ausgabe der französischen Enzyklopädie *Petit Larousse Illustré,* der nach Aussagen seiner Herausgeber »in keiner Weise ein Propagandainstrument sein kann«, bedient sich heftig aus dem »Wörterbuch des Untermenschen«. Apache wird definiert als »Individuum eines Stammes von Rothäuten (sic), die berühmt sind für ihre Arglist«. Für die von der Königlich Spanischen Akademie herausgegebene offizielle Enzyklopädie handelt es sich »um gewisse wilde und blutrünstige Indios« – und so geht die Litanei endlos weiter, *ad nauseam.* (33)

Kommen wir auf die demokratische Situation Lateinamerikas zurück. Hinsichtlich der chilenischen Demokratie erklärte der erste nach der Militärdiktatur demokratisch gewählte Präsident, Patricio Aylwin, im August 1995, daß sein Land eine »beschränkte Demokratie« sei, da die präsidentialen Befugnisse begrenzt werden durch die Nichtabsetzbarkeit des Oberbefehlshabers Pinochet und die (privilegierte – H.D.) juristische Situation der Streitkräfte. (34) Obwohl Pinochet sich durch den Staatsstreich von 1973 und den nachfolgenden Staatsterrorismus – dem über 30.000 Chilenen zum Opfer fielen – des Hochverrats und der massiven Verletzung der Menschenrechte schuldig gemacht hat, ist er weiterhin Oberbefehlshaber der Streitkräfte des Landes. Für die Opfer seiner Verbrechen hat er nur zynische Verachtung. Kürzlich von der Presse auf die Menschenrechte angesprochen, antwortete er ironisch: »Ich kenne die Menschenrechte nicht. Was für eine Sache ist das?« (35)

Im April 1994, zwei Wochen vor den allgemeinen Wahlen in Paraguay, erklärte General Lino César Oviedo, Kommandant des ersten Militärkorps: »Unsere Entscheidung ist, daß wir mit der ruhmreichen und unsterblichen Colorado-Partei gemeinsam regieren, für *secula seculorum.* Weder ich noch die Streitkräfte wollen mit einer uns unbekannten politischen Partei experimentieren; einer Partei, die noch nicht an der Macht ist und sich schon gegen uns stellt, schlecht über uns redet und versucht, uns zu verleumden.« Der argentinische Ex-Präsident Raúl Alfonsín »hatte dieses Problem nicht verstanden; er wollte ausprobieren, gegen seine Streitkräfte zu regieren, aber sechs Monate vor (dem Ende seiner Amtszeit) mußte er das Handtuch werfen...« (36)

Der Chef der bewaffneten Streitkräfte von Honduras im Jahre 1995, General Alonso Discua, war in den achtziger Jahren der erste Chef des Batallón 316, einer berüchtigten, von der CIA, der US-Botschaft und den honduranischen Militärs geschaffenen Todesschwadron, die verantwortlich war für die geheime Ermordung und das Verschwindenlassen von mehr als 184 Personen in den achtziger Jahren. Discua Elvir bestreitet die Anschuldigungen nicht, sondern führt zu seiner Entlastung an, daß das

»Verschwindenlassen« Ergebnis offizieller staatlicher Politik war, die mit Zustimmung der verantwortlichen Autoritäten ausgeführt wurde. (37)

Eine ähnliche politische Karriere wie Discua weist Armando Calderón auf. Als einer der Mitbegründer und Hauptakteure der salvadoranischen Todesschwadronen wurde Calderón im April 1994 für seine staatsterroristischen Verdienste im Dienst der USA und der nationalen Oligarchie mittels der üblichen Wahlfarce mit der Präsidentschaft des Landes belohnt, eine nicht-unübliche Gratifikation für Staatsterroristen in Zentralamerika. Die Militärs, welche in der Repression der Volksbewegung (FMLN) den Tod von rund 75.000 Menschen verursachten – vorwiegend aus der Zivilbevölkerung und vorwiegend, wie eine UN-Untersuchungskommission 1993 ermittelte, durch Menschenrechtsverletzungen der Streitkräfte – erfreuen sich ungestört der demokratischen Freiheiten, die Calderons Präsidentschaft gewährt.

Das besondere Verständnis von Demokratie, welches die Militärs der Region auszeichnet, und die Komplizenschaft mit den zivilen Architekten des Staatsterrorismus in ihren Ländern und vor allem in Washington befreit die bewaffneten Verfassungshüter von der politischen und legalen Verantwortlichkeit ihrer Taten. Doch wenn auch die lateinamerikanischen Eliten eine idiosynkratische Vorstellung von Realpolitik und Pragmatismus in der Demokratie haben, so stehen ihnen ihre geistigen Vorbilder und Förderer der Ersten Welt keineswegs nach. Kürzlich trafen sich die »bekanntesten Demokratie-Experten der Vereinigten Staaten« in Washington, um über das »große Dilemma: Ökonomische oder politische Liberalisierung?« zu debattieren. Bei dieser Gelegenheit erklärte die Vizepräsidentin der einflußreichen »Society of the Americas« und Mitglied des Direktoriums des National Endowment for Democracy (NED) – der offiziellen US-Institution zur Wahlintervention und -manipulation in anderen Ländern –, Susan Purcell, daß Mexiko »seine makro-ökonomischen Reformen nicht unter einer vollständigen Demokratie hätte durchführen können, denn es hätte dafür keinen Konsensus gegeben...« Purcell unterstrich die »Ironie«, daß von den drei in den makroökonomischen Reformen am weitesten fortschrittenen Ländern (Mexiko, Chile und Argentinien), nur eines, nämlich Argentinien, »die Reformen unter einem demokratischen System durchgeführt (hat) und dennoch die Macht des Dekrets mißbrauchte... Brasilien begann später, aber seine Art, die Veränderungen durchzusetzen, ist, bis zu einem gewissen Punkt, demokratischer, denn es versucht, einen Konsens herzustellen, während Mexiko unter der PRI, Chile unter Pinochet und Argentinien unter den Peronisten die Reformen vorher durchführten und den Konsens danach suchten.«

Viele der »bekannten Experten« stimmten überein, daß die Idee zurückzuweisen ist, daß »alles simultan und sofort durchgeführt werden muß«, daß die demokratischen Prozesse »ihren eigenen Rhythmus« haben und daß es nicht möglich sei, sie zu forcieren. (38) Die Führer der Wirtschaftswunderländer Asiens können den Theoretikern uneingeschränkt zustimmen: in Süd-Korea, Taiwan, Indonesien, Singapur usw. waren 50-jährige Militär- und Polizeidiktaturen nötig, bevor die demokratischen Prozesse »ihren eigenen Rhythmus« fanden.

Der oligarchisch-plutokratische Charakter der liberalen Demokratien ist nicht nur offensichtlich in der Dritten Welt, sondern ebenfalls in der Ersten, wo der Staat die Beute der beiden politischen Hauptfraktionen ist, in denen sich die Bourgeoisie heute manifestiert: Konservative oder Christdemokraten und Liberale oder Sozialdemokraten. Die Mitglieder ihrer Kabinette und leitenden politischen Strukturen sind Teil einer eng verflochtenen Elite von Geschäftsleuten, Politikern und Militärs – mit z.T. beachtlichen persönlichen Reichtümern (39) –, die innerhalb dieser drei Machtsphären rotieren. In den US-Wahlen vom 8. November 1994, die der Republikanischen Partei die Mehrheit in beiden Kammern des Kongresses gaben, lag die Wahlenthaltung bei 61,3 Prozent. Ellen Miller, Direktorin des »Studienzentrums für eine reaktivierende Politik«, kommentiert: »Die Kosten der Kampagne waren, schon vor den Wahlen, ein ausgezeichneter Indikator für das Endergebnis. In 29 der 35 Wahlgänge für den Senat gewann der Kandidat, der mehr Geld ausgab. In den Wahlen zum Repräsentantenhaus waren von 421 Gewinnern die überwiegende Mehrzahl, nämlich 364, die Kandidaten mit der besseren Finanzierung.« (40) Der Führer der Republikanischen Partei im Kongreß, Newt Gingrich, bemerkte 1990, daß der »Kongreß sich immer mehr zum Korruptionssystem entwickelt, in dem die Politik des Geldes die Politik der Bürger besiegt und vertreibt«. Und der frühere CIA-Informant und jetzige US-Präsident, Bill Clinton, beklagte sich drei Jahre später, daß die »partikularen Interessengruppen jede Aktivität zu stoppen suchen. Sie versuchen, Reformen zu stoppen, Wandel zu verzögern, Fortschritt zu negieren, einfach deshalb, weil sie vom *status quo* profitieren«. (41) Es entbehrt nicht der Ironie, daß zwei der größten politischen Spendenjäger bestätigen, daß das US-System eine Scheckbuch-Demokratie ist. Andere frühere Kongreßabgeordnete haben sich beklagt, daß die notwendige Jagd nach dem Geld so viel Zeit in Anspruch nimmt, daß sie die Möglichkeiten legislativer Arbeit sowie die demokratische Interessenvertretung der Bürger beschränken. (42) »Die Leute, die Wahlspenden leisten, haben das Ohr der Kongreßmitglieder und das Gehör ihrer Arbeitsteams«, sagt das zwölfmal wiedergewählte frühere Kongreßmitglied Roman Mazzoli. »Sie haben den Zugang, und Zugang ist alles. Zugang ist Macht. Zugang ist Einflußmöglichkeit.« (43) Das stimmt überein mit dem Kommentar eines früheren »fundraisers« der Demokratischen Partei, der in der New York Times vom 5. Juli 1996 schreibt, daß ein Kandidat für den Kongreß »mindestens eine Million Dollar braucht« und daß »fundraising« die »höchste Priorität im Tagesablauf eines Kandidaten ist, die, ohne Reisezeiten zu berücksichtigen, bis zu vier Stunden täglich in Anspruch nimmt«. Der Ratschlag eines Lobbyisten für den neuen Mitarbeiter eines Abgeordneten spiegelt die gleiche Realität wider: »Du kannst einen Abgeordneten oder Senator nicht für 1000 Dollar treffen. Der Abgeordnete oder Senator zieht vor, Leute zu treffen, die 10.000 Dollar beschaffen (können) oder Netzwerke von Freunden haben, die 1000 Dollar geben.« (44) Teil eines demokratischen Systems ist nicht, daß es oder seine Ämter verkäuflich wären – wie im Feudalismus –, doch nähert sich die liberale Demokratie in der Praxis immer mehr diesem Prinzip an. Die plutokratische Natur der formalen Demokratie, die in den USA verstärkt wird durch ein kürzliches Urteil des obersten Bundesgerichts, welches neue Wege privater Parteienfinanzierung eröffnet, sowie durch die Entscheidung des Senats, die Reform der Wahlkampffinanzierung einmal mehr zu vertagen (45), zeigt sich ebenfalls deutlich in der Verfügung über das gesellschaftliche Mehrprodukt, ein Aspekt, den wir in vorhergehenden Kapiteln bereits diskutiert haben.

Dennoch besteht eine fundamentale Differenz zwischen der plutokratischen Demokratie der Ersten und der Dritten Welt. Erstere kann auf die mehrheitliche Unterstützung der Bevölkerung zählen, wodurch ihre herrschende Klasse gleichzeitig zur führenden (hegemonialen) Klasse wird. Dies drückt sich unter anderem im Verhalten zum prinzipiellen Legitimationsmechanismus der herrschenden Eliten aus, den Parlamentswahlen. In

Belgien beispielsweise betrug die Wahlbeteiligung zwischen 1946 und 1993 im Durchschnitt über 90 Prozent; in Westdeutschland zwischen 1949 und 1990 circa 86 Prozent; in Dänemark circa 84 Prozent (1949-1990); in Frankreich etwa 75 Prozent (1945-1993); in Großbritannien circa 77 Prozent (1945-1992); in Italien über 90 Prozent (1948-1993) und in den Niederlanden etwa 95 Prozent (1946-1990). (46) Die weitaus niedrigere Wahlbeteiligung in den Vereinigten Staaten, die normalerweise zwischen 50 und 60 Prozent oszilliert, hat mehrere Gründe, doch einer der wesentlichen liegt darin, daß keine Parteien existieren, die, wie auch immer, die Interessen umfangreicher arbeitender Sektoren und schlecht entlohnter Bevölkerungsteile widerspiegeln oder zumindest von diesen Sektoren als solche wahrgenommen werden. Es ist daher nicht ungewöhnlich, daß ein US-Präsident weniger als 30 Prozent der wahlberechtigten Bürgervoten repräsentiert, wie auch übrigens Jelzin in seinem Juli-Wahlsieg.

Die Tatsache des Hegemonialstatus der herrschenden Erstwelteliten hat natürlich wenig mit Demokratie – also realer Machtteilhabe des Volkes – zu tun. Das von der Bundeszentrale für politische Bildung herausgegebene Opus *Die EU-Staaten im Vergleich* gibt uns einen empirischen Einblick in die Dimension »politischen Selbstvertrauens« der EU-Bürger. Der Aussage, »Leute wie ich haben keinen Einfluß darauf, was die Regierung tut«, stimmten – 1980 – rund zwei Drittel aller Befragten zu. Für die Bundesrepublik lag dieser Wert bei 69,8 Prozent. Mit der Aussage »Manchmal scheinen die Politik und die Regierung so kompliziert zu sein, daß Leute wie ich nicht richtig verstehen, was vorgeht«, stimmten im EG-Durchschnitt 67,7 Prozent überein (1985); dieser BRD-Wert lag für 1980 bei 66,8 Prozent. Der Aussage, daß man gegen ein von Regierung und Parlament verabschiedetes ungerechtes Gesetz »nichts mehr tun kann«, stimmten 1990 im EG-Durchschnitt rund 52 Prozent der Bürger zu, davon in der BRD 58,8 Prozent und in Frankreich 66,9 Prozent. Lediglich in den Niederlanden und in Irland lehnte eine Mehrheit diese These ab. (47)

Das hier dokumentierte rachitische »politische Selbstvertrauen« der Bürger gegenüber den real existierenden liberalen Erstweltdemokratien zeugt von einem gesunden Realismus in der Einschätzung der Machtverhältnisse: d.h. ihrem real existierenden Ausschluß aus den wesentlichen Entscheidungen der Nation. Insofern reflektiert die Statistik auch nicht, wie die

Bundeszentrale für politische »Bildung« vorzutäuschen sucht, das »politische Selbstvertrauen« der Bürger, sondern ihr »politisches Mißtrauen« in die Demokratie, in der sie leben.

Ihre Ausgrenzung aus den zentralen Entscheidungen der *res publica*, der öffentlichen Angelegenheiten, ausgenommen dem vierjährigen Ritual des strikt regulierten und kontrollierten oligopolistischen Wahlmarktes, ist natürlich kein Zufall, sondern Prinzip. Die politisch-philosophische Essenz der liberalen Demokratie ist der Elitismus, wie die geradezu paranoischen, aber repräsentativen Ausführungen Tocquevilles über die Tyrannei oder die Gefahr des »Despotismus der Mehrheit« in der »amerikanischen Demokratie« illustrieren. Die fast instinktive, aristokratische Abneigung vor dem Vulgo, dem Pöbel, den Massen, der »Bestie« Alexander Hamiltons, ist konstitutiv für die herrschende Demokratie und ihre gegenwärtigen politischen Eliten. Der Unionspolitiker Barzel hat diese Position im April 1958 klassisch formuliert, als er in einem Artikel schrieb: »In unserem Grundgesetz ist ganz klar zum Ausdruck gebracht, daß sich die Willensbildung des Volkes darauf beschränkt, in freien und geheimen Wahlen die Abgeordneten für das Parlament zu wählen.« (48) Rudolf Wassermann hat in seiner Arbeit *Die Zuschauer-Demokratie* die Tendenzen »zum Parteienstaat, in dem der Bürger nur noch der Bezugspunkt für Machtstrategien einer politischen Klasse ist« (49), untersucht, und Habermas sprach einmal davon, daß in dieser Demokratie »alles für den Bürger und nichts durch den Bürger« getan werde. Letzteres ist nach wie vor korrekt; ersteres wird der Philosoph mit dem Einbruch des Neoliberalismus im »Standort Deutschland« wohl korrigieren müssen, denn Kapitalismus und Demokratie in der BRD kehren zu ihrem historischen Status krisenhafter Entwicklung und imperialer Weltpolitik zurück.

Die Legitimität der metropolitanen Eliten beruht auf einem *Contrat Social* besonderer Art, von dem Rousseau sich wohl nichts hätte träumen lassen: der Verzicht auf reale demokratische Teilhabe von Seiten der Mehrheiten und die Garantie eines hohen Lebensstandards und umfangreicher Sozialleistungen von Seiten der Eliten. Solange die herrschende Klasse ihre »Produktionsaufgabe« (Lenin) erfüllt – was heute in der Ersten Welt ein Pro-Kopf-Einkommen von rund 22.000 Dollar bedeutet –, steht die plutokratische Demokratie auf festen Füßen. Wenn das nicht gelingt, ist der »Sozialfrieden« gestört und die politischen Extreme heben ihre Medusenhäupter. Die Notwendigkeit gnadenloser Ausbeutung der Dritten Welt und die Konzentration des Weltmehrprodukts in den Metropolen finden hier ihre Erklärung: Sie finanzieren den »Sozialvertrag« zwischen Kapital und Arbeit in den imperialistischen Zentren.

John Kenneth Galbraith hat in seinem Buch *The Culture of Contentment*, die politischen Implikationen des Hegemonialstatus der herrschenden Erstwelteliten für die USA analysiert. Aufgrund des hohen Lebensstandards der Mehrheit der Bevölkerung existiert eine »zufriedene Wählermehrheit«, deren Aktivitäten sich auf die Verteidigung ihrer »Annehmlichkeiten und die unmittelbare Befriedigung von Bedürfnissen« richtet. Da es sich um die Mehrheit handelt, »ist dies der Gemütszustand – the controlling mood –, von dem das Land kontrolliert wird«. Neu in den »sogenannten kapitalistischen Ländern ... ist, daß die kontrollierende Zufriedenheit und die daraus resultierenden Anschauungen heute die der Mehrheit sind, nicht einfach nur die einiger weniger. Dies findet statt unter der reizvollen Decke der Demokratie, wenn auch nicht einer Demokratie für alle Bürger, sondern jene, die – in Verteidigung ihrer sozialen und ökonomischen Vorteile – tatsächlich zu den Urnen gehen. Das Ergebnis ist eine Regierung, die sich nicht an der Realität oder den allgemeinen Bedürfnissen orientiert, sondern an den Anschauungen der Zufriedenen, die jetzt die Mehrheit derjenigen sind, die wählen.« (50)

Die politischen und allgemeinen Überzeugungen der Wohlhabenden – in denen die Sensibilität für die Armen, die moralische Empörung oder der Wille zu reformieren, keine bedeutende Rolle spielen – werden benutzt »um der Sache ständiger Befriedigung zu dienen, und die zeitgenössischen ökonomischen und politischen Ideen werden auf ähnliche Weise akkomodiert«. (51)

Die letzten Regierungen der Vereinigten Staaten sind »getreue Spiegelbilder der wirtschaftlichen und sozialen Präferenzen« dieser wohlhabenden Mehrheit, deren Weltbild vier wesentliche Charakteristika aufweist: 1. ihre Mitglieder bejahen, daß sie lediglich das erhalten, was ihnen gebührt; 2. ihr Zeithorizont ist extrem kurz und gegen langfristige Aktionen ausgerichtet; 3. der Staat wird als Last angesehen, ausgenommen in der Subventionspolitik für die Reichen; 4. selbst gravierende Unterschiede in der nationalen Einkommensverteilung werden ohne weiteres akzeptiert.

Panem et circenses als Schlüssel politischer Stabilität ist geteiltes Patrimonium aller geschichtlichen herrschenden Eliten; seit den ersten griechischen Klassengesellschaften bis zum deutschen Nationalsozialismus und der Demokratie der Vereinigten Staaten. Es genügt, diesbezüglich Aristoteles' *Politik* zu lesen, in der der große Denker darauf hinweist, daß »die durch die Mittelklasse verwaltete politische Gemeinschaft die beste (ist)... Der größte Reichtum für eine Stadt besteht darin, daß ihre Mitglieder einen begrenzten, angemessenen Besitz haben; denn dort, wo einige im Überfluß besitzen und andere nichts haben, wird die extreme Demokratie oder die reine Oligarchie kommen, oder sogar, als Reaktion gegen beide Exzesse, die Tyrannei«. Und der Philosoph resümiert die griechische Erfahrung zusammenfassend: »Die Demokratien sind sicherer und von längerer Dauer als die Oligarchien aufgrund der Mittelklasse... Wenn aber die Mittelklasse fehlt und die Armen eine extreme Zahl erreichen, bricht das Mißgeschick herein und bald ihr Ruin.« (52)

Diese politisch-soziale Wahrheit ist so unmittelbar offensichtlich in der griechischen Demokratie wie in der Demokratie in Amerika. In dieser klassischen Arbeit Alexis de Tocquevilles leitet der Autor die demokratische Situation in den Vereinigten Staaten aus einem *fait générateur*, einem konstituierenden Element ab: die Gleichheit der Lebensbedingungen der Bürger. »In dem Maße, wie ich die nordamerikanische Gesellschaft studierte«, schreibt der »ideologische Nachfolger« des Barons Montesquieu, »...sah ich den fait générateur immer mehr in der Gleichheit der Bedingungen. Jedes Teilelement schien sich davon abzuleiten, und ich bin ihm ständig wiederbegegnet als einem Punkt der Attraktion, in dem alle meine Beobachtungen übereinstimmten.« Da kein Bürger sich von seinesgleichen unterscheidet, kann »niemand eine tyrannische Macht ausüben; denn in diesem Fall werden die Menschen vollständig frei sein, weil sie in allem gleich sein werden, und vollständig gleich, weil sie vollkommen frei sein werden«. (53) Eine sehr schöne Bestätigung Linguets, der den *Esprit des Lois* Montesquieus mit der trockenen Sentenz kommentiert: »L'esprit des Lois, c'est la propriété«.

Die sozio-ökonomische Misere und Heterogenität der lateinamerikanischen Staaten und vieler Drittweltstaaten allgemein ist also der wesentliche Grund für die beklagenswerte Situation ihrer *res publica;* woraus folgt, daß die Überwindung der ökonomisch-sozialen Krise die *conditio sine qua non* einer demokratischen Verbesserung ist. Gleichwohl geben die Entwicklungsperspektiven der Region unter der Ägide des Neoliberalismus keinen Anlaß zu Optimismus. Die vier grundsätzlichen Indikatoren ökonomisch-sozialen Fortschritts sprechen für sich: a) in Hinsicht auf das ökonomische Wachstum ist das Pro-Kopf-Einkommen heute geringer als 1980; b) die Arbeitslosenrate ist höher als gegen Mitte der achtziger Jahre; c) die von allen Statistiken dokumentierte »bemerkenswerte Ungleichheit« in der Einkommensverteilung hat sich durch die Anwendung der strukturellen Anpassungsprogramme erheblich verstärkt und, last but not least, d) ist die Zahl der in Lateinamerika in Armut Lebenden von 247 Millionen Einwohnern im Jahre 1986 auf 270 Millionen Einwohnern im Jahre 1990 angewachsen und steigt weiter. (54)

Im sozialen Bereich ist einer der großen Errungenschaften des Neoliberalismus das Wiederauftreten von Krankheiten des 19. Jahrhunderts. Im ständigen Evolutionswettlauf zwischen menschlicher Spezies und pathogenen Mikroorganismen (Bakterien, Viren usw.) sehen sich letztere durch zwei Tendenzen des Kapitalismus begünstigt, die ihnen ideale Reproduktionsbedingungen bieten: die unaufhaltsame Zerstörung tropischer Ökosysteme und der systematische Abbau des öffentlichen Gesundheitswesens.

Die zum Teil leidenschaftliche Diskussion über die Herkunft des HIV (AIDS) ist heute im wesentlichen gelöst. Die zur Verfügung stehenden wissenschaftlichen Daten über diese Art Pathologien weisen in eine Richtung: Es handelt sich um Virus-Typen, die in bestimmten geographischen Regionen und biologischen Wirten vorkommen, wie etwa der Ebola-Virus in den tropischen Wäldern Zentralafrikas. Die unablässige Durchdringung und kapitalistische Zerstörung dieser Habitats bringen den Menschen in Kontakt mit Viren, die – in ihrem natürlichen genetischen Zustand oder mutierend – den neuen biologischen Wirt infizieren und gefährden. Durch die Globalisierung der Transportsysteme verbreitet sich die Mikrobe und wird zu einer weltweiten Gefahr, so wie es mit dem HIV geschah.

Neben der Einführung unbekannter lokaler pathogener Mikroorganismen in die Weltgesellschaft – vor Schaffung einer angemessenen präventiven medizinischen Logistik auf globalem Niveau – hat das unerbittliche Drängen der nationalen und internationalen kapitalistischen Eliten auf drastische Reduzierung der öffentlichen Gesundheitsfürsorge seinen Preis gefordert, vor allem auf dem Gebiet der Massenhygiene und Prophylaxe. Das erste Anzeichen für die Rückkehr der Krankheiten des 19. Jahrhunderts war das massive Auftreten der Cholera in Lateinamerika in den 80er Jahren. Nach Dr. Brandling-Bennett, Direktor der »Arbeitsgruppe gegen Cholera« der Panamerikanischen Gesundheitsorganisation (OPS), ist dies Ergebnis der Verschlechterung der sanitären und sozial-hygienischen Bedingungen der Region zuzuschreiben. Der Experte schätzt, daß etwa 200 Milliarden Dollar benötigt werden, um die »sanitären Standards der 70er Jahre« wieder zu erreichen. (55) Das Dengue-Fieber – welches in einer bestimmten Form (hämorrhagisch) eine hohe Sterblichkeitsrate aufweist – ist ebenfalls eine Pathologie, die dank einer nach 1945 durchgeführten regionalen Kampagne in der westlichen Hemisphäre praktisch verschwunden war. Gegenwärtig ist die Krankheit mit solcher Vehemenz wieder aufgetaucht, daß sie die Hemisphäre in Form einer Epidemie bedroht. Im Jahre 1995 wurden über 88.000 Fälle in Brasilien, mehr als 35.000 in Zentralamerika und mehr als 15.000 in Venezuela diagnostiziert. Dengue ist ein Leiden, das, ebenso wie das Gelbfieber, durch den Moskito Aedes aegypti übertragen wird, der sich vorzugsweise in urbanen Zonen reproduziert. Deshalb ist seine Existenz und Vermehrung, wie im Falle der Cholera, in erster Linie von den sozialen Bedingungen abhängig, unter denen die Bevölkerung lebt.

Eine andere Epidemie der Armen ist die »Venezolanische Hirnentzündung« (Venezuelan equine encephalitis), die 1995 mehr als 45.000 Personen in Kolumbien und 10.000 in Venezuela heimsuchte. Nach Aussagen eines Epidemologen des Center for Disease Control and Prevention in Atlanta, der von der kolumbianischen Regierung konsultiert wurde, kann diese Krankheit »hundertprozentig vermieden« werden. Wenn ein »...System ständiger Schutzimpfung und epidemischer Überwachung« existierte, wäre »nichts von alldem passiert«, kommentierte der US-Spezialist. Die Liste der durch eine geringe materielle Investition und entsprechenden politischen Willen vermeidbaren Krankheiten ließe sich beträchtlich verlängern: die virulente Rückkehr der Malaria, das Wiedererscheinen der Beulenpest im Norden Perus (1994), die Chagas-Krankheit, von der 18 Millionen Lateinamerikaner betroffen sind, die allgegenwärtigen intestinalen parasitären Infektionen sowie die Tuberkulose. (56)

Das oben beschriebene Bild der real existierenden lateinamerikanischen Demokratie müßte vervollständigt werden mit einer Analyse der endemischen Korruption (57), der Straflosigkeit, mit der die repressiven Sektoren des Staates handeln, der oligopolistischen Machtkonzentration der Kommunikationsmedien in wenigen transnationalen Unternehmen, der ökologischen Zerstörung, dem Fehlen von Wohnraum usw. Dies ist das Ergebnis von 170 Jahren abhängiger Integration in die *pax americana* und in ein Weltsystem, dessen Mechanismen der Aneignung und Überführung der globalen Reichtümer in die Erste Welt seit dem 16. Jahrhundert in Funktion sind und den Graben zwischen reich und arm immer mehr öffnen. Eine entsprechende Schätzung der Weltbank kommt zu dem Ergebnis, daß im Jahre 1870 das Pro-Kopf Einkommen in den reichsten Ländern 11 mal höher war als in den ärmsten; dieses Verhältnis hat sich auf das 38-fache im Jahre 1980 und auf das 52-fache im Jahre 1985 erhöht. (58) Gleichzeitig stieg die Gesamtverschuldung der Dritten Welt bis Ende 1994 auf 1.542 Milliarden Dollar an, eine Verdreifachung in den letzten 15 Jahren. (59)

Diese säkulare Tendenz überrascht nicht angesichts der von den Experten des Entwicklungsprogramms der Vereinten Nationen (UNDP) ausgearbeiteten Daten, die zeigen, daß die Dritte Welt jedes Jahr im Rahmen der »Entwicklungs«-Hilfe aus der Ersten Welt rund 50 Milliarden Dollar erhält, während sie jährlich 500 Milliarden Dollar durch die Bezahlung der Auslandsschulden und die Verzerrung der Märkte (Protektionismus usw.) verliert. (60)

Diese Daten machen deutlich, daß das Problem der Entwicklung der lateinamerikanischen und anderer neokolonialer Demokratien heute mehr denn je ein Problem des Weltsystems ist und daß wenig Hoffnung besteht, dafür nationale Lösungen zu finden. Die Dimension der notwendigen Veränderung ist für Lateinamerika als eine bolivarianische zu definieren, die innerhalb eines globalen Demokratisierungsprozesses unvermeidlich den gesamten Subkontinent erfassen muß.

Der demokratische Übergang

Ironischerweise ist das Problem der in Lateinamerika auf Wandel drängenden sozialen Kräfte das gleiche wie das der Bourgeoisie: keinen lebensfähigen ökonomischen Vorschlag für die Mehrheiten zu haben. Ihre Wirtschaftsprogramme sind Hybride aus Neoliberalismus und Keynesianismus, die Elemente beider Akkumulationsmodelle anbieten und sich nicht in politisches Mobilisierungspotential verwandeln lassen.

Vom Neoliberalismus nimmt die Linke, zum Beispiel, das Schlüsselelement notwendiger Integration in den Weltmarkt. Doch kann sie diese Position nicht stringent artikulieren, weil der Neoliberalismus in der Dritten Welt die Zerstörung des Wohlfahrtsstaates und der nationalen Industrien impliziert; beide Elemente sind nicht vereinbar mit der Klientel linker Bewegungen oder Volksparteien. Aus dem Keynesianismus importiert sie die Bedeutung des internen Marktes und die Schaffung von Arbeitsplätzen über das *deficit spending.* Aber auch mit diesem Vorschlag kann sie nicht konsequent sein, denn er impliziert eine grundsätzliche Neuverhandlung mit der Metropolen-Bourgeoisie über die Verteilung des weltweiten Mehrprodukts – und, insbesondere, über die Außenverschuldung. Da diese Zentrums-Linkskräfte nach dem Vorbild der italienischen Olivzweig-Koalition eine dem kapitalistischen System immanente Opposition sind, können sie den Zusammenstoß mit den Besitzern des *global village* nicht riskieren. In Konsequenz bleibt die Frage unbeantwortet, woher das Kapital für die notwendige staatliche Interventionspolitik kommen soll. Das Kapitalvolumen, das die lateinamerikanischen Länder benötigen, kann nicht aus internen Ersparnissen kommen. Um es sich aus dem weltweiten Mehrprodukt anzueignen, welches der Kontrolle der Metropolen unterliegt, ist die Schaffung eines lateinamerikanischen Blocks unabdingbar, der über das notwendige Verhandlungspotential verfügt, um die makroökonomischen Bedingungen zwischen den drei großen Weltmächten und Lateinamerika qualitativ zu verändern. Doch sind weder der politische Wille zu erkennen noch das ökonomische Verständnis, um diesen Imperativ keynesianischer Entwicklungsstrategie in die Tat umzusetzen.

Jeder, der etwas von Ökonomie und Geschichte weiß, versteht, daß es seit 150 Jahren für ein Land mit einer blockierten Entwicklung innerhalb des kapitalistischen Weltsystems nur einen einzigen Ausweg aus Abhängigkeit und Rückstand geben kann: die kapitalistische Entwicklungsdiktatur. Deutschland und Japan waren die einzigen Mächte, die auf diese Weise im 19. Jahrhundert das Niveau der dominierenden Industriemächte erreichten. Im 20. Jahrhundert ist es noch keiner nennenswerten politischen Potenz gelungen, auf diese Ebene aufzusteigen. Das Beispiel der asiatischen Diktaturen (die vier »Tiger«) – und in gewissem Sinn die Diktatur

Pinochets – bestätigen die deutsche und japanische Erfahrung. Taiwan z.B. war rund fünfzig Jahre lang eine offene Diktatur mit Gewerkschaftsverbot, brutaler Unterdrückung oppositioneller politischer und sozialer Bewegungen, staatlich kontrollierten Niedriglöhnen und der Todesstrafe für Kapitalflucht.

Zusammenfassend: Ohne einen starken Staat, der alle strategischen Variablen der Entwicklung wie Kapitalströme, Löhne, Gehälter, Im- und Exporte, die Gewerkschaften, die politischen Parteien und das Ausbildungswesen usw. kontrolliert, sind die kapitalistische »Modernisierung« und die nationale Unabhängigkeit nicht zu erreichen. Wir wissen nicht, ob das Modell der asiatischen Diktaturen unter den aktuellen Markt- und weltpolitischen Bedingungen noch funktionieren kann. Aber selbst wenn dem so wäre, könnten die demokratischen Sektoren ein Programm dieses Typs nicht vorschlagen, weil sie sich nicht zum Unterdrücker der Arbeiter- und Volksbewegungen machen können. Wenn man also die diktatorische Option ausschließt, gibt es keinen realistischen ökonomischen Entwicklungsvorschlag für die Mehrheiten innerhalb des zeitgenössischen Drittwelt-Kapitalismus. Sie sind daher auf die Konstruktion eines neuen historischen Projekts regionaler und weltweiter Demokratisierung angewiesen. Ausgehend davon, daß die Reflexion dieses Kapitels im wesentlichen die Perspektive der Demokratie in Lateinamerika ist, beschränken wir uns auf die Darstellung einer Serie von Minimalelementen, die Teil der zukünftigen Organisation der politischen Gemeinschaft sein müssen.

Das Projekt der regionalen Demokratisierung – ebenso wie die große weltweite Bewegung der Demokratisierung und der effektiven Einführung der politischen, ökonomischen und sozialen Menschenrechte – wird von vier prinzipiellen Machtkomplexen blockiert, die die Architektur der Weltgesellschaft bestimmen: 1. dem internationalen Kapital und seinem Realisations-Medium, dem Weltmarkt; 2. dem nationalen Großkapital, das mit dem transnationalen intim verflochten ist; 3. den bürgerlichen Nationalstaaten; 4. dem globalen kapitalistischen Proto-Staat.

Diese vier Machtstrukturen formen das neue Weltsubjekt, den Hegelschen Weltgeist im kybernetischen Zeitalter, dem – mit partiellen Ausnahmen der Nationalstaaten der Ersten Welt und einigen der Dritten Welt – jede Legitimität und demokratische Kontrolle fehlt, obgleich seine Entscheidungen das Schicksal der Menschheit insgesamt betreffen. Und nichts in diesem System – welches jedes Jahr den Tod von 13 Millionen Kindern aufgrund von sozialen Krankheiten, die mit geringem Einsatz von ökonomischen Ressourcen kontrollierbar wären, toleriert (61) –, deutet darauf hin, daß die ihm innewohnenden ökonomischen Tendenzen oder die es dominierenden politischen Interessen die Entwicklungsrichtung ändern könnten, die es seit 1492 kennzeichnen. Um seine Veränderung zu erreichen, ist ein Prozeß tiefgreifender Demokratisierung notwendig, der die oligarchischen Herrschaftsstrukturen des *global village* unter die effektive Kontrolle der Mehrheiten stellt, die die einzig mögliche Legitimationsquelle politischer Macht eines real demokratischen Systems sein können.

Unter den Konturen des neuen demokratischen Projektes der Region, die Simón Bolívar *la Patria Grande*, das Große Vaterland, nannte – und des Weltsystems im allgemeinen –, befinden sich folgende Elemente, die sich auf die wichtigsten Sphären gesellschaftlicher Reproduktion beziehen.

Im Politischen ist zwingend, daß die Wahlen in Lateinamerika ihres manipulativen und plutokratischen Charakters entkleidet werden, um sich in ein effektives Instrument populärer Meinungsäußerung zu verwandeln. Dies setzt voraus: a) daß die politisch-organisatorische Kontrolle der Wahlen in den Händen der Bürgerschaft liegt, die die Strukturen des Staates einzig und allein als technische Hilfe für den Wahlprozeß benutzt; b) daß die Wahlkampagnen unter egalitären ökonomischen, politischen, juristischen und propagandistischen Bedingungen durchgeführt werden; c) daß die Wahlmöglichkeiten die ganze Breite der gesellschaftlichen Sektoren und Minderheiten repräsentieren – ausgehend davon, daß eine Wahl nur dann demokratisch ist, wenn zwischen realen politisch-sozialen Alternativen gewählt werden kann; d) daß eine juristische und politische Verantwortlichkeit für die während der Wahlkampagne abgegebenen Wahlversprechen existiert. Heute stellen die Wahldiskurse häufig einen flagranten Betrug an der Bevölkerung dar: versprechen, beispielsweise, eine Sozialpolitik für die Mehrheiten und führen den Neoliberalismus ein, so unter Salinas in Mexiko, Fujimori in Peru, Cardoso in Brasilien, Menem in Argentinien oder Jelzin in Rußland; skrupellos »verkaufen« diese Politiker und ihre Parteien der Bevölkerung im Wahlkampf Schlösser und übergeben nach dem Wahlsieg Hütten. Plebiszite, verfassungsgerichtliche Klagen usw. wären konstitutionelle Mittel, um diese politischen Betrügereien zu verhindern.

Die Souveränität des Volkes existiert in den lateinamerikanischen Regimes hauptsächlich auf dem Papier. Die wirkliche Macht residiert in einem kleinen Kreis von Bänkern, Großkapitalisten und nationalen Politikern, die mit den entsprechenden Zirkeln der Metropolen assoziiert sind, so wie es der argentinische Ex-Präsident Alfonsín formuliert hat. Beredtes Zeugnis dieser Tatsache findet sich während der ökonomischen Krisen, wenn die neokolonialen Regierungen ihre Katastrophe nicht vor dem Volk rechtfertigen, sondern in erster Linie vor den Investoren in Wall Street. Julio Antonio Mellas Sentenz der zwanziger Jahre, daß Lateinamerika die »Große Wall Street-Republik« sei, ist gültiger denn je.

Die Schaffung einer praktisch wirksamen Gewaltenteilung – gegenwärtig eine Schimäre in der Mehrzahl der neokolonialen Drittwelt-Staaten – ist ein unverzichtbares juristisch-politisches Element, um den Machtmißbrauch des Staates zu verhindern. Im gleichen Sinn ist eine substantielle Ausweitung des Instituts des Plebiszits oder Referendums unerläßlich, um die gesellschaftliche Kontrolle über den Staat zu verstärken. Die Anerkennung des Staates als einer föderativen, multikulturellen, multiethnischen, weltlichen und republikanischen Einheit garantiert die Meinungsfreiheit und die zivilen Rechte seiner Bürger ohne Diskriminierung des Geschlechts, der Rasse, der Religion, des Alters oder der partikularen nationalen Staatsangehörigkeiten der Region.

Die Schaffung einer gerechteren und aktiv teilhabenden Gesellschaft setzt notwendigerweise die Kontrolle der Bevölkerung über die Verteilung des sozialen Mehrprodukts und im besonderen über die Investitionsentscheidungen voraus. Die Investition ist die strategische Variable eines jeden kapitalistischen Wirtschaftssystems, nicht nur im Hinblick auf die politisch-soziale Macht, die sie gewährt, sondern auch hinsichtlich des Lebensniveaus und der sozialen Sicherheit der Mehrheiten. Deshalb sind die prioritären Investitionsbereiche und ihr quantitativer Anteil am Bruttosozialprodukt in den privaten Sektoren ebenso wie in den staatlichen durch jährliche Referenden zu entscheiden, das gleiche gilt für die nationalen Budgets. Die Auflösung der Eigentumskonzentrationen des gesellschaftlich produzierten Reichtums in der Industrie, dem Handel, dem Bank-,

Agrar- und Finanzsektor – die heute die materielle Stütze der herrschenden plutokratischen Macht sind – ist eine objektive Vorbedingung für die Konstruktion der neuen Demokratie.

Angesichts der weltweiten Erfahrungen mit dem Kapitalismus und im besonderen mit seiner Existenz in Lateinamerika ist evident, daß er ein System darstellt, welches unfähig ist, die Bedürfnisse unserer Bevölkerungsmehrheiten zu befriedigen. Trotz der erstaunlichen Fortschritte der produktiven Technologie seit der industriellen Revolution ist die Misere in der Welt nicht geringer geworden, sondern sie hat zugenommen. Das bedeutet, daß die kapitalistischen Produktionsverhältnisse und ihre Antriebsachse, der Profit, die Reorientierung auf eine Ökonomie zum Wohle der Mehrheiten nicht erlauben. In Konsequenz dessen muß sich die Ökonomie der Zukunft *Unseres Amerikas* (José Martí) um eine andere Akkumulationsachse drehen, die offensichtlich nur die der Grundbedürfnisse der Bevölkerung sein kann. Der Gebrauchswert muß den Tauschwert als *spiritus rector* der Ökonomie ersetzen, wodurch soziopolitisch die Vorbedingung für die Aufhebung des Warencharakters der gesellschaftlichen Beziehungen geschaffen wird.

Die Aufhebung der Schuldknechtschaft durch die Neuverhandlung oder Streichung der (unbezahlbaren) Außenschulden, durch welche die ökonomische Souveränität der neokolonialen Staaten konfisziert und dem internationalen Finanzkapital übergeben wurde, ist unverzichtbar. Durch eine von den Metropolen zu finanzierende internationale Studie ist die Höhe der Außenschulden der Ersten gegenüber der Dritten Welt zu kalkulieren, die sich in Jahrhunderten angehäuft haben durch die Ausbeutungsmechanismen der Sklaverei, Zwangsarbeit, Exploitation der Bodenschätze, Knebelverträge, terms of trade, Protektionismus, militärische Interventionen, usw. Aus dem Positivsaldo beider Schuldbeträge – der sich ohne Zweifel zugunsten der Länder der Dritten Welt runden wird – resultiert der Fonds für eine kontinuierliche ökonomische Entwicklung mit sozialer Gerechtigkeit für letztere. Um der unmenschlichen Ausbeutung der Arbeitskraft in den neokolonialen Entwicklungsdiktaturen vorzubeugen, wird ein juristisch garantierter globaler Mindestlohn mit entsprechender Sozialgesetzgebung institutionalisiert. Auf das spekulative Finanzkapital werden Steuern erhoben und bestimmte Mobilitätsrestriktionen durchgesetzt, um die Volkswirtschaften der Drittwelt-Länder zu schützen. Das Welt-Mehrprodukt wird unter Gesichtspunkten des Gemeinwohls verteilt und seine Investitionsquote zugunsten der Dritten Welt gewichtet.

Im militärischen Bereich bedeutet die Demokratisierung vor allem die Unterordnung der bewaffneten Streitkräfte unter die zivile Autorität sowie ihre substantielle Reduktion. Letzteres aus drei Gründen. Die gegenwärtigen lateinamerikanischen Streitkräfte haben keine Daseinsberechtigung. Die Funktion einer Militärmacht besteht darin, die territoriale Integrität einer Nation gegenüber einem äußeren Aggressor zu verteidigen; ausgehend von der geopolitischen Situation des Subkontinentes, könnte dieser Aggressor nur die USA, eine europäische Macht oder eine Koalition beider sein, wie im Fall der Malvinen. In einem derartigen Szenarium hätte keine der lateinamerikanischen Armeen die Möglichkeit, sich zu behaupten; das zweite mögliche kriegerische Szenarium wären Konflikte zwischen lateinamerikanischen Staaten; diese müssen und können auf dem Wege der Verhandlungen gelöst werden. Der zweite Grund für die notwendige Reduktion des Militärs liegt darin, die von ihnen parasitär konsumierten Ressourcen für produktive Investitionen freizusetzen; und schließlich geht es darum, die Putschtendenzen dieser authentischen Prätorianergarden auf ein Mindestmaß zu reduzieren.

Die Demokratisierung des kulturellen Bereichs schließlich macht die Wiederherstellung der weltlichen und kostenfreien Erziehung von der Grundschule bis zur Universität unverzichtbar. Ebenso ist die Vergesellschaftung der großen Kommunikationsmonopole, insbesondere des Fernsehens, erforderlich. TV-Stationen und anderen Ressourcen des Fernsehens müssen zu gleichen Teilen in den Händen der prinzipiellen gesellschaftlichen Sektoren liegen. Ihre Essenz kann nicht in der Vermarktung von Waren und der Schaffung einer *virtual reality* bestehen, die in manipulativer Weise die Handlungsentscheidungen des Subjekts bestimmen; angefangen von der Wahl eines Präsidentschaftskandidaten bis zum alltäglichen Konsum. Das gleiche gilt für die Sendelizenzen der Radiostationen und Druckmedien sowie den Zugang und die Benutzung des Internets.

Das historische Projekt der bolivarianischen Demokratisierung Unseres Américas (la Patria Grande) muß von einer tiefgreifenden Demokratisierung des Weltsystems begleitet werden, da dieses die Macht der fünf fundamentalen menschlichen Lebensbereiche – Politik, Ökonomie, Militär, Kultur und Wissenschaft – in den drei internationalen Herrschaftspolen

USA, Europa und Japan monopolisiert hat. Solange 20 Prozent der Weltbevölkerung sich 83 Prozent des Welteinkommens aneignen und konsumieren, kann es keine substantiellen Verbesserungen im Lebensniveau der »Verdammten dieser Erde« (Fanon) geben. Die ungleiche und sprunghafte Dynamik von Vernichtung und Entwicklung, die dem Kapitalismus eigen ist, erfordert eine entschlossene politische Initiative, um die gemeinschaftlich produzierten Reichtümer des Planeten der gesamten Menschheit zugänglich zu machen. Diese politische Initiative beinhaltet die Demokratisierung des Internationalen Währungsfonds, der Weltbank, der Gruppe G-7 und der übrigen Strukturen des kapitalistischen Proto-Weltstaates, das heißt, ihre Unterordnung unter die Mehrheitskontrolle der Menschheit.

Auf internationalem Gebiet ist es demokratisch unabdingbar, den Sicherheitsrat aufzulösen und in der Vollversammlung das Prinzip Eine Nation – Eine Stimme einzuführen und die Exekutivorgane der Weltbourgeoisie – wie IWF, Weltbank usw. – der Kontrolle der Vollversammlung zu unterwerfen. Ein juristischer Imperativ besteht darin, die Rechtsprechung des Internationalen Gerichtshofes in Den Haag mit obligatorischem Charakter und Exekutivgewalt zu versehen.

Auf militärischem Niveau macht die Demokratisierung des Weltsystems die Auflösung der NATO und ihres mitteleuropäischen Pendants, der WEU-Streitkräfte, unumgänglich. Beide stellen den bewaffneten Arm der Erstwelt-Eliten dar und sind das materielle Substrat seines militärischen Interventionismus in der Dritten Welt. Die strategischen Waffen sind nationalen Verfügungsgewalten zu entziehen; eine begrenzte Anzahl könnte unter Kontrolle der reformierten UNO als *ultima ratio* (Abschrekkungsmittel) der Weltgesellschaft erhalten bleiben.

Im kulturellen Bereich muß sich der Pluralismus der Kulturen in gleichberechtigtem Zugang zu den Massenmedien, deren Strukturen, Informations- und Unterhaltungs-Paradigmen niederschlagen, die heute in den Händen einiger weniger Nachrichtenagenturen, privater Fernsehstationen, Tageszeitungen und Zeitschriften oligopolisiert sind.

Im großen Prozeß der physischen, kulturellen und sozialen Wiederherstellung der Völker der Dritten Welt – die die Essenz der weltweiten Demokratisierung darstellt –, sind ihre kulturellen Werte und Objekte zurückzugeben, die während des Kolonialismus und Neokolonialismus von den

Metropolen des Fünfhundertjährigen Reiches durch Raub und leoninische Verträge enteignet wurden. Um der Abwanderung von Forscherinnen und Forschern, Künstlerinnen und Künstlern, Wissenschaftlerinnen und Wissenschaftlern, die die Zukunft der abhängigen Länder negiert, entgegenzuwirken, wird ein Weltfonds für Stipendien und die Unterstützung für wissenschaftliche Forschung und künstlerische Betätigung gebildet, der es diesen Spezialisten erlaubt, ihre Arbeit innerhalb und zum Wohle ihres Herkunftslandes zu realisieren – unter vergleichbaren Bedingungen wie die, die in der Ersten Welt herrschen. Das Prinzip der »affirmative action« zur Beseitigung der Folgen historischer Diskriminierung von Minderheiten oder sozialen Gruppen aller Art ist ein unabdingbares Prinzip chancengleicher Zukunftsentwicklung für den Citoyen der Weltgesellschaft.

Für die Demokratisierung des *global village* ist ein Schlüsselfaktor, daß sich Bündnisse zwischen den kritischen Sektoren der Ersten Welt, ihren marginalisierten Bevölkerungsgruppen und den Mehrheiten der Dritten Welt bilden. In diesem Bündnis liegt die einzige Hoffnung für die Überwindung der Zivilisation des Marktes, die die Mehrheiten Unseres América im Elend und in der Unterdrückung hat untergehen lassen.

Der Globalisierung des Kapitals und der Universalisierung des *homo oeconomicus* muß das historische Projekt der universalen Demokratie und der solidarischen Gesellschaft entgegengestellt werden. Denn es wäre bedrückend, wenn in der Abenddämmerung menschlicher Entwicklung es den Kräften der Reaktion gelänge, ihren endgültigen Triumph über den *homo sapiens* zu feiern.

Anmerkungen

Teil I – Noam Chomsky

(1) Lake, in: New York Times v. 23.9.1994. Siehe auch im folgenden Chomskys Aufsätze »Deterring Democracy« (Verso 1991), »Year 501« (South End 1993), »World Orders, Old and New« (Columbia 1994).

(2) Jules Kagian, in: Middle East International, 21.10. 1994.

(3) Jonathan Elliot (ed.): »The Debates in the Several State Conventions on the Adoption of the Federal Constitution«. 1787, Yate's Minutes, vol. 1, second ed. (Lippincott 1836), S. 450.

(4) Frontline (Indien), 21.10.1994.

(5) Bairoch: Economics and World History. Chicago 1993.

(6) Tyson in: CSM, 24.1.1995; Business Weekly, 23. Mai 1994.

(7) Peter Applebome, in: New York Times, 1.8.1994.

(8) Paulette Thomas, in: Wall Street Journal, 12.5.1994.

Teil II – Heinz Dieterich

Kapitel 1

1. Zit. in, Noam Chomsky, »Letter from Lexington«, Covert Action Quarterly, Washington DC, Juli 1995.

2. Newsweek, 26.6.1995.

3. Heinz Dieterich, Cuba ante la razón cínica, Ed. Txalaparta, Spanien, 1994, S. 175.

4. The Economist, London, 12.7.1995.

5. Newsweek, 26.6.1995.

6. Fortune, 7.8.1995.

7. Newsweek, 26.6.1995.

8. La Jornada, 5.6.1996.

9. Fortune, 7.8.1995.

10. New York Times, 3.6.1993 u. 20.6.1996.

11. Fortune, 7.8.1995.

12. Fortune, 7.8.1995.

13. Wirtschafts Woche, 5.4.1991.

14. Vergl. dazu meinen Essay, »Ironien der Weltgeschichte: Strukturparallelen zwischen Nazi-Lebensraum und Erster/Dritter Welt heute«, in: Das Fünfhundertjährige Reich, Pahl Rugenstein, 3. Auflage 1990; vgl. auch, Noam Chomsky, Heinz Dieterich, Los Vencedores, Ed. Txalaparta, Spanien, 1992.

15. Zit. in Christopher Simpson, Blowback, Weidenfeld & Nicolson, New York, 1988, S. 88.

16. F. Fröbel et al., Die neue internationale Arbeitsteilung, rororo, Hamburg, 1977, S. 20.

17. Ibid, S. 20.

18. Proceso, Mexiko, 17.6.1996.

19. Financiero, Mexiko, 14.3.1995.

20. Proceso, Mexiko, 17.6.1996.

21. Fortune, 7.8.1995.

22. New York Times, 28.8.1995.

23. New York Times, 9.9.1995.

24. »...has the potential to compensate for the prospective depletion of energy reserves among some of the world's current exporters. At a time of growing world demand for energy – with oil consumption alone growing at a rate of about 1 million barrels per year and with China's, Japan's and Korea's needs both for oil and natural gas likely to increase very sharply – the price of energy, and its secure availability to consumers, will be directly affected by the degree to which Central Asia is assimi lated into the global economy.« The News, Mexiko 8.9.1995.

25. »...the present situation presents one of the most unique opportunities in history for one nation to benefit from the scientific prowess of scientists belonging to another major world power«. Und an anderer Stelle meint er, daß »...the major, and perhaps only, material reward of victory, namely, the advancement of science and the improvement of production and standards of living in the United Nations [lies in the] proper exploitation of German methods in these fields. On May 26 [1945] Staver learned that British troops were to move into the area the following morning. He was able to remove 14 tons of documents to the American zone before the British had time to establish their roadblocks. Within a week, the papers were under American guard in Paris, their value estimated by German scientists at between $400 and $500 million«. Clarence G. Lasby, Project Paperclip, New York, Atheneum, 1971, S. 41 ff.

26. C.G. Lasby, op.cit., S. 49.

27. Telegramm des Under Secretary of State, R. Lovett, Sept. 29, 1947, Project Safehaven File, confidential, National Archives, Washington DC.

28. Boris Pash, The Alsos Mission, New York, Award House 1969, S. 99 und Lasby, op.cit, S. 16 ff.

29. Dokumente des FBI, zit. nach: ABC News Nightline, Oct. 18, 1984, Show Nr. 889.

30. Vergl. dazu die zitierten Werke von Pash, Lasby und Simpson.

31. Alle Zitate in: Alfred Schmidt, »Der Kolonialismus in der Sozialphilosophie und politischen Ethik Jean Paul Sartres«, in, Das Fünfhundertjährige Reich, S. 32/33. Die Hegel-Zitate in, G.W.F. Hegel, Philosophie des Rechts, in: Sämtliche Werke, Stuttgart, 1964, Vol. 7, S. 318 – 322.

32. »First of all, to be profitable. Isn't that a terrible way to put it? But if we are not profitable, we can't have any other mission.« L. & M. Silk, The American Establishment, New York, 1980, S. 66. Ähnlich der stellvertretende Direktor der viertgrößten US-Zeitungskette, Times Mirror Company, Shelby Coffey, die u.a. die Tageszeitung »Los Angeles Times« herausgibt: »Publizieren ist ein Geschäft, Journalismus nicht. Wenn wir als Unternehmen kein Erfolg sind, dann ist unsere gute journalistische Arbeit erfolglos. Der ›Dallas Times Herald‹ machte wunderbare Arbeit – und heute ist er ein Parkplatz, verschwunden.» New York Times, 26.6.1996.

33. Das Vermögen der General Electric betrug 1993 beispielsweise 251,5 Milliarden Dollar. Newsweek, 26.6.1995.

34. International Herald Tribune, 15/16.10.1994.

35. David Thomson, Historia Mundial de 1914 a 1918, Fondo de Cultura Económica, México, 1991, S. 62.

36. La Jornada, 2.7.1995.

37. Newsweek, 26.6.1995.

38. La Jornada, 9.6.1995, México, D.F.

39. The News, 17.6. 1995, México, D.F.

40. »I make no apologies for putting economics at the top of our foreign-policy agenda.« Newsweek, 6.3.1995.

41. La Jornada, 12.9.1995.

42. Morris Morley, James Petras, The Reagan Administration and Nicaragua, Institute for Media Analysis, Inc., New York, 1987, S. 70.

43. Siehe Jörg Becker, Free flow of Information, Gemeinschaftswerk der Evangelischen Publizistik, Frankfurt 1979, S. 24/25.

44. La Jornada, 26.6.1995.

45. M. Morley, J. Petras, op.cit., S. 31.

46. Science, Washington DC, 25.2.1994.

47. Zwischen 30 und 50 Prozent aller Studenten in naturwissenschaftlichen und ingenieurwissenschaftlichen Hochschul-Studiengängen in den USA sind Ausländer. Der Mikrochip-Gigant Intel stellte 1995 dreihundert Ingenieure mit Doktorat und »Masters«-Abschluß ein; einhundert davon kamen aus dem Ausland. Time, 5.2.1996.

48. Foreign Affairs, New York, Sept.-Oct. 1993, S. 18.

49. Die Zeit, Hamburg, 6.8.1993.

50. Financiero, Mexiko, 19.7.1995.

51. Spanische Edition, Informe sobre el Desarrollo Humano, Fondo de Cultura Económica, México, 1994, S. II.

52. New York Times, 4.8.1995 u. 21.6.1996.

53. Newsweek, 21.8.1995.

54. New York Times, 22.2.1996.

55. New York Times, 28.6.1966.

56. Washington Post, 6.1.1992.

57. Time, 21.8.1995. Nach Angaben des Magazins hatten holländische Hacker Saddam Hussein angeboten, die entsprechenden US-Kommunikationen im Internet zu blockieren. Der Diktator ging auf die »knowledge is power«-Offerte nicht ein.

Kapitel 2

1. »As soon as we can put in numerical terms the needs for individuals in different types of employment, nationally and locally, we will be able to embark through appropiate tests on a census of the population in relation to those jobs... Since we do not want to prescribe what a person should do we can indicate to the boy or girl the probability of success or failure in each field of work and the demand for people of his combination of abilities.« The Atlantic Monthly, Boston, August 1995, S. 42.

2. R. Rodríguez Gómez, »Universidad y Globalización. Contexto, tendencias y desafíos de la educación superior en América Latina«. Redebeitrag auf dem XX Congreso de la ALAS, México, Oktober 1995, S. 20.

3. La Jornada, 28.9.1994

4. La Jornada, 14.6.1995

5. In anderen Ländern sind es zwischen 50 und 70%. Bundesregierung, Plan Nacional de Desarrollo, 1995-2000, México, D.F., 1995, S. 156.

6. Fernando Henrique Cardoso, Ideologías de la burguesía industrial en sociedades dependientes (Argentina y Brasil), Siglo XXI, México, 1976, S. 220 ff.

7. Das höchste Auftreten mangelnder Schulbildung wird im Nordosten registriert: Im Durchschnitt haben 34% der Wahlberechtigten nie eine Schule besucht. Daten zitiert aus dem exzellenten Essay von Lúcia Avelar, »Mudanças Estruturais, Crise Política e Eleiçoes«, in der Zeitschrift: São Paulo em Perspectiva, Vol. 8, No. 2, April-Juni 1994, São Paulo, Brasil.

8. IPS, Washington DC, 19.6.1995.

9. UNESCO, Hacia una nueva etapa de desarrollo educativo, Santiago de Chile, 1993, S. 5 ff. Ein gutes Beispiel dafür, wie die virtuelle Realität die Minister bei ihren Beschlussfassungen inspirierte, findet sich auf Seite 11.

10. The World Bank, The Dividends of Learning, Washington DC, 1990, S. 5. Eine interessante Diskussion über »die möglichen Beziehungen zwischen höherer Bildung und ›Entwicklung‹, wie sie die dominierende Ideologie versteht«, findet sich in Manuel Pérez Rocha, Educación y Desarrollo, Ed. Línea, México, 1983.

11. Weltbank, Informe sobre el desarrollo mundial 1995. El Mundo del Trabajo en una Economía Integrada, Washington DC, 1995, S. iii ff.

12. Internationale Arbeitsorganisation (ILO), El Empleo en el Mundo 1995, Genf 1995, S. 77.

13. Siehe Manuel Pérez Rocha, op.cit., S. 16. Ein Jahr später beauftragte die Generalversammlung der UNESCO ihren Vorsitzenden, die Realisierung von Studien wissenschaftlichen Charakters anzuregen, die bestehende Beziehungen zwischen Bildungs- und Bevölkerungsentwicklung zum Inhalt haben sollen. Hacia una nueva etapa..., S. 12.

14. Bundesregierung, Plan Nacional de Desarrollo 1995-2000, México, 1995, S. 155.

15. T.W. Schultz, Invirtiendo en la gente, Biblioteca Ariel, Argentina, 1985, S. 9 ff.

16. »...human, not physical or financial, capital because you cannot separate a person from his or her knowledge, skills, health, or values the way it is possible to move financial and physical assets while the owner stays put.« Gary S. Becker, Human Capital, University of Chicago Press, 1964, S. 25.

17. T. W. Schultz, op.cit., S. 135.

18. T. W. Schultz, Invirtiendo en la Gente, Ed. Ariel, Buenos Aires, 1985, S. 62.

19. New York Times, 3.9.1995.

20. New York Times, 1.11.1995.

21. T. W. Schultz, op.cit., S. 86.

22. New York Times, 3.9.1995.

23. T. W. Schultz, op.cit., S. 136.

24. Noam Chomsky, »Letter from Lexington«, in: Covert Action Quarterly, Juli 1995, Washington DC.

25. New York Times, 18.2.1994.

26. New York Times, 13.5.1994.

27. New York Times, 19.9.1995.

28. El País, Madrid, 30.4.1994.

29. Excelsior, México, 14.7.1995.

30. New York Times, 28.10.1995.

31. La Jornada, 24.5.1995.

32. Weltbank, Informe sobre el desarrollo mundial 1995, Washington DC, 1995, S. 13.

33. Weltbank, Informe 1995, S. 14.

34. Siehe Heinz Dieterich Steffan, Editor, Relación General del Asiento y Villa Imperial de Potossi, y de las cosas mas importantes a su gobierno, dirigida al excelentissimo señor Don Hernando de Torres y Portugal, conde del Villar y Vissorrey del Piru, UAM, México, 1996.

35. Siehe Kurt Rothschild, Theorien der Arbeitslosigkeit, Ed. Oldenbourg, München, 1994.

36. Weltbank, op.cit., S. 140.

37. Siehe z.B. das Kapitel »Pobreza, Teoría Económica y Estilos de Desarrollo«, in: Armando di Filippo: Desarrollo y desigualdad social en la América Latina, welches die ganze theoretische und akademische Armut, einschließlich der des Autors, diesem Problem gegenüber offenbart. Ed. Fondo de Cultura Económica, México, 1981, S. 74 ff.

38. La Jornada, 9.6.1995.

39. Programa de las Naciones Unidas para el Desarrollo, PNUD, Informe sobre desarrollo Humano 1994, UNO, New York, Ed. española: Fondo de Cultura Económica, México, 1994, S. 15/16.

40. John Kenneth Galbraith, The Culture of Contentment, New York, 1992.

41. Wie die Forscherin Pilar Vergara in ihrer Forschungsarbeit über Políticas contra la extrema pobreza en Chile, 1973-1988, FLACSO-Chile, demonstriert hat.

42. Karl Mannheim, Ideologie und Utopie, Klostermann Verlag, 7. Auflage, BRD, 1985, S. 57 ff. Rückübersetzung aus dem Spanischen.

43. New York Times, 3.8.1995.

44. Das Kuratorium (Board of Trustees) der Columbia University, die eine der renommiertesten und einflußreichsten akademischen Institutionen der Welt ist – mit einem Vermögen von rund 1 Milliarde Dollar und durchschnittlichen jährlichen Studiengebühren von rund 10.000 Dollar – setzte sich 1983 wie folgt zusammen: *Arthur Ochs Sulzberger*, Chairman and Publisher, The New York Times Co.; *Charles F. Luce,* Vice Chairman, Managing Partner, Preston, Ellis & Holman; *Thomas M. Macioce,* President and Chief Executive Officer, Allied Stores Corporation; *Charles M. Metzner,* U.S. Distric Judge; *Martha T. Muse,* Vice Chairman, President and Chairman, The Tinker Foundation; *Connie S. Maniatty,* Associate Clerk, Honorary Managing Director, Investment Bank Salomon Brothers; *Thomas L. Chrystie,* Chairman, Merrill Lynch Capital Resources, Inc.; *Thomas D. Flynn,* Partner (retired), Arthur Young Company; *David B. Hertz,* Chairman, Midlife Markets,Inc.; *Joseph D. Coffee,* Jr., Chancellor Emeritus, Former Eisenhower College of Rocher, Institute of Technology; *Joan W. Konner,* Vice President and Director of Programming, Metropolitan Division, WNET-TV Channel 13; *Samuel L. Higginbottom,* Chairman and President, Rolls-Royce Inc.; *Peter K. Loeb,* Managing Director, Shearson / American Express Inc.; *Michael I. Sovern,* President of the University; *G. G. Michelson,* Senior Vice President for External Affairs, R. H. Macy Co.,Inc.; *Ann S. Sand,* School Volunteers; *Stanley L.Temko,* Partner, Covington Burling; *Warren H. Phillips,* Chairman and Chief Executive, Dow Jones and Company Inc.; *William N. Hubbard Jr.*, President, The Upjohn Company; *Edward N. Costikyan,* Partner, Paul Weiss, Rifkind, Wharton, Garrison; *John Goelet,* Goelet Estate Company and Rhode Island Corporation; *Archibald R. Murray,* Executive Director and Attorney-in-Chief, The Legal Aid Society; *Robert N. Pennoyer,* Partner, Patterson, Belknap, Webb, Tyler; *Eugene H. Remmer,* President, Chemtex Inc.

Unter den 19 »emeritierten« Mitgliedern sind: *William S. Paley,* Founder Chairman, Columbia Broadcasting System Inc.; *S. R. Walker,* Real Estate consultant; *Alan H. Temple,* Vice Chairman (retired), Citibank; *Benjamin J. Buttenwieser,* Clerk, Advisory Director, Lehman Brothers Kuhn Loeb Inc.; *Harold A. Rousselot,* Vice President and Senior Advisor, Drexel Burnham Lambert Inc.; *William E. Petersen,* President (retired), Irving Trust Co.; *Arthur B. Krim,* Chairman, Orion Pictures Corporation; *Robert D. Lilley,* President (retired), American Telephone and Telegraph Co.; *M. Moran Weston,* St. Philip's Episcopal Church; *Daniel F. Crowley,* Executive Vice President-Finance (retired), McGraw-Hill,Inc. (44)

Daten aus: Columbia University, 1982 Financial Report, Columbia University, New York, 1983; Columbia University, Supporting Schedules to the 1984 Financial Report, New York, 1984.

Kapitel 3

1. Internationale Arbeitsorganisation (ILO), El Empleo en el Mundo, 1995, Genf, 1995, S. 27 ff.

2. »Since products can be built anywhere, the unskilled who live in rich societies must work for the wages of the equally unskilled who live in poor societies. If they don't work for such wages, unskilled jobs simply move to poor countries.« Lester Thurow, Head to Head. The coming Economic Battle Among Japan, Europe and America. Warner Books, New York, 1993, S. 52.

3. New York Times, 13.9.1995.

4. New York Times, 28.8.1995.

5. »Auch in Lateinamerika verschlechterten sich generell die Arbeitsbedingungen im fast gesamten Dezennium seit 1980; ein Großteil der geschaffenen Arbeitsplätze bezog sich auf Tätigkeiten geringer Produktivität im infor-

mellen Sektor in einem Kontext wachsender urbaner Arbeitslosigkeit und sinkender realer Einkommen. El empleo en el mundo, 1995, op. cit., S. V.

6. New York Times, 28.8.1995.

7. Zitiert aus Sam Marcy, High Tech, Low Pay, World View Forum, New York, 1986, S. VIII.

8. ILO, Year Book of Labour Statistics, 1994, Genf, 1995, S. 227.

9. Ibid, S. 487.

10. INEGI, »Avance de Información Económica«, México, D.F., Juni 1995, S. 16.

11. Unter den vier Hauptquellen von Arbeitsstatistiken: repräsentative Umfragen in Arbeitsstätten und allgemeine Erhebungen in Haushalten; den Statistiken der Sozialversicherung; Arbeitslosenstatistiken und offiziellen Schätzungen, werden die statistischen Erhebungen als beste Quelle angesehen.

12. La Jornada, 18.7.1995.

13. El Universal, México, 11.7.1995.

14. Ibid.

15. La Jornada, 18.7.1995.

16. La Jornada, 20.10.1995.

17. Ziffern mit Sternchen beziehen sich auf die urbane Arbeitslosenquote. ILO, El Empleo..., S. 76.

18. Die nationale Erhebung urbaner Beschäftigung in Mexiko z.B. erfaßt ca. 65% der nationalen städtischen Bevölkerung. Wenn man die Bevölkerungsverteilung in ländlichen und städtischen Regionen berücksichtigt, würde die Quote offener Arbeitslosigkeit für den Monat April 1995, von der INEGI auf 6,3% ermittelt, nur die Hälfte der nationalen Bevölkerung repräsentieren. INEGI, Manual del Entrevistador, México 1994, S. 2, und INEGI, Avance de..., op. cit., S. 2/4.

19. ILO, El Trabajo en el Mundo, Genf 1993, S. 102.

20. John Wells, Empleo en América Latina. Una búsqueda de opciones, ILO, Genf, 1987, S. 93.

21. John Wells, op.cit., S. 94 ff.

22. Ibid, S. 95 und 112.

23. J. Wells, op.cit., S. 96 ff.

24. J. Wells, op.cit., S. 112.

25. ILO, El Empleo..., S. 103 ff.

26. Fernando Talavera y Martín Rodríguez, »La calidad del empleo en el México de los 90«, in: Revista Memoria (Cemos), México, No. 69, August 1994, S. 56 ff.

27. Jornada, 2.7.1995.

28. INEGI, »Avance de...«, S. 12.

29. The Economist, London, 12.7.1995.

30. The Economist, London, 12.7.1995.

31. World Bank, The Dividends of Learning, Washington DC, 1990, S. 8.

32. UNESCO, Hacia una nueva etapa de desarrollo educativo, Santiago de Chile, 1993, S. 21.

33. UNESCO, Hacia..., S. 29.

34. UNESCO, Hacia..., S. 25.

35. UNESCO, Hacia..., S. 23.

36. UNESCO, Hacia..., S. 25.

37. UNESCO, Hacia..., S. 21/25.

38. Eine kürzlich vom US-Bildungsministerium durchgeführte Erhebung unter 22.000 Schülern im letzten Jahr der Sekundarstufe ergab, daß 60% der Befragten fast keine Kenntnisse historischer Daten des Landes hatten. Ähnliche Befragungen in anderen Bereichen wie Geographie, Mathematik, usw. lieferten ähnliche Ergebnisse. El Universal, México, 3.11.1995.

39. Ein Beispiel dieses Phänomens ist das Verzeichnis für exzellente postgraduierten Studiengänge im Ausland (Padrón de posgrados de excelencia en el extranjero) für Sozial- und Geisteswissenschaften, herausgegeben vom mexikanischen Consejo Nacional de Ciencia y Tecnología (CONACYT), in deren Auflistung von 402 akademischen Institutionen sich nicht eine einzige lateinamerikanische befindet. Actualización del padrón de programas de posgrado de excelencia para ciencia y tecnología, 1994, México, 1994, S. XV ff.

40. The Dividends..., S. 12.

41. World Bank, Priorities and Strategies for Education. A World Bank Review, Washington DC, 1995, S. XI.

42. »...two key priorities for education: it must meet economies'growing demands for adaptable workers..., and it must support the continued expansion of knowledge«. World Bank, Priorities..., p. 1 und 154.

43. Time, 10.1.1994.

44. Siehe etwa die »Bertelsmann Briefe«, Heft 135, »Multimedia. Von der Vision zur Realität«. Gütersloh, 1996.

Kapitel 4

1. Frankfurter Rundschau, 13.5.1994.

2. New York Times, 6.7.1996.

3. New York Times, 6.11.1995.

4. A. A. Berle , Gardiner C. Means, The Modern Corporation and Private Property, New York 1932, S. 356.

5. Siehe P. A. Baran, P. M. Sweezy, Monopoly Capital, Suhrkamp, Frankfurt/M., 1967, S. 30.

6. Jeremy Bentham, Escritos Económicos, FCE, México 1978, S. 3ff.

7. La Jornada, 28.5.1995.

8. Thomas Robert Malthus, Ensayo sobre el principio de la población, Fondo de Cultura Económica, México 1986, pp. 476. Marx, profunder Kenner der Literatur seiner Zeit, bezeichnete Bentham als: »dies nüchtern pedantische, schwatzlederne Orakel des gemeinen Bürgerverstandes des 19. Jahrhunderts«, welches lediglich »geistlos reproduzierte, was Helvetius und andere Franzosen des 18. Jahrhunderts geistreich gesagt hatten... Wenn ich die Courage meines Freundes H. Heine hätte, würde ich Herrn Jeremias ein Genie in der bürgerlichen Dummheit nennen.« Malthus' »Essay on Population« war nach Marx in seiner »ersten Form nichts als ein schülerhaft oberflächliches und pfäffisch verdeklamiertes Plagiat aus Defoe, Sir James Stewart, Townsend, Franklin, Wallace usw. ist«. K. Marx, F. Engels, Das Kapital, 1. Band, Dietz Verlag, Berlin, 1962, S. 636 u 644.

9. La Jornada, 11.5.1996.

10. Reforma, Mexiko, 27.6.1996.

11. Der Spiegel, 26.6.1996. Ein interessanter Kommentar der ideologischen Kellner des Kapitals über ihre politischen Kollegen.

12. New York Times, 13.6.1996.

13. New York Times, 27.6.1996.

14. Newsweek, 20.5.1996.

15. New York Times, 12.6.1996.

16. New York Times, 17.7.1996.

17. New York Times, 25.9.1995.

18. New York Times, 29.9.1995.

19. New York Times, 17.-21.9.1995. Ähnliche Resultate produzierte in Mexico die »Dezentralisierung« der ländlichen Kliniken des staatlichen Gesundheitssystems. Unter die Obhut bundesstaatlicher Politiker geraten, hörten rund 40 Prozent auf, effektiven Service zu geben.

20. New York Times, 7.8.1995.

21. New York Times, 3.9.1995.

22. R. Rodríguez Gómez, »Universidad y Globalización.« Vortrag, 20. Kongreß der ALAS, Mexiko, Okt. 1995, S. 18f.

23. E. L Bernay, »The Engineering of Consent«, The American Academy of Political and Social Science, The Annals, Philadelphia 1947, S. 113f.

24. New York Times, 19.6.1996.

25. New York Times, 19.2.1996.

26. New York Times, 22.2.1996.

27. La Jornada, 25.9.1996.

28. Time, 15.7.1996.

29. New York Times, 17.7.1996.

30. Niklas Luhmann, Die Realität der Massenmedien, Westdeutscher Verlag, 2. Auflage 1996, S. 10 und 173.

31. Eine zentrale Rolle in diesem Prozeß spielen die Wirtschaftswissenschaftler der Universität von Chicago. Ihr Professor Robert E. Lucas erhielt 1995 den Nobelpreis für Wirtschaftswissenschaften, da er, in Worten der New York Times (11.10.1995), geholfen hatte, die wirtschaftswissenschaftliche Konzeption von »ihrem interventionistischen Regierungsansatz, der mit John Maynard Keynes identifiziert ist, wegzubringen und eine skeptischere Position gegenüber der Kapazität der Politiker einzunehmen, die Wirtschaft mit Präzision zu dirigieren«. Bei der Übergabe des Nobelpreises äußerte sich Lucas enttäuscht darüber, daß seine Arbeit zwar erfolgreich in der Zerstörung der Glaubwürdigkeit der Keynesschen Ansätze gewesen sei, jedoch nicht in der Schaffung neuer Regeln, die die vorhergehenden ersetzen könnten. Lucas war der achte Nobelpreisträger in Wirtschaftswissenschaften der Universität Chicago seit 1976.

32. New York Times, 18.7. und 25.4.1996.

33. New York Times, 18.7. und 9.2.1996.

34. National Geographic, Oct. 1995, Washington DC, S .8.

35. Die wichtigste Datenbank, »Lycos«, die von der Carnegie-Mellon Universität geleitet wird, enthält 8 Millionen elektronische Seiten. New York Times, 2.10.1995.

36. Frankfurter Rundschau, 27.2.1995.

37. New York Times, 30.10.1995; Newsweek, 11.9.1995.

38. New York Times, 12.9.1995.

39. Jörg Becker, free flow of information, Gemeinschaftswerk Evangelischer Publizistik, Frankfurt. Main, S. 9, 1979.

40. La Jornada, 22.7.1993.

41. El Financiero, 9.6.1994.

42. New York Times, 28.8.1995.

Kapitel 5

1. Am 3.8.1996 veröffentlichte die New York Times auf der ersten Seite einen Wirtschaftsbericht mit folgendem Titel und Untertitel: Growth in Jobs Slowed in July, Breaking Trend; Markets Rally as Fears About Inflation Ease.

2. Fortune, 7.8.1995.

3. Unter Solipsismus versteht man eine philosophische Richtung, die das subjektive Ich und seine Bewußtseinsinhalte für das einzig Seiende hält.

4. La Jornada, 5.6.1995.

5. La Jornada, 30.5.1994.

6. New York Times, 8.7.1995.

7. La Jornada, 15.10.1994.

8. La Jornada, 9.6.1995.

9. »...devoted to the pursuit of sanity«. Aldous Huxley, Brave New World, Harper Perennial, New York, 1989, S. VIII.

10. Ibid, S. IX.

11. Mit diesen Worten (»Im neuen Leben«) beginnt das großartige Werk »Vita Nuova« des Florentiners Dante Alighieri.

Kapitel 6

1. Zeitschrift ISTOE, Brasil, 28.9.1994.

2. New York Times, 14.12.1994.

3. The CIA's Nicaragua Manual. Psychological Operations in Guerrilla Warfare, Vintage Books, New York, 1985, p. 33 u. 82.

4. Montesquieu, Vom Geist der Gesetze, Philipp Reclam Jun. Stuttgart, 1965, S. 212-213.

5. Vergleiche dazu auch Franz Neumann, Demokratischer und autoritärer Staat, EVA Frankfurt/M, 1967, S. 181.

6. John Locke, Ensayo sobre el gobierno civil, Ed. Gernika, México, 1995, S. 135f.

7. Ibid, S. 156f.

8. Ibid, S. 158.

9. Time, 15.5.1995.

10. La Jornada, 12.4.95 und 22.2.1995.

11. Time, 15.5.1995.

12. Time, 15.5.1995.

13. La Jornada, 9./10.4. 1995.

14. La Jornada, 18.4.1995.

15. La Jornada, 16.8.1994.

16. Comisión Intercongregacional de Justicia y Paz, Justicia y Paz, Vol. 7, Nr. 1, Bogotá, 1994, S. 158.

17. La Jornada, 16.8.1994.

18. Die klassische Arbeit über diese Wahlfarcen ist Edward S. Herman/Frank Brodheads, Demonstration Elections. U.S. staged elections in the Dominican Republic, Vietnam, and El Salvador, South End Press, Boston, 1984.

19. Die Beispiele sind endlos. In der von den USA nach ihrer Militärinvasion von 1965 installierten, handgeschneiderten Demokratie der Dominikanischen Republik, wurde der US-Freund und Präsident Joaquín Balaguer am 16.5.1994 erneut gewählt, obgleich er 87 Jahre alt, blind, weitgehend taub ist und kaum gehen kann; d.h. ein Kandidat, der an den Protagonisten des Films »Kagemusha« von Akira Kurosawa erinnert. Rechtzeitig vor dem Wahltag verschwanden die Wahllisten von 200.000 eingeschriebenen Wahlberechtigten, insbesondere derjenigen, die zur Opposition neigten. In sieben von neunundzwanzig Provinzen motivierten sich die Wähler so sehr, daß die abgegebenen Stimmen über 100 Prozent erreichten. »Remarkably enthusiastic turnouts of more than 100 percent«, berichtete die New York Times vom 30.5.1994.

20. Immanuel Kant, Was ist Aufklärung ?, Vandenhoeck und Ruprecht, Göttingen, 1994, S. 59.

21. La Jornada, 3.7.1995.

22. La Jornada, 11.9.1995.

23. Raúl Alfonsín, Democracia y Consenso, Fuali, Buenos Aires, 1996, S. 17.

24. La Jornada, 12.9.1995.

25. La Jornada, 20.6.1992.

26. Persönliches Interview, Bogotá, Juni 1992.

27. La Jornada, 30.5.1992.

28. In seinem Jahresbericht über Menschenrechte 1994, beklagt amnesty international eine drastische Verschlechterung der Situation in Lateinamerika, wo »horrende Verletzungen der Menschenrechte stattfinden« – im wesentlichen durch die Staaten der Region – ohne daß die Regierungen wirklich etwas dagegen unternehmen. El Universal, México, 6.7.1995.

29. La Jornada, 9.4.1992.

30. La Jornada, 15.7.1995.

31. La Jornada, 15.7. und 9.6.1995. Ein entsprechender Fall ist Manuel Jiménez Castro. Castro wurde 1967 inhaftiert, weil er sich als Veterinärmediziner im öffentlichen Dienst einem gesetzwidrigen Verkauf von Fleisch durch eine Gruppe Viehzüchter widersetzte. Im Alter von 83 Jahren wurde er aus der Haft entlassen; 27 dieser 83 Jahre verbrachte er im

Gefängnis, auf ein Gerichtsurteil wartend, das nie erteilt wurde.

32. El Universal, 25.8.1995.

33. Für eine weitergehende Diskussion dieses Themas vergl. meinen Aufsatz (Roberto Díaz) in Chiapas Insurgente, Ed.Txalaparta, Baskenland/Spanien 1995, S. 127f, erhältlich bei: Librería Sur, Hamburg.

34. La Jornada, 7.8.1995.

35. La Jornada, 4.8.1995.

36. La Jornada, 29.4.1993.

37. El Universal, 25.8.1995.

38. El Financiero, 6.5.1994.

39. Das persönliche Vermögen des neuen französischen Präsidenten, Jacques Chirac, beträgt 1,7 Millionen Dollar, etwa ebensoviel wie das seines sozialistischen Vorgängers François Mitterrand. Das Gleiche gilt für die politische US-Elite; das Ehepaar Dole beispielsweise verfügt über ein deklariertes Vermögen von 7,7 Millionen Dollar.

40. Kabel, EFE und ANSA, 10.11.1994.

41. New York Times, 24.6.1996.

42. New York Times, 26.6.1996.

43. New York Times, 25.6.1996.

44. New York Times, 5.7.1996.

45. New York Times, 27.6.1996.

46. Oscar W. Gabriel, Frank Brettschneider, (Hrsg.), Die EU-Staaten im Vergleich, Bundeszentrale für politische Bildung, Bonn 1994, S. 587.

47. Ibid, S. 546/7.

48. Rudolf Wassermann, Die Zuschauer-Demokratie, Piper, 1989, S. 188f.

49. Ibid, S. 10.

50. »What is new in the so-called capitalist countries... is that the controlling contentment and resulting belief is now that of the many, not just of the few. It operates under the compelling cover of democracy, albeit a democracy not of all citizens but of those who, in defense of their social and economic advantage, actually go to the polls. The result is government that is accommodated not to reality or common need but to the beliefs of the contented, who are now the majority of those who vote.« John K. Galbraith, The Culture of Contentment, Houghton Mifflin Co, New York, 1992, S. 10.

51. »The beliefs of the fortunate are brought to serve the cause of continuing contentment, and the economic and political ideas of the time are similarly accommodated.« John Kenneth Galbraith, op.cit., S. 2.

52. Aristóteles, Etica Nicomaquea * Política, Ed. Porrúa, México, 1994, S. 232f.

53. A. de Tocqueville, La Democracia en América, 2da. Ed., Fondo de Cultura Económica, México, 1961, S. 31 und 463.

54. La Jornada, 28.10.1995.

55. Newsweek, 22.7.1991.

56. New York Times, 23.9.1995; La Jornada, 29.5.1995.

57. An einem einzigen Tag, dem 23.6. 1996, berichtete die Tageszeitung La Jornada z.B. über folgende Korruptionsfälle: eine Untersuchung gegen den panamesischen Präsidenten, Ernesto Pérez Balladares, dessen Wahlkampagne mit 50.000 Dollar aus Drogenkreisen finanziert worden war; der Höchste Gerichtshof Kolumbiens gab bekannt, daß kolumbianische Politiker über 50 Millionen Drogen-Dollar für Wahlkampagnen erhalten hatten; die Gattin des uruguayischen Ex-Präsidenten Luis Lacalle wird der Korruption im Zusammenhang mit dem Verkauf einer Bank verdächtigt; in einem weiteren Korruptionsfall in Uruguay sind verschiedene frühere Minister angeklagt; der gegenwärtige paraguayische Ministerpräsident Juan Carlos Wasmosy wird verdächtigt, sich illegal an öffentlichen Projekten bereichert zu haben. Am gleichen Tag wurde die interessante Nachricht veröffentlicht, daß der argentinische Justizminister in seiner Jugend aktives Mitglied einer Naziorganisation war und später wurde bestätigt, daß er an Brandanschlägen gegen Synagogen beteiligt gewesen war.

58. Banco Mundial, El Mundo del Trabajo en una Economía Integrada, Washington DC, 1995, S. 11.

59. EPD, »Entwicklungen«, Nr. 2/1995, Frankfurt/M.

60. Kairos Europa Newsbulletin, Brüssel, November, 1994.

Über die Autoren

Noam Chomsky

Professor für Linguistik und Philosophie am Massachusetts Institute of Technology (MIT), gilt als der bedeutendste zeitgenössische Linguist. Das von ihm entwickelte Paradigma mathematischer Linguistik und seine philosophischen und politischen Arbeiten haben einen tiefgehenden Einfluß auf die Mehrheit der Sozialwissenschaften gehabt. Die New York Times Book Review schrieb, daß Chomsky »in Hinsicht auf Rang, Macht, Innovation und Einfluß des Denkens als der wichtigste Intellektuelle der Gegenwart angesehen wird.«
Während des Vietnam-Krieges war Chomsky einer der schärfsten und einflußreichsten Kritiker der US-Aggression. Nach wie vor gilt seine kompromißlose Kritik den Unterdrückern der Völker der Welt.

Heinz Dieterich

Studierte Soziologie an der Universität Frankfurt/M., promovierte in Wirtschafts- und Sozialwissenschaften an der Universität Bremen und arbeitet seit 1977 als Professor für Soziologie an der Universidad Autónoma Metropolitana de México in Mexiko-Stadt.
Er ist Gründer und Koordinator des »Foro por la Emancipacíon e Identidad de América Latina« (Forum für lateinamerikanische Identität und Emanzipation). Er ist darüberhinaus als Kolumnist für Tageszeitungen in verschiendenen Ländern Europas und Lateinamerikas tätig und Mitglied des »Sistema Nacional de Investigadores – SNI« (Nationales Forschungs-System) in Mexiko.